本书获澳门基金会资助、澳门城市大学基金会支持

信息技术时代的学习

Learning in the Period of Information Technology

彭　俊　苏宝华　任英杰　著

暨南大学出版社
JINAN UNIVERSITY PRESS

中国·广州

图书在版编目（CIP）数据

信息技术时代的学习/彭俊，苏宝华，任英杰著. —广州：暨南大学出版社，2024.5
ISBN 978 - 7 - 5668 - 3590 - 1

Ⅰ.①信…　Ⅱ.①彭…②苏…③任…　Ⅲ.①信息技术—教学研究　Ⅳ.①G202

中国版本图书馆 CIP 数据核字（2022）第 244078 号

信息技术时代的学习
XINXI JISHU SHIDAI DE XUEXI
著　者：彭　俊　苏宝华　任英杰

- -

出 版 人：阳　翼
策划编辑：李　战
责任编辑：姚晓莉　许碧雅
责任校对：刘舜怡　黄亦秋
责任印制：周一丹　郑玉婷

出版发行：暨南大学出版社（511434）
电　　话：总编室（8620）31105261
　　　　　营销部（8620）37331682　37331689
传　　真：（8620）31105289（办公室）　37331684（营销部）
网　　址：http：//www.jnupress.com
排　　版：广州市新晨文化发展有限公司
印　　刷：佛山市浩文彩色印刷有限公司
开　　本：787mm×1092mm　1/16
印　　张：14
字　　数：230 千
版　　次：2024 年 5 月第 1 版
印　　次：2024 年 5 月第 1 次
定　　价：59.80 元

前　言

　　信息技术的研究是我国21世纪教育学改革的一项重要内容，随着信息技术与学科课程的整合，以及信息技术在一线教学中的日益推广和应用，相关研究也越来越受重视。从当前教育实践意义来看，信息技术广泛应用于教育教学活动之中，信息技术形式多样化，有利于激发学习者的学习兴趣、满足学习需求、整合教育资源；从学术价值及现实意义层面来看，信息技术的发展，有利于推动教育变革和创新，构建网络化、数字化、个性化、终身化的教育体系。信息技术的应用对终身学习领域、教育行业，乃至全社会都具有重要性和必要性。

　　学习的本质是什么？随着学习科学的发展、学习环境的变化，在经典教与学理论的支持下，衍生了新的方法和理论。本书从微观到宏观，结合案例分析，把信息技术环境下的学习呈现得更加清晰。

　　本书面向教育学、教育技术学，以及对此领域感兴趣的教育工作者、学习者，欢迎一起交流研究。

　　特别感谢澳门基金会的资助与澳门城市大学基金会的支持，使本书得以顺利出版；感谢暨南大学出版社李战副总编辑，以及姚晓莉老师的出版指导工作。同时，感谢澳门城市大学、暨南大学两所学校的优质教育资源，为本书提供了开阔的撰写思路。

　　由于时间较为仓促，书中尚存不足之处，恳请读者批评指正。

彭　俊

2023 年 12 月

目 录
CONTENTS

第1章　学习的本质

　　学习是个体从"不会"到"会"的过程，是对环境不断进行适应的过程。为了生存与适应，个体必须不断地根据环境的变化改变自己的行为，或通过对环境规律的认识预测行为的后果。笔者在中国知网和外文文献数据库检索与学习的本质相关的文献，进行系统的文献分析，总结当前领域研究热点，并从社会化、文化过程两个方面进行文献回顾，以了解国内外关于学习本质的研究进程。

1.1　学习本质研究历史回顾

　　随着知识型经济社会建设进程的加速，世界各个国家对教育愈发重视起来，因此对学习本质的探索也越来越重视。而对于学习的本质，早在古希腊时期，苏格拉底（Socrates）便和塞内卡（Seneca）有所探讨。到了近代，西班牙教育家胡安·路易斯·维韦斯（Juan Luis Vives）和捷克教育学家夸美纽斯（Komenský）提出了教与学的观点。德国教育家赫尔巴特（Herbart）也对科学的学习有所研究。这些学者都强调学习时的先前知识在构成思想状态或观点中具有重要作用，新的学习观点是通过与已有的思想状态或"领悟"相关联而产生的。

1.1.1　国内研究现状

1.1.1.1　宏观视角

1. 基于哲学的层面

曾文婕（2017）提出内蕴历时意识："与自然现象相比，文化现象更为明显地受到生成的制约。它们无论何时都不可能游离于过程的溪流。"人类学习是一种文化现象,学习哲学倡导以历时意识来分析人类学习。研究人类学习,必须关涉它的过去与未来,并在其生成逻辑中剖析根本规定性,重视价值追问。学习研究领域经常有"学习是什么?"和"人是如何学习的?"这些提问,而脱离了对提问者置身的生存状态的先行询问。学习哲学需要展开对学习价值的探寻,不断追问为什么人类需要学习。

2. 基于社会学的层面

吴刚等学者认为,无论是作为学习活动主体的人,还是作为学习活动客体的知识或经验,抑或作为学习活动中介的工具和环境,都具有社会性。尽管人类的生存与发展离不开自然界,但人本质上仍然是社会实践活动的产物。学习活动虽是由个体进行的(实际上"基于群体认知的分布式知识网络"的出现标志着,学习活动已经超越个体层面),但个体的学习活动只有在社会文化环境中才得以进行,它包含着特定的生活条件、社会经历,以及特殊的心理体验等内容,即学习活动的个体性是统摄于社会性之中的。(吴刚、黄健,2018)

1.1.1.2 中观视角

1. 基于教育学的视角

苏兴仁等学者认为从教育学的角度研究学习,必须把研究的对象缩小,将其确立为仅研究人所特有的学习活动,关注学习主体的社会文化背景、学习对象的社会历史演变、学习活动所受到的各种社会激励或制约因素等。人的学习既是个体化的活动,又是社会性的活动,学习的内容可能是前人总结的知识和间接经验、客观规律,也可能是直接经验。从学习的目的和结果看,学习又是一个能使个体身心获得发展,使个体和人类整体不断实现自我意识与自我超越的过程。

2. 基于心理学的视角

从心理学角度出发,张晓荣认为学习的定义是:学习是指人和动物因经验而引起的倾向或能力相对持久的变化过程。这些变化不是因成熟、疾病或药物引起的,而且也不一定表现出外显的行为。这种观点侧重于考察学习的心理机制。很明显,心理学中的学习概念更为客观,认为学习的本质只是产生了变化，但并不考虑这种变化的方向。

3. 基于脑科学的视角

从脑科学的专业角度而言，吕海梅认为当人在进行一种特定的认知或学习时，某些神经元就会处于活跃状态，它们会改变自身的局部供血，科学家可以通过检测脑供血区域的变化来追踪认知过程中人脑的哪个区域被激活了。正是通过运用该技术，有关情绪与学习、读写学习、数学学习、科学学习等的大量机制都开始被逐步地发现和证实，这为教育实践的改进提供了更为坚实的基础。

1.1.1.3 微观视角

1. 基于本质属性的视角

靖国平认为，学习具有自由性、不厌性、觉悟性、转化性这四个方面的本质属性。自由性是学习的起点和支点，即学习者在学习活动中的独立自主性和自觉自愿性。不厌性是学习的本色和基调，不厌性之所以是学习的本色和基调，是因为它能够保障学习活动的自主导向、自我悦纳、内在激励和积极情绪。觉悟性是学习的具身认知，"具身认知"也译作"涉身认知"，其含义是指身体在认知过程中发挥着关键作用，认知是通过身体的体验及其活动方式形成的。从人的认识发生和学习起源上看，人的心智和认知活动必然以一个具体的身体结构和身体活动为基础。转换性是学习的体用和效能，是指学习者通过有意义的转化学习，即成长性学习，在个体身心等方面产生了积极的、持续的、深刻的变化，不断实现自我改进、完善与超越，整体提升学业水平、学习质量和生命发展的能量。

2. 基于深层学习的视角

郭亦荣从深层学习的角度，探索学习的本质。他认为深层学习指向学生的学习程度，是学生从知识的符号表征转向知识本身的学习过程。他认为，学习是一种基于学习者已有经验的迁移学习；学习是着眼于学习者最近发展区的理解性学习；学习是基于学习情境的有意义学习，并非发生在颈部以上；学习是关注学生的情感体验、强调主动意义建构的非认知性学习。（郭亦荣，2018）

3

3. 基于混合学习的视角

陈卫东等学者通过混合学习，从人、技术、环境和方法四个层面分别对学习的本质进行了探析。从人的维度来看，混合学习本质上不仅是一种教育手段，更是一种使人充满生命活力和人文关怀的环境创设。从技术的维度来看，技术包括物化形态的技术和智能形态的技术。从物化形态的技术层面来讲，混合学习的研究本质上是对信息传递通道的研究；从智能形态的技术层面来讲，混合学习实现了多种学生支持服务的混合。从环境的维度来讲，混合学习所构建的环境是原有学习环境的扩展，充分整合了传统教学和数字化学习所构建环境的优势。从方法的维度来看，混合学习体现了不同的教与学方式的混合。（陈卫东等，2010）

1.1.2 国外研究现状

1.1.2.1 宏观视角：基于哲学的视角

学习哲学对人的学习本质的认识至少取得了两大成就：一曰"学会思维"；二曰"学会生存"。前者以杜威（Dewey）为代表，后者以海德格尔（Heidegger）为代表。在杜威看来，人的学习是人直面生活中令人不快的"疑难情境"，经过理智分析从中引出探究问题，把"疑难情境"变成"问题情境"，提出并明晰有可能解决此问题的假设，最后通过操作或行动（既可能是观念操作，也可能是实际操作）验证假设，最终将令人不快的、模糊的生活情境转变为我们期待的、令人愉快的、暂时确定的生活情境。而海德格尔认为学习的意思是，让我们的一切所作所为与任何从根本上向我们吐露的东西遥相呼应。根据这种根本的方式，根据它由此向我们发出召唤的领域，这种遥相呼应以及为此的学习方式都是与别的呼应和学习截然不同的。

1.1.2.2 中观角度：基于教育学的视角

美国心理学家、教育家库伯（Kolb）从教育学的角度出发，将体验学习的本质特征归纳为以下六点：①体验学习是一种过程，而不是结果。②体验学习是以体验为基础的持续过程。③体验学习是运用辩证方法不断解决冲突的过程。④体验学习是一个适应世界的完整过程。⑤体验学习是个人与环境之间连续不断的交互作用过程。⑥体验学习是一个创造知识的过程。

1.1.2.3 微观视角：基于网络学习的视角

基于网络学习，克鲁伊夫（Marije de Kruijf）和斯托贝拉拉（Derk Jan Stobbelaara）从三个角度对学习进行了探讨，这三个角度分别是社会需求、教学理论和网络学习理论。社会的两个主要需求分别是：①找到解决问题和答案不明确的复杂问题的方法；②找到在多方利益相关者在参与非常重要的网络社会中采取行动的方法。从教学理论的角度来看，两个最著名的教育理论是科尔布（Kolb）的学习周期理论和米勒（Miller）的能力金字塔理论。科尔布区分了四种不同的学习偏好：具体经验、反思观察、抽象概念化和积极实验。这些学习偏好应该被视为一个学习循环。科尔布认为，当学生经历了所有这四个阶段时，才能获得有效的学习。米勒提出了一个由四个阶段组成的等级能力金字塔。他认为学习应该是：①知道；②知道如何；③如何展示；④如何去做。而从网络学习的角度来看，克鲁伊夫和斯托贝拉拉使用了里德（Reed）对社会学习的定义，因为他的定义似乎涵盖了大多数其他（子）定义。里德指出，当学习被认为是社会学习时，它必须：①证明在参与的个体中已经发生了理解的变化；②超越个人，进入更广泛的社会单位或社会实践社区；③在社会网络中存在行动者之间的社会互动和过程。

法国著名生物学与教育科学博士安德烈·焦尔当（André Giordan）认为，学习是一种意义炼制过程。在学习的意义炼制过程中，学习者需要实践操作，因为实践经验会促进对知识的占有和记忆。他认为学习是自我发问，学习是和现实对质，学习是与他人对质，学习是自我表达，学习是论辩，学习是建立网络。同时，安德烈·焦尔当认为学习者若想掌握一项知识，就必须对他先有的概念进行真正的解构。因此学习还是一个解构过程。安德烈·焦尔当将学习的障碍比作一面墙，它阻碍人们通向另一个知识空间，而我们需要对墙进行了解。若墙比较矮，我们可以直接跳过去；若墙比较高，我们可以徒手爬上去，或者让墙产生一些裂缝，一段时间后它会自然崩塌，并不一定需要不惜一切代价越过去。学习既是解构也是建构，为了学习，个体必须跳出习以为常的标线，放弃他的习惯，对知识的占有来自颠覆的、能够产生丰富结果的文集和深层的不连续性。

1.2 学习的本质： 社会化

吴刚等学者认为，社会化学习至少包含以下三点内容：①在学习形式上，涵盖除传统学校教育以外的一切学习形式；②在学习过程上，强调使个体由生物人变成社会人的社会化过程；③在哲学基础上，社会化学习理论否定了传统学习理论坚持的个体化人性存在方式，认为人性同时具有个体化存在与类存在。人类作为一种生物要存在下去，不仅要有不同个体之间的生物学传递过程，而且还要有文化或社会存在方式的传递过程。学习作为人类的一项基本社会实践活动，它是人的主体因素（包含认知因素，如需求、动机、意向及自我概念等，以及生理因素，如感知系统、神经系统等）、行为和环境相互作用的函数。而社会化学习，更多关注学习方式的变化，强调学习知识的来源及获取知识的途径，对学习活动发生的过程及心理机制则关注较少。（吴刚、黄健，2018）

吴帆认为，社会化学习实质上在促使研究者从不同的视角思考学习的维度，主要是超越个体的维度，以发现社会化学习群中学习发生在多重并行整合的情境中，这种情境含有迅速增长的社会性因素，而非产生于既有的课堂"自然"的脉络之中。这种分析不仅要探寻社会化学习原有的本质，更重要的是以教学设计者的眼光掌握社会化学习的基本规律，为现有的教育教学活动所用，让社会化学习在现实的教学中发光发彩。分析社会化学习，如果把它看作某种纯粹的结构，认为其属性是固定的，不随时间而变动，那么理论与争鸣是有违现实的。所以这里所阐述的并不是一套教学行动的程序、结构或者规范，而是从教学设计的目标、内容、过程、评价、策略五个因素组成的框架中分析社会化学习的属性，探讨其与现有教学实践的差异。这些属性犹如生物体基因一样，根据它的发展原则，教师和学生可以有效利用或创造出有利于所在群体发展的社会化学习环境、氛围，实现社会化因素在课堂中的回归。

钟启泉认为，人在本质上是社会的动物，人类学习不能简单地等同于动物学习。维果茨基主张，要理解人类学习就需要有不同于动物学习研究的方法论。人类科学的方法论不同于自然科学的方法论，它是指对于"何谓人"

的一种人类哲学的元思考——意味着对于人类的理解以及人类社会存在的洞察。从人类社会与文化历史的角度来看,必须从"活动"的视点出发来理解人类的学习。"活动"在学习心理学中是对历来处于优势的"行为"概念的挑战。就像"学习是持续的行为变化"的定义那样,"行为"是用来理解动物学习的见解。在这里,"行为"重视的是人们的行为特质的均值,把均值与适应视为心理学支援最重要的要素。但是凭借均值与适应是不可能超越惰性的制度,创造新的价值的。所谓"活动"的视点批判了这种挑战性的"行为"概念:人类在历史的长河中,创造自己的新的活动,突破自身的界限,创造新的生存方式。这不是通过个人行为进行的,而是借助共同的、小组的、合作的方式,创造对新的环境。"活动"概念着眼于这种共同的创造。采取"活动"的视点就是着眼于借助共同的、小组的、合作的方式,创造新的环境的研究,亦即把"学习"视为对社会过程的研究。一言以蔽之,人类学习的特质就在于"社会性"。"学习"是一种社会认知行为,学习原本是社会的过程,离开了社会就没有成长与变化。"学习"即人的成长与变化,这种成长与变化是在同他人共同作业的条件下产生的,这就是"学习的社会化"——自己在同他人的共同作业中获得了变化。

1.3 学习的本质: 文化过程

毛齐明认为,"社会文化—活动"理论有关学习的所有观点都建立在反对简单思维的基础上,而它突破简单思维的起点则是对心智的重新理解。心智发展与一定的文化生活相联系。在人类生活中,"现实通过符号来再现,而符号又由文化群体所共享,群体成员必须通过这种符号来组织和构想他们的技术与社会生活。因此心智要是不通过文化,就根本不可能生存下来"。心智的文化性,明显超越了将个人观念与他人经验和公共知识相割裂的二分法。心智虽然看起来是个人观念的"寓所",但是,它的运作和内容、存在和发展都需要依靠一定的文化,即需要依靠个体与他人的经验和公共知识相接触。(毛齐明,2013)

第2章　学习科学研究的理论

　　学习科学是一门"以实用性为导向"的具有整体性的学科，因此，它所包含的实用性知识必须是连贯的。① 学习科学可以从不同的角度进行理解深化，尤其是从系统和认识论的视角出发。学习科学的目的和目标是理解学习的认知过程和社会化过程，以产生更有效的学习，并运用学习科学的知识来重新设计课堂和其他学习环境，从而使学习者进行深层学习。另外，从认识论的层面研析，学习科学的目标是对人类学习有一个完整性的认识和理解，人们对学习科学可以从多个角度进行不同维度的研究。当人类学习被视为一个整体、系统现象的时候，就会形成基础假设，那就是学习是在生物本能、社会文化和生产工具共同作用下产生的。② 所以，从不同的定义范围、属性来看：学习科学和其他学科有巨大的差别，它具有实证性、综合性、跨学科性以及情境性的特点，并且其中的跨学科性正在不断向"超学科性"进化。这个学科虽然只发展了几十年，历史并不长，但在人的学习方式以及支持学习的工具和环境等方面引起了教育、心理和技术等诸多领域的关注。

2.1　学习科学的特征

　　学习是一个复杂的认知过程，20 世纪以来，人类对学习的研究一直持续进步。20 世纪 90 年代提出的学习科学，是认知科学家在思考以实验心理学和计算机科学为主要支柱的传统认知科学的局限和困境中，吸纳了认识论、社

---

　　① BEREITER C. Principled practical knowledge：not a bridge but a ladder ［J］. Journal of the learning sciences，2014，23：4－17.

　　② 任友群，赵建华，孔晶，等. 国际学习科学研究的现状、核心领域与发展趋势：2018 版《国际学习科学手册》之解析［J］. 远程教育杂志，2020，38（1）：18－27.

会学、人类学以及脑科学的研究成果和方法所开拓的一个新的研究领域。①

2.1.1 学习科学从 "跨学科" 到 "超学科" 的转变

关于人类学习的研究涉及众多方面，不仅涉及传统意义上的教育学、心理学，更涉及认知科学、神经科学、人类学以及社会学等。学习科学在某种层面上也更加关注真实世界的认知过程，同时知识的理解创新和迁移应用逐渐成为学习科学的研究重点。由于不同领域的交叉，学习科学从众多学科的专业知识中获取有利于自身发展的核心概念，吸收成果并且综合各学科领域的不同方法论，形成了一个独立的跨学科研究领域。② 随着社会的不断发展和进步，学习科学已经慢慢从 "跨学科" 的概念转向 "超学科" 的概念。学习科学与众多学科的紧密性也在不断加强，尤其是与教育神经科学、教育技术和脑科学这三个学科的紧密性。

所谓 "超学科学习" 即超越或跨越所有学科的界限，围绕共同的 "超学科主题" 展开探究，将所有学科在探究过程中融合起来，在解决问题的过程中发展学生的 "超学科理解"。它是 "跨学科学习" 中综合程度最高的学习类型。③ 学习科学在转向 "超学科学习" 的同时，也有了新的特征：其与众多学科交叉的边界逐渐消失，慢慢形成体系学科，学科整合度高，创造能力强。

2.1.2 学习科学的立场研究以及主题革新

索耶（Sawyer）在《剑桥学习科学手册》中将学习科学称作研究学习的新科学（new science of learning）。之所以称学习科学为研究学习的新科学，是因为其旨在突破传统学习理论实验研究范式的局限，将认知神经科学、教育学、计算机科学、人类学等多个领域的研究聚集在一起，建立一个众多学

---

① 顾婵. 加强学习科学指导，树立终身学习理念 ［J］. 中小学班主任，2020（7）：18 – 21.

② 任英杰，徐晓东. 学习科学：研究的重要问题及其方法论 ［J］. 远程教育杂志，2012，30（1）：26 – 36.

③ 张华. 论理解本位跨学科学习 ［J］. 基础教育课程，2018（22）：7 – 13.

科交叉的研究共同体。其研究立场主要集中于在共同体的集合下建立对基本学习观点的一致理解，强调深度概念的理解、迷思概念的解除和前概念的更新迭代；聚焦学生的学习过程及教学技术；关注创建帮助学生获得深度理解的学习环境；强调基于学习者先前知识建构新知识以及反思的重要性等。学习科学的研究可直接应用于教育实践，直指盛行于当今课堂中的具有工业时代烙印的接受主义教学，努力创建各种有效的学习环境，借助脚手架理论帮助人们更好地深度学习。

由于学习科学与认知科学有着密不可分的联系，认知科学中的众多概念已经成为学习科学研究的核心概念。因此，以认知为焦点的研究中仍然包括元认知、记忆、动机、类比、迁移、反思、问题解决等传统认知科学的概念。这些研究主题大范围地建立在建构主义的认知学科或社会认知的基础之上，其重点在于聚焦不同阶段、不同情景下的学习发生机制。但学习科学的研究焦点已从关注机器本身对人类智能的模拟研究转变到关注机器智能系统对学习者的支持研究上来，如智能导师系统、适应性学习系统等。除此之外，学生和教师的认识论，以及信念、观念与学习的关系和对学习的影响也成为这一领域新的研究主题。[①]

在最近 30 年的国际跨学科研究领域中，学习科学无疑具有举重若轻的地位，它涉及多个领域，如教育学、信息科学、认知科学、脑科学以及生物科学等。萨沙·巴拉布（Sasha Barab）等人认为，学习科学是一个综合性的多学科研究领域，它利用人类科学中的多种理论观点和研究范式，以实现对学习、认知和发展的属性与条件的理解。（任友群等，2020）简而言之，学习科学主要就是研究"人究竟是怎么学习的，怎样才能有效地学习"[②]。

学习科学领域的研究者，一方面从实践维度关注学习者如何学习以及研究如何支持学习者学习；另一方面从理论维度聚焦学习科学的发展，阐述学习科学领域所取得的成果和经验，其中包括知识的认知与知识的发展、学习的认知观与社会文化观、学徒式学习、专业知识相关理论和研究、具身认知、

---

① 杨南昌，刘晓艳，曾玉萍，等．学习科学的方法论革新与研究方法综述［J］．开放教育研究，2011，17（6）：20-29.

② 尚俊杰，王钰茹，何奕霖．探索学习的奥秘：我国近五年学习科学实证研究［J］．华东师范大学学报（教育科学版），2020，38（9）：162-178.

社会文化对学科发展的影响等。主要包括：①学习者如何理解无处不在的信息
并与之交互？②如何设计对学习者具有一定挑战性的学习环境？③如何有效设
计、分析、评估教学与学习，以促进学习者的学习？

2.1.3　学习科学的发展问题

自 20 世纪 90 年代发展至今，学习科学的研究进展惊人，其涉及的学科
范围也在不断扩大，这在一定程度上又加快了学习科学的迅猛发展。单一学
科的决定性进步是相对艰难的，但是"超学科"性质下的学习科学，只要某
一学科具有突破性的发展，其必会与时俱进。目前学习科学已经成为一个日
臻成熟的独立学科领域，其研究领域的轮廓也日渐清晰。

2.1.4　学习科学与教育神经学、教育技术的关系问题

当前，学习科学已经从"跨学科"向"超学科"转化，其学科交叉越来
越具综合性，与大多数学科领域有着或多或少的关联。其中，与学习科学关
系最紧密、最令人难以区分的两个学科概念是教育神经学和教育技术。①
按照前文的讲述，学习科学概念的产生，是由于认知科学家认为传统的
认知科学研究不能更加有效率地带动学习者从新手学习转向专家学习。因为
其前概念、迷思概念的固性较强，而且也不能更好地推动真实情景中的学习，
因此认知科学家逐渐与人工智能领域的计算机科学家合作研究，并提出学习
科学的概念。而且，多数认知科学家也是认知神经科学家，他们一直认为认
知神经科学相关领域的研究可以更有效地促进学习者的学习，并且以其视角
研究人的学习问题。随着非侵入性脑成像技术的发展，研究者可以更为方便
地基于人脑进行人类学习研究。② 与早期学习科学相类似的是，教育神经科学
的先行者也强调：传统的认知神经科学家比较注重微观的实验研究，不太关

　① 尚俊杰，裴蕾丝．发展学习科学若干重要问题的思考［J］．现代教育技术，2018，28（1）：
12 - 18.
　② 尚俊杰，裴蕾丝．发展学习科学若干重要问题的思考［J］．现代教育技术，2018，28（1）：
12 - 18.

注实验研究成果在教育中的应用，所以他们提出"教育神经科学"这个概念，希望自己的研究能够往课堂多走一步，真正对教育实践产生积极的作用。

当前我国教育领域内的基本国策是以教育信息化带动教育现代化。由于教育技术的迅猛发展，教育现代化也在一定程度上蓬勃进步。教育技术作为教育现代化的实践导向，处于核心地位，非常适合为学习科学的应用提供支架帮助，而发展学习科学也离不开教育技术的支持。在提出学习科学概念之际，有众多教育技术学家参与其中。

目前关于学习科学的研究主要集中在教育神经学以及人工智能、具身工具、大数据等信息技术支持下的研究，即学习技术或学习分析研究。采用学习理论、学习分析技术开展的教育技术研究是比较纯粹的学习科学研究。[①] 在某种程度上，教育技术与学习科学并没有完全重合，而是在各自的研究领域中不断进步，但在不断演进过程中又相互影响、相辅相成、紧密联系。

综上所述，学习科学与教育神经科学、教育技术学是一种相辅相成的关系，很难用其中一个概念完全替代另外一个概念。相对而言，学习科学的包容性更好，能够较好地涵盖学习这个研究领域，不同的学科都可以参与进来一起进行关于学习的研究，如教育神经科学可以来做学习基础研究，教育技术学可以来做学习环境、学习技术研究，教育社会学可以来做社会学习研究，等等。在这些学科之间，还可以进行跨学科合作，如开展基于教育神经科学的学习技术研究，以发挥更大的价值。

2.1.5 学习的实质

对于事物的本质有众多理解，不过，一般认为事物的本质是事物绝对不变的结构和性质，是通过理性来建构学习对事物的正确认识，因此本质有客观性、普适性的特点。但是，人类世界是不断变化的，事物的发展也是不断变化的，对事物的认识是螺旋式上升以及波浪式前进的过程。知识的本质是人类通过理性认识对客观世界作出的一种解释。人类社会由工业社会、信息

---

① 尚俊杰，裴蕾丝. 发展学习科学若干重要问题的思考［J］. 现代教育技术，2018，28（1）：12－18.

社会向知识社会转型的过程中，也一再强调知识的建构性、社会性、情景性、复杂性和默会性等特点。所以，有效的学习应该聚焦于学习者个体在自然情景中的知识储备过程，抓住社会文化的境脉，深究社会大众的认知过程。① 因此，不仅仅是学生，作为社会的从业者甚至是专家都应该不断地学习新的知识，在有效的学习环境中探究学习的本质，并且利用知识在情景中解决问题。

学习更多的是一种主动的、建构的、理解性的理性认知过程，没有经过理解就不是真正的学习。用更加通俗的话语理解学习就是使人"从某学科领域的新手转变为此领域的专家"。而理解的认知过程是知识概念的转变过程，从前概念转向现有概念并不是大众所理解的简单的知识叠加。概念转变的意义，在于引发深层学习，为知识的有效理解和迁移准备条件。杜威特别强调概念在人的理解过程中的作用。他认为，首先，概念使我们能够类化，使我们能够把对某一事物的理解转移到对其他事物的认识中；其次，概念使知识标准化，它使流动的化为凝固，易移的化为永恒；最后，概念帮助我们认识未知、补充所知。② 布兰思福特（Bransford）等研究者在《人是如何学习的》一书中总结出七个促进理解性学习的策略：①围绕学科的主要概念和原理形成结构；②运用已有的知识建构新理解；③运用元认知促进学习；④利用学习者之间存在的差异；⑤激发学习者的动机；⑥在实践活动的情境中学习；⑦构建社会交互的学习共同体。③

从学习的发展过程来看，对于学习的界定一直发生着变化，越来越多的学习科学的研究者开始关注"有效学习""深层学习"，来自脑科学以及神经科学的研究成果也不断推动着学习科学领域的发展。

2.1.6 学习的方式

随着社会的发展，人类学习方式的演变也不断体现着各个时代的特点和

---

① 任英杰，徐晓东. 学习科学：研究的重要问题及其方法论 [J]. 远程教育杂志，2012，30（1）：26 - 36.

② 杜威. 思维与教学 [M]. 孟宪承，俞庆棠，译. 北京：商务印书馆，1936：134 - 137.

③ BRANSFORD J, BROWN A L, COCKING R R. How people learn：brain, mind, experience, and school：expanded edition [M]. Washington, D. C. ：National Academy Press, 2000：13 - 24.

规律。传统的学习更多是一种机械性的对知识的重复和灌输,其焦点在个人如何学习以及如何把文字形式的知识印入脑中。随着学习科学的不断进步,个性化学习、协作学习等理论不断推动着教与学的革新。

1. 个性化自适应性学习

个性化学习即"有教无类"的教育思想,这是一种全新的学习方式。在大数据时代,各种教育平台层出不穷。但是众多教育平台只是堆砌知识,分类凌乱没有章法可循,没有针对学习者所想。把大数据与自适应学习结合起来是顺应时代发展的表现。大数据会自动搜集学习者自适应学习的相应数据,因而学习者可以根据大数据搜集的情况作出及时调整。大数据能为自适应学习提供学情分析、学习内容,以及学习量化评价所需要的相关内容,从而促进自适应学习的深入发展。学习者需求各异,因而对学习者进行统一教学无法满足其个性化的学习需求。大数据支持下的自适应学习可根据学习者的具体情况为他们推送精准化的学习资源,使每个学习者可根据自身情况来使用这些资源,如此方能取得最理想之学习效果。[①] 个性化学习则通过大数据的演算,利用大数据支持下的适应性学习平台为学习者的实际行为进行认知水平和实际能力的分析,量体裁衣,并根据分析为学习者推送合适的资源。

大数据支持下的个性化自适应学习模式为学习者的自主学习提供了机会。在个性化自适应学习模式中,使用者依据数据诊断找出自身需要的资料及喜欢的方式方法,规划相应的方案和途径,并在学习中监控、调整学习状态。

2. 协作学习与学习共同体

协作学习是通过小组或团队的形式进行学习的一种学习方式,各小组或团体之间采取协商、讨论、对话等方式解决问题,进而达到学习目标。协作化学习可以说是小组团队化学习,其相较于个体化学习更能使人获取知识以及减少未考量的不确定性。协作化学习的小组成员在相互交流的过程中可以更加容易地提取有用的信息,更易得出结论。随着新媒体产业的发展以及环境变化,协作学习也在不断打破时空的壁垒。随着"元宇宙"的发展,协作化学习中的具身环境学习更能促进学生的深度学习。

---

① 宋原. 大数据支撑下的个性化自适应学习 [J]. 中国成人教育,2021 (18):3-6.

2.2 学习科学的方法论

2.2.1 基于设计的研究

设计研究被称为一种革新性的研究方法论，它将设计看作一种探究人为世界的重要方式，具有整合设计与研究的内在逻辑和独特的认知逻辑。在基于设计的研究中不仅要考虑自然发生于现实世界中的学习与认知，还要考虑教育的实践和应用特性，需要将研究置于实践中，通过设计和开发新的工具、课程以及整个教学方案，以系统地理解发生于其中的学习并由此推动教育实践的发展。[①] 设计研究起源于实践教育中的问题研究，其步骤是：首先对现实情景和期刊文献进行广泛的搜列，确定研究问题，在目前已有的理论基础之上建立新的理论推测或设计原因；其次将设计原型具体化于实际的系统干预中，通过此后多次迭代的设计、实施与评价，与情景相关的设计理论得以涌现并得到迭代完善。

设计是人为创造、世上未有的东西，其创设的事物真实存在于我们的环境之中。设计研究的重要特征在于填补了研究与设计的鸿沟。学习科学的研究已经从之前注重工具、机器本身或人类智能研究模拟转换到关注机器智能系统对学习者的支持上来，如智能导师系统、适应性系统等。基于设计的研究其焦点在于设计真实的生活情景，将学习融入情景之中，进而改善教与学的效果，这也是学习科学相较于传统学习的主要区别。从技术层面来看，学习科学相对于其他学科更依赖各种技术来支持学习或搭建脚手架以进行深度学习的教学，如：计算机支持的协作学习、在线学习、移动学习、虚拟社区以及最新的元宇宙概念。

基于设计的研究并不是一种单一的学习科学方法论，其更多是一系列方法的集合。在具体的研究设计工作中，针对现实教育情境中隐藏的、复杂的、

---

① 杨南昌，刘晓艳，曾玉萍，等．学习科学的方法论革新与研究方法综述［J］．开放教育研究，2011，17（6）：20-29.

至关重要的问题，可通过支架式学习创设一个真实情境下的学习干预机制。重要的是，设计研究者先要确定一个有价值的问题，持有设计导向的、理论驱动的学习环境设计和迭代式的循证（evidence based）研究等方法论观念，而采用什么方法则是一个依实际情境而定的问题。杨南昌等人基于设计的研究在具体实施的过程中更倾向于使用一种混合式研究方法，质的研究方法以及量的研究方法都可以在统一的逻辑下整合进行，在实践操作中由于社会、学习环境的不同，其创设的学习情境也是不同的，研究者在设计研究阶段需要根据研究目标、研究问题以及所属环境作出决策和设计。① 例如，布伦达·班南－里特兰（Brenda Bannan-Ritland）在整合学习设计框架（ILDF）中，根据不同阶段的引导性问题就提出了几十种可应用的研究方法。

　　整合了多种数据收集方法的设计研究，其主要目标不在于产出普遍的、证实的命题，而是寻求将研究见解变得可用、可行以产生影响教与学的人工制品或过程。另外，当设计、社会境脉和学习发生机制的研究日益成为学习科学研究的中心时，像互动分析、话语分析等面向真实情境学习发生过程的微观分析方法，以及像批判、设计民族志这样的微文化研究方法，也自然越来越为学习科学研究者所青睐。

2.2.2 民族志

　　民族志是 20 世纪初由文化人类学家对其所研究的文化对象或目的做田野调查时所创立的一种研究方法，需要研究者深入研究对象所在的特殊社区生活，从其内部入手，通过观察和体验，记录客观行为；然后对这些记录进行分析，以期理解和解释社会或文化现象。因此，"真实性"成为民族志研究的核心理念。②

　　民族志的方法在记录一系列的描述性案例中表现得十分实用，尤其在目前具身环境创设以及各种虚拟技术的加持下，随着时间的推移，研究者对被

---

① 杨南昌，刘晓艳，曾玉萍，等. 学习科学的方法论革新与研究方法综述［J］. 开放教育研究，2011，17（6）：20－29.

② 任英杰，徐晓东. 学习科学：研究的重要问题及其方法论［J］. 远程教育杂志，2012，30（1）：26－36.

研究者的了解逐渐加深，进而在进行更复杂的互动中可以找到不同层次的细节。在共同体学习或者协同学习中，也可以采用多媒体记录的方式来展示小组成员完成学习的情况，寻找出共同体内意义建构过程中的重要规律。从这个意义上说，民族志方法本身也是一个知识生产的过程，包含了长期参与的细致观察以及民族志文本的撰写和记录过程，在必要的时候，民族志方法也可以采用设计研究的理念，或者一种混合的研究方法论。

现今，随着"元宇宙"概念的兴起，建立在虚拟共同体下的学习情景化不断呈现，基于信息技术以及虚拟技术的快速发展，虚拟民族志也在不断完善和进步。"元宇宙"塑造了视觉沉浸的在线教育立体空间场域，在虚拟场景中，运用民族志、人种志等方法论可以更加便捷地记录和观察实验对象，通过"元宇宙"，学习科学各种方法论的应用在很大程度上从离身向具身转变。概括来说，具身认知、分布式认知和沉浸理论等都为"元宇宙"在教育中的应用发挥了十分强大的支架作用。

2.2.3 话语分析

始于 20 世纪 60 年代社会学领域的话语分析方法，现已成为研究"互动中的言谈"常用的实证研究分析方法。在教育领域，关于话语的早期研究主要关注课堂中发生的师生会谈。自 20 世纪 90 年代以来，话语分析在学习科学方法论的研究中始终占据着支配地位。话语分析正成为研究社会情境下学习的一个重要理论视角。（柴少明等，2009）

根据社会文化的论点，会话以及交流是单个个体与所属群体或者陌生群体之间交互的媒体中介，也是学习中介。知识是隐性和显性两部分概念的集合，但它首先是群体外在的（显现在对话交流中），然后再内化。一系列的研究已经表明协作学习是学习过程中有效的方法，或者说是有效的支架，其对于消除错误的前概念和迷思概念十分有效，但是传统的研究方法较难分析和研究协作学习促进学习动力的内在机制。因此，探究协作学习在对话交流中如何进行意义建构、知识建构等，就需要一定程度的话语分析作为支撑。

话语分析没有一成不变的固定探究分析模式，具体的实践操作形式是多样的。在真实情境中，研究者可以根据不同的人群、实验目的，不同的分析焦点或者研究问题，从现场情境获取的多媒体记录中选择合适的话语样本，然后对这些事件片段进行解构、重组，把它们转为文字形式，并对此进行编码和分析，最后得出结论。分析的内容可以从以下几个要素入手：情境——学习者进行协作学习的具体社会文化情境；结构——话语的语法或语篇结构；功能——话语所实现的具体功能；意义——话语所承载的具体内容和意义；中介工具——学习者在协作意义建构过程中进行中介话语过程的媒介工具、符号工具或人工制品等。（柴少明等，2009）除了口头话语外，其他的非言语成分，如肢体动作、脸部表情等，以及言语停顿、打断、重复等对话的细微元素都有可能成为分析的内容，因为它们可能是学习发生的信息表现。[①]

概括来说，话语分析有两种模式：宽分析和细分析。细分析一般不采用编码，而是使用定性描述方法，期望意义从数据中表现出来，分析的内容涵盖了对话和大量非言语成分的信息；宽分析则是一种电影脚本样式的记录，只记录相关信息，对于语音和声调方面的信息则是忽略，因此，这种模式有可能丢失大量隐藏信息，但它是质与量的方法的结合。

2.2.4 学习环境的设计研究

学习者不是在一个独立于他人和事物的世界里行动，而是通过与他人互动，按照规范和调整过程建立共同理解，并不断开展交流、建立认知、获取信任。学习环境设计指为学习者设计具有真实情景的或者在可承受范围内具有挑战性的学习情境，让他们按图索骥或通过死记硬背来寻求解决方法，包括学习案例、学习任务、学习问题。（任友群等，2020）学习环境设计主要表现为一系列不同的学习情境、教学方法和对学习的支持。学习情境包括正式和非正式的学习机构。教学设计可以是教师提前制订好的，也可以是师生共同设计的，或者是以学生为中心的设计。

学习的支撑又称为支架或脚手架，在学习支架的使用过程中需要一个引

---

① 杨南昌，刘晓艳，曾玉萍，等.学习科学的方法论革新与研究方法综述［J］.开放教育研究，2011，17（6）：20－29.

领者或者更有知识的陪伴者。学习设计具有多样性，在针对学习环境的设计中更应该突出真实情景的设计，而不是虚无、假的，不能为了设计而设计。研究者应该关注如何从学习情境、学习方法和学习支持的各种组合中，实现对学习的有效支持。学习科学关注如何为各种不同的学习任务和跨学科学习营造情境，提供综合性的教学设计以及应该注意的事项。[①]

在创设学习环境时，不仅要关注外在的环境，也要关注学习情境、学习方式等。目前，关于学习环境设计的研究主要集中于移动和在线混合式学习环境，基于模拟、仿真的学习研究，基于 VR/AR，甚至"元宇宙"的学习环境设计研究以及基于知识可视化的研究，聚焦于图示工具对学习、认知的影响。

2.2.5　"元宇宙"学习

"元宇宙"是沉浸式技术发展中的又一里程碑，其实质是一个与现实世界平行的在线虚拟数字空间，正在为人类社会的发展以及进步，开拓出新的实践场域。视觉沉浸技术的演进经历了桌面式虚拟现实、沉浸式虚拟现实、扩展现实以及"元宇宙"四个阶段。"元宇宙"进一步打破了时空分离的藩篱，对在线学习的时空"共在"状态进行了重新塑造，生成"元宇宙"智能在线学习环境。

近几年来，以虚拟现实、扩展现实、虚拟世界、数字孪生等为代表的视觉沉浸技术，正不断从学习资源、教学组织和系统平台等方面重塑在线教育。当前"元宇宙"作为虚拟技术中的高阶发展产物，集 VR/AR/MR、5G、云计算、人工智能、数字孪生等新兴信息技术于一体，将成为下一代互联网的最新形态，而"元宇宙"完整后将会进入一个崭新的网络时代。[②] 因此，在线教育、学习情境等融入"元宇宙"之后，教育平台会被重新定义交互发生空间，变革在线教育以及基于设计的具身理论教育情境的教学模式和评价方式，以此支持学生的个性化学习和全面发展。

---

① 任友群，赵建华，孔晶，等．国际学习科学研究的现状、核心领域与发展趋势：2018 版《国际学习科学手册》之解析［J］．远程教育杂志，2020，38（1）：18－27．

② 华子荀，黄慕雄．教育元宇宙的教学场域架构、关键技术与实验研究［J］．现代远程教育研究，2021，33（6）：1－9．

2.3 学习科学方法论总结

  学习科学的方法论探讨的是"如何学习"的原则、策略及其效果等问题。在基于设计的研究、民族志、会话分析以及现今"元宇宙"等方法的支持下，学习基础机制方面的研究主要集中在工作记忆、空间能力、阅读能力、数字表征、语义理解、创造性思维等方面，主要关注其神经机制和有效干预措施。一方面，研究者仍然重视人脑认知过程的处理机制以及影响因素研究；另一方面，研究者开始更多基于已有理论和发现，探索不同的训练方式、干预措施或干预工具对人的认知能力发展的效果，以及在时间维度上探索学生的认知能力发展变化，以期在基础神经机制与创新教学手段之间建立起联系，使基础机制的研究能够科学有效地迁移到教学应用中。[①]

  学习是一种复杂且难以量化的系统现象，学习和学习机制在不同层级中，以半独立的神经脑科学管理系统自我运行。学习不仅仅在个体层面中被谈论，也在群体层面中表现，其个体本就是群体的一员。现今，学习科学家们正利用恰当的统计方法，以解决学习科学家们所关心的现实情景下复杂多变的多层级学习现象。在方法论方面，学习科学一直在发展一种独特的融合性方法，这种方法试图将民族方法学和民族志研究方法相结合，将定量研究的会话分析和实验研究进行对接。作为跨学科研究项目中"混合式方法研究"的一部分，越来越多的不同研究方法之间的结合将会出现。学习科学领域的研究者正在使用不同研究方法来获取科学知识，并呈现出量性研究方法和质性研究方法相融合的趋势。这种融合包含案例研究、会话分析、制品分析，以及关于教学条件和学习情境、准实验的研究。学习科学是克服在教育界经常被提及的量性研究方法和质性研究方法不可融合问题的最佳实践领域。[②]

① 尚俊杰，王钰茹，何奕霖．探索学习的奥秘：我国近五年学习科学实证研究［J］．华东师范大学学报（教育科学版），2020，38（9）：162-178.

② 任友群，赵建华，孔晶，等．国际学习科学研究的现状、核心领域与发展趋势：2018版《国际学习科学手册》之解析［J］．远程教育杂志，2020，38（1）：18-27.

第 3 章　深层学习

纵观历史，前有孔子的"学而不思则罔，思而不学则殆"，后有苏格拉底的"知道得越多，才知所知越少"，深层学习的重要性无须赘言。早在 2014 年，教育部基础教育课程教材发展中心开展的"深度学习"教学改进项目就提出："让学生有深度地学习。"2021 年 2 月，教育部在《关于做好 2021 年普通高校招生工作的通知》中强调："应尽全力减少死记硬背和机械刷题现象。"与此同时，许多教育者在 PBL（问题导向式学习）、BL（混合式学习）、TBL（任务导向式学习）、GBS①（基于目标的学习计划）等理论指导下不断地创新教学模式，构建促进学生深层（度）学习的模型。由此可见，无论是理论研究领域还是实践操作领域，重点都逐渐从"有效教学"转向"有效学习"。

依笔者所见，传统的知识导向学习将催生一种线性的成长模式。这种成长模式下的学习者，在现实生活的非良构情境下无法很好地利用已学知识去解决复杂的问题。2021 年是"元宇宙"元年，随着数字化、移动化、网络化的学习方式不断普及，现代学习也呈现出快餐化、碎片化、微型化的趋向，这种趋向将不利于深层学习。学习的本质应是面向理解的、主动参与的、意义建构的过程。深层学习作为学习的一种方式，旨在让学习者享受到学习的"心流体验"②，推动隐性知识向显性知识转化，促进心智成长，最终达到"转识成智"的效果。

---

① GBS 是美国著名人工智能专家尚克（Schank）于 1992 年提出的一种教学设计方法，英文全称为"Global-Based Scenario"，即基于目标的学习计划，旨在为学习者提供一个获取各种技能或程序性知识的有效途径和方法。

② "心流体验"由心理学家米哈里·齐克森米哈里（Mihaly Csikszentmihalyi）提出，指人们全身心投入一项活动时的整体感觉，相关研究主要集中在教育、计算机等领域。

3.1　深层学习的内涵

深度学习与深层学习

深度学习与深层学习的含义界定目前众说纷纭。有学者将"deep learning"划分为教育领域中强调"教与学"的深层学习与计算机领域中强调"特征学习"的深度学习，通过不同的概念名词从抽象理论上予以区分。该学者认为教育领域的学习以人为主体，涉及认知、情感、行为等多个维度，大脑在学习过程中先后经历 deep-level processing（深层次加工）、deep-level learning（深层次学习）、deep learning（深层学习）的演化，学习者的认知加工水平在这一过程中不断提高。（付亦宁，2021）当然，也有学者将深度学习直接归类为机器学习领域的一种算法，该算法先后经历五个阶段，即传感器获取数据（low-level sensing）→预处理（pre-processing）→特征提取（feature extract）→特征选择（feature selection）→推理、预测或者识别（inference，prediction，recognition）。在机器学习领域，深度学习又叫作无监督学习（unsupervised feature learning），顾名思义，指将传统人工提取特征变成自动提取特征的方法。为了避免教育领域与计算机领域的相关概念混淆，有学者从学习的本质出发，率先提出用"深度认知"代替"深层学习"（李小涛等，2019），以此作为教育领域达成深度学习描述性维度的概念。这里的"深度认知"一方面指学习者的思维意识、心理品质的内在提升，另一方面指学习者对学习过程与结果进行归纳、总结、批判与反思的外显行为。除此之外，秉持中立立场的学者视深度学习为一种学习样态，同时活跃于电脑模拟人脑网络的机器学习领域与立足真实教育环境的学习科学领域。（罗生全、杨柳，2020）

由于"deep learning"的英文既可以翻译为"深度学习"，也可以翻译为"深层学习"，导致现在多数文献仍将深度学习与深层学习的概念混为一谈，但实质上这两者的侧重点是不一样的。迈克尔·富兰（Michael Fullan）曾说："深层学习的目的是让学生通过学习成为一个健康全面的人，创造和贡献于世界。"依笔者所见，教育领域的深层学习以学习者为本，旨在完善认知结构、发展关键能力以及丰富情感体验。相对而言，计算机领域的深度学习与人工智能、机器学习紧密相关，旨在利用图像处理、语音识别、自然语言处理等技术升级计算机算法程序，建立电脑拟人化的神经连接结构模型，从而促进技术模型迭代更新，实现"人—机智能协同发展"。比如，广泛应用于机器翻译领域的注意力机制通过模拟人类视觉选择性这一特点，从冗杂信息中挑选出对当前任务最关联且关键的信息，形成高效率信息选择和关注机制。（刘建伟等，2021）再比如，以陈观业为首的研究团队设计了一种结合一维卷积神经网络和长短期记忆网络（Long Short Term Memory，LSTM）的深度学习模型，进一步提高了调制信号的识别能力。随着技术的不断发展，计算机领域的深度学习逐渐扩展到天文学、环境科学、医学等领域，如：中国科学院沈阳计算技术研究所通过优化 Faster RCNN 模型来完善基于深度学习的异常数据来源诊断模型，通过优化 Alex Net 模型来完善基于深度学习的气溶胶颗粒自动分类模型，通过优化 WRF-CMAQ 模型来完善基于深度学习的空气质量预报模型。（马元婧，2021）又如，中国科学院深圳先进技术研究院致力于探索无监督学习技术用于动态磁共振成像（dMRI）的可行性，减少了 dMRI 数据提取所需的大量人力、物力，推动了医疗技术的发展。（柯子文，2021）

自 1976 年起，深层学习一直是当前学习科学和教育教学领域重点关注的热点话题之一。国外研究者主要探究影响学习者深层学习的主体性因素、过程性因素以及结果性因素，在横向上涵盖了学习动机、教学模式、学习策略、学习评价等各个方面，在纵向上涵盖了学习者的准备状态、学习过程以及学习结果等各个环节，总体上研究重心逐渐从"教师的教"转向"学习者的学"，从"学习的量"转向"学习的质"，从"事实本位的知识观"转向"理解本位的知识观"。而国内深层学习的研究轨迹主要经历了四个阶段：①明晰概念阶段；②探索模式阶段；③培育素养阶段；④跨科融合阶段。在明晰概念阶段，国内关于深层学习最早的概念由黎加厚教授在 2005 年提出，他认为深层学习大致经历这样一个过程：以理解为基础→批判性学习→知识内化到已有认知结构→知识迁移到新情境→帮助解决问题或作出决策，这一概念的提出得到了教育研究者的广泛认可。在探索模式阶段，教学目标指向高阶思维，教学设计体现知识联结，教学策略趋向多样化，教学评价走向多元化。在培育素养阶段，深度学习与核心素养相挂钩，不再唯成绩论，而是着重培养21世纪所要求的5C[①]人才。在跨科融合阶段，教育学与计算机科学、教育学与脑神经科学，以及计算机科学与脑神经科学相互影响且相互促进。第一，计算机科学领域的深度学习有助于智能化教学，如自动翻译系统的产生可以帮助学习者更好地提高学习效率、扩展视野。第二，脑神经科学领域的深度学习有助于教育学家依据人脑的认知功能，探索激发学习者内在动机的学习策略或者寻找影响学习能力的因素，如学习者的焦虑情绪被实验证明干扰了ACC（大脑内的前扣带回皮层）的正常活动，从而对奖赏学习的概率学习能力、逆向学习能力、社会学习能力以及联结学习能力产生负面影响（古若雷等，2016）。第三，计算机科学领域的深度学习有助于创造更优秀的人工神经网络模型，促进人工智能的跨越式发展，如随着"元宇宙"概念的提出，信息技术给教育行业提供了新的生长点，"视觉沉浸技术＋教育"的趋势愈加凸显，若教育芯片植入人脑的想法实现，将从根本上重构未来的教育体系。

3.1.2 深层学习与浅层学习

1976年，弗伦斯·马顿（Ference Marton）和罗杰·萨尔乔（Roger Saljo）在《学习的本质区别：结果和过程》文章中首次提出浅层学习的类似概念，即表层学习（surface learning）。文章根据信息加工的不同方式，将学习活动分为浅层学习和深层学习。瑞典教育心理学家马顿（Marton）教授在检验大学生学习策略和信息加工方式的实验中进一步验证学习有浅层学习和深层学习之分。随后布鲁姆将学习目标划分为六个层次：识记、理解、应用、分析、评价及创造，其中"识记、理解"对应浅层学习，以机械性记忆和简单描述为主；"应用、分析、评价及创造"则对应深度学习，以有意义学习、内化迁移、高阶思维为主。当然，影响力广的理论注定会引起争议，有学者批评布

---

① 美国21世纪学习联盟提出5C核心素养模型，包括文化传承（cultural competence）、审辨思维（critical thinking）、创新素养（creativity）、沟通素养（communication）以及合作素养（collaboration）。

鲁姆的分类方法过分强调"人先掌握知识，后发展能力"[①] 的线性思维，而忽略了个体差异性。

针对如何区分深层学习与浅层学习这一研究主题，不同学者提出了不同的划分依据。美国国家研究委员会（National Research Council，NRC）从能力视角出发，将深层学习分成三个维度：认知领域、人际领域和个人领域，认为深层学习者比浅层学习者具备更高水平的认知理解能力、人际交往能力以及独特的个人能力。影响最广的还有比格斯（Biggs）和柯里斯（Collis）的SOLO 分类法（Structure of Observed Learning Outcomes），其从学习结果视角出发，将深层学习由低到高依次划分为：①一无所知的"前结构"；②只知部分知识的"单一结构"；③知识孤立的"多结构"；④整合知识的"关联结构"；⑤知识迁移的"扩展抽象"。"前结构"与"单一结构"对应浅层学习，而"多结构""关联结构"以及"扩展抽象"则对应深层学习。近年来，许多国内学者也提出了新的划分方式。西南大学教育学部从教师视角出发，运用扎根理论对相关文献进行三级编码，构建出认知、行为和情感三个维度的深层学习的三维状态表征体系[②]。段金菊和余胜泉从宏观视角出发，建议以"目标层次""思维能力""学习行为""认知结果"四个维度进行划分。（段金菊、余胜泉，2013）张浩和吴秀娟从微观视角出发，将深层学习细分为"记忆方式""知识体系""关注焦点""投入程度""反思状态""迁移能力""思维层次""学习动机"这八个维度。

以龚静为首的研究团队认为，深层学习的发生有四个关键表征：一是知识与经验的"在境增值表现"与"跨境迁移运用"；二是多元文化理解品格的塑造；三是实际问题的解决；四是求真向善思维能力的养成。（龚静等，2020）其中，第一个表征强调教育者的适性指导作用与学习者的主动建构作用；第二个表征强调世界观、人生观以及价值观的多元包容性；第三个表征强调非良构问题的创设；第四个表征强调深层思维与核心素养的融合，为深

---

① 为什么说深度学习是理解性学习［EB/OL］．［2021 - 01 - 28］．https：//baijiahao. baidu. com/s？id =1690094414624288271&wfr = spider&for = pc.

② 该表征体系由认知、行为和情感三个维度构成，其中认知状态包括分析解释、推理质疑、概括论证等九种表征，行为状态包括主动交互、自主学习、执行计划等九种表征，情感状态包括产生学习动机、养成学习态度、形成学习意指等八种表征。

层学习的实施提供了新时代视角。而郭华主张教师"建立知识与先前经验的结构性关联""激活符号化的静态知识",让学生能够"全身心地体验知识本身的内涵与意义"。与郭华观点相类似,有研究者强调发挥教师的积极指导作用,他们通过非良构问题领域的 PBL 学习的对比实验,得出结论:赋权促进型导师比控制指导型导师更能促进学生进行深层理解,有效解决实际问题。(吴忭、杜丰丰,2019)钟启泉则从课堂表现形式视角出发,主张"深层学习"的"深"应强调多样化教学,如采用发现式学习、问题导向式学习、体验式学习等,这与日本佐藤学(Manabu Sato)所倡导的"三位一体论"学习观相一致(王晓丹、张荣伟,2021)。王明娣从深度学习发生机制的视角出发,指出"走向深度学习的知识特征包含建构性、情境性、融合性与迁移性",主张教师可以利用缄默性知识①来促进学生对抽象知识的深刻理解。

以上观点皆有可取之处。笔者通过阅读相关文献,从概念内涵、实现条件、核心理念、逻辑顺序、影响因素这五个方面归纳深层学习的特征:①在概念内涵方面,深层学习体现了"深度理解""有效整合""创新批判""实践反思""高阶思维"这五个特点;②在实现条件方面,深层学习既需要学习者的主动参与和多维度投入,还需要教学者的有效干预和情感支持;③在核心理念方面,深层学习主张以学生为中心,以解决实际问题为导向,以树立学科大观念②为要求;④在逻辑顺序方面,深层学习先后经历这样一个过程,即有意注意→理解→迁移→远迁移,这里的"远迁移"指学习者能够将所学知识运用到新的复杂情境中;⑤在影响因素方面,深层学习受教学者、学习者以及学习环境的影响,学习环境包括"硬环境"(网络技术支持环境)和"软环境"(文化环境)。其中,"软环境"广义上指师师关系、师生关系和生生关系;狭义上指富有挑战性的学习环境、公平公正的学习氛围、严明的奖惩制度。总而言之,深层学习实质上是一个螺旋式上升的无止境的过程,并没有严格意义上的起点与终点。

杭州师范大学教育科学研究院院长张华将浅层学习定义为:"以死记硬背

---

① 王明娣所提到的缄默性知识,强调关注知识的具体性、特殊性以及实践性,要求学生追根溯源,理解事物本质。

② 哈佛大学心理学家布鲁纳在 20 世纪 50 年代末提出了:让各门学科从零散的知识点走向"少而重要"的大观念。

的方式掌握学科事实为目的的学习"，而且"浅层学习获得的是一种惰性知识"。英国数学家阿尔费雷德·诺斯·怀德海（A. N. Whitehead）秉持相同看法，认为浅层学习"非但无益，反而有害"。从已有研究可知，浅层学习将机械记忆代替有意义的理解，可能会导致知识固化、假性理解、思维惰化以及情感失活。其一，"知识固化"就像给大脑加了滤网，过滤掉那些与自身已有认知和以往经验不相符的信息，即人们倾向于接受自己原有认知框架内的知识。比如：小明已学过咖啡的英语是"coffee"，而当他读到一篇文章说咖啡是"fika"的时候，就下意识地认为该作者是错的，并产生弃读心理。但人的心智模型一定是不完整的，需要持续不断地学习。这样长期下去将不利于认知冲突的消解和迷思概念的纠正，学习者所吸收的知识也会因单调而营养不良，进而阻碍知识建构。若保持开放的学习心态，就会发现"fika"是北欧国家常用的咖啡称呼，办公或学习的休息时间又被称为"fika time"。其二，"假性理解"指学生在课堂上对所学知识的理解浮于表面，老师更多是利用题海战术加强学生对图式的习得、储存和迁移。比如：小明在数学课堂上能跟上老师每一步的讲解，却无法独立地解决类似的问题，这是因为老师将解题步骤分解了，课上传授的更多是抽象化与口诀化的解题步骤，小明没有进行独立思考。其三，"思维惰化"指人们的思维在特定的条件下处于麻木僵硬、不活跃的惰化状态或趋于此状态的过程。具体表现为学习者依赖教师的教导，将主导权让位给教师，缺乏主动学习性。（江峰，2009）比如：小明上课所记录的笔记皆是老师零散的话语，并未将每节课的知识加以归纳整理，使之条理化和纲领化。此时学习者的脑内知识网络就像一个孤岛群落，每个知识点分布零散、相互孤立。从脑神经角度看，这些零散的知识被暂时储存在大脑海马区，持续时间非常短，即使学习者根据题目线索也无法成功激活相对应的脑区域，不能快速提取相匹配的记忆来联结其他知识点，最后只能产生一种"我好像见过这个题目"的莫名熟悉感。如此一来，随着旧知识重复遗忘和新知识不断输入，学习者的认知负荷越来越重，逐渐产生破罐子破摔的厌学心理，更不必说实现高阶层的相互启发了。其四，一般我们所说的"失活"指某些具有生物学活性的物质（如蛋白质、氨基酸、基因等）受物理或化学因素的影响，导致其生物活性丧失的现象。而这里的"情感失活"指学习者认知冲突过少，学习没有挑战性，接触不到未知知识，失去学习兴趣，不能实现有效学习。（杨恒建、贝伟浩，2021）比如：小明在寒假辅导班提前学习了下学期的知识点，导致他在学校学习的时候自认为什么都懂了，但实际上他只是掌握了特定题型的应用图式，尚未形成学科知识体系，一旦出现更复杂的综合题型，他可能就不会做了。

正所谓"天下之理，有张必有翕，有强必有弱，有兴必有废，有与必有取"①，任何事物都具有两面性，我们应以辩证的眼光去看待浅层学习与深层学习。浅层学习和深层学习适用于不同特性知识的掌握，无孰优孰劣之分。刘濯源将浅层学习比喻成在沙子上写字，而将深层学习比喻成在石头上刻字，认为后者比前者更有助于学习者形成长期记忆。从发生学②的视角出发，知识可以被简单划分为"是什么""为什么"和"如何做"三大模块。对于"是什么"的知识，学习者停留在浅层学习的识记即可；对于"为什么"和"如何做"的知识，则需要学习者进行深层学习才能掌握其规律与本质，只有浅层学习打好基础，才能实现有效的深层学习。从某种意义上看，深层学习是浅层学习的深化和延续，因此，教育者不能"一刀切"，全面否定浅层学习的价值。

在教育领域，国外关于深度学习的研究聚焦于深度学习影响因素、深度学习实证探究、教育技术促进深度学习、深度学习评价四个方面。沙博里（Shapiro）等对参与MOOC的学生的动机进行了案例研究，发现阻碍学生深度学习的因素主要是时间不足、背景知识不足和资源受限。蒙克尔·希梅内斯（Münkel Jiménez）等人通过低成本、多功能的实验激发了高中生对生物学科的兴趣。斯托特（Stout）、罗兰（Roland）等人通过TED演讲的新形式替换大学物理、化学课程中的口头报告作业，增强了学生的参与度。穆斯塔法·菲丹（Mustafa Fidan）等人的研究表明，将AR融入PBL活动既可以提高学生的学习成绩，又可以培养他们对科学学科的积极态度。

埃莱尼塔·福斯贝格（Elenita Forsberg）等人的研究表明，学生的自我评

---

① 在事物发展中，张开是闭合的一种征兆，强盛之后也会有衰弱……强调任何事物都有它的对立面和转换的可能，对立统一是事物发展的客观规律。

② 发生学是一种研究事物发生与演变的研究视角和方法，最早运用于生物学领域，随着20世纪80年代皮亚杰《发生认知论原理》的发表，发生学开始被人文社科广泛借鉴。

价对儿科护理学生的临床推理能力发展产生影响。在基于问题的学习背景下，范·德·弗勒藤（Cees P. M. van der Vleuten）等人使用了单独的进度测试、程序评估、方案评估等方法实现优化学习。

如果一个学生想学习，并且没有因为受到压力而对学习产生焦虑，那么这个学生就会表现出与深度学习相关的内在动机。当学生有兴趣学习和掌握一个主题时，就会产生内在动机，而不是简单地记住已取得的好成绩。那些焦虑和对学习材料不感兴趣的人是浅层学习者；而那些放松和对学习材料感兴趣的人是深层学习者。弗兰松（Fransson）通过实验研究表明，内在动机是最好的：没有焦虑，没有压力，无论是独立的还是共同的内在动机，都与深度学习有关。外在动机相应地与表层学习相关。随着深度学习者的参与度更高，信息更有可能长期保留。基于深度和浅层学习方法的示例和特征如表3-1所示。

表 3-1　基于深度和浅层学习方法的示例和特征

深度学习	浅层学习
将主题和想法与过去的知识和经验联系起来	不反思的方法，未详述的事实
批判性地思考新学的材料	不与内容或想法互动
与其他来源信息的联系	只专注于记忆
根据新信息创建新论点并理解逻辑	未理解的基本论点
识别内容中的结构	将任务视为单调的事务
内心的动力，想要学习	基于测试要求的外部激励
旨在了解材料背后的含义	旨在不主动地背诵和反刍材料

3.1.3　学习迁移

学习迁移（transfer of learning）是指在一种情境中技能、知识和理解的获得和态度的形成，对另一种情境中的技能、知识和理解的获得或态度的形成的影响，即学习迁移是一种学习对另一种学习的影响，也指把在一种情境中学到的知识，迁移到在新情境的能力。

学习迁移的分类有：知识、技能和态度的迁移，顺向迁移和逆向迁移，正迁移和负迁移，特殊迁移和非特殊迁移，近迁移和远迁移，低通路迁移和高通路迁移。对迁移的不同分类方法体现了研究者对迁移的理解深度和研究角度的不同。

比约克（Bjork）认为："学习是一种能力，能重拾相当长一段时间里已停用的信息，能运用有关信息在不同（或至少有些不同）于原来学习这些信息时的环境中解决问题。"根据这一定义，只有学生把学到的知识（方法）运用在其他课程或情境中，并以一种行之有效的方式来解决问题、构建新的理解，才算完成了学习这一过程。

格式塔心理学（Gestalt Psychology）创始人马克思·韦特海默（Max Wertheimer）将格式塔心理学的原理应用于人类创造性思维的研究，探索了创造性思维的本质、原则和途径，强调了培养学生创造性思维的重要性。他认为，如果教师能将问题置于课堂练习中，并使其成为有意义的整体，就能帮助学生顿悟并掌握解决问题的方法，也容易使学生把这种方法迁移到其他情境中。因此，韦特海默认为，学习迁移是对整个情境中各部分的关系或目的与手段之间的关系的领悟。他和沃尔夫冈·柯勒（Wolfgang Kohler）首先提出了再生思维（应用先前学习的程序来解决新问题）和生产性思维（发明一种新的解决方法来解决新问题）之间的区别。

心理学联结主义的建立者和教育心理学体系的创始人桑代克（Edward Lee Thorndike）主张"共同要素说"，他认为一种情境中所成立的反应不能迁移到其他情境中，只有当两种机能有了相同的因素时，这一机能的变化才能使另一机能产生变化，第二机能的变化在分量上等于它与第一种机能所共有的元素的变化。

NRC 委员会认为，个人发展可转移知识和技能的愿望是教育和培训中一个长期存在的问题。与此相关的是建立支持认知、个人和人际关系发展的学习环境的挑战、使学习者能够将所学知识转移到新情境和新问题中的能力。从李玉斌等（2018）、段金菊等（2013）、张浩等（2012）对深度学习的概念界定可知，知识迁移是实现深度学习的关键因素，通过深度学习，将建构的知识迁移运用到新情境，并能作出决策和解决问题。

　　尽管研究文献很少支持广义上的一般迁移，但有证据表明，当使用有效的教学方法时，在学科领域或主题内可以称为"一般原则的特定迁移"。格式塔主义者强调了死记硬背（学习盲目且遵循程序）和有意学习（对问题结构和解决方法更深入理解）之间的区别，还提供了有意学习导致迁移的证据。迁移的研究历史表明，通过深度学习开发的知识和技能的迁移是有限度的，但当使用有效的教学方法时，可以在学科领域或知识领域内进行迁移。相关研究表明，在一个知识建构良好的领域中应用深度学习，这些知识可以很容易地迁移到该领域的新问题上；深度学习需要广泛的练习和反馈，以及帮助学习者纠正错误的程序，多媒体学习环境可以提供这样的反馈。

　　因此，学习迁移是判断深度学习是否发生的重要指标。

3.2　深层学习模式与实施

3.2.1　深层学习模式

　　通过查阅文献，笔者了解到现阶段的深层学习模式具有显著的综合性与实践性特点。综合性体现在：互联网和智能终端的普及将推动学习资源走向情境化、社会化和适应化，这使得深层学习模式的研究既需要综合心理学、脑神经科学，甚至哲学等多个学科知识，又需要综合支架式学习、混合式学习、情境学习、合作学习等多种建构主义学习理论。比如：①脑科学的相关研究表明成年学习者大脑由约 1 011 亿个神经元细胞组成。这揭示了人类大脑神经具有强大的可塑性且影响着深层学习的发生与发展，具体表现为：大脑在学习过程中会自动形成一个新的反应回路，该反应回路经过多次训练将变得更加复杂高效，形成与信息相对应的专门化区块，进而提高信息处理效率。

以上述研究为基础，有些研究者将学习元（Learning Cell）理念①与泛在学习②（U-Learning）理论相结合，提出了"泛在学习资源组织与描述框架"标准，并于 2021 年 4 月正式通过了国际化标准组织 ISO 的审查。（余胜泉等，2021）该标准以聚合模型为内核，包含了学习目标、语义信息、内容、活动和社会知识网络（SKN）五要素。有教师设计出泛在学习环境下的英语写作教学模型，强调平衡师生角色、共建学习资源、多模态学习资源以及构建实践共同体。②混合式学习（blended learning）兼具数字化学习与传统课堂学习的优点，既重视发挥教师的引导启发作用，又强调培养学习者的主动建构性。（杨青，2012）有学者以培育批判性思维、促进深层学习为导向，以保罗（Paul）和埃德（Elder）的批判性思维理论、活动理论和教学设计相关理论为指导，将学习活动分为辨识提出类活动、探索建立类活动、区分运用类活动以及剖析生成类活动四种，并强调关注工具使用的延展性、确保情境描述的具体性、突出资源内容的适切性以及注重支架设置的及时性和共同体的异质性。还有相关研究从定性和定量两方面证明了基于微博的混合学习模式不仅可以增强学习能力，还可以激发学习兴趣。（马向南，2021）有学者还指出混合式学习并不是毫无缺点，比如在线开放课程助学群组里的学生存在自控能力差、参与度低等问题，因此建议在学习准备、知识建构、迁移应用与创造、评价与批评这四个阶段制定层层递进的深层助学策略。（邹霞等，2021）常言道："学习是一个由浅入深的过程。"学习准备阶段作为深层学习的基础，重在提供助学支持，旨在激发学习者的学习动机；知识建构阶段作为深层学习的关键，倡导深度话题讨论，旨在让学习者完成知识的意义建构；迁移应用与创造阶段作为深层学习的根本，强调理论与实践的有机结合，旨在让学习者学以致用；评价与批评阶段作为深层学习的升华阶段，强调学思结合，形成高阶思维能力。③马丁·布伯（Martin Buber）的对话哲学主张：学生与教师不应是以知识为中介进行互动的独立个体，应将"单向灌输关系"转变为

---

① 学习元理念于 2009 年提出，强调学习资源具有可重用特性，以及支持学习过程信息采集和学习认知网络共享的特征。

② 泛在学习由美国学者维泽尔（Mark D. Weiser）提出，指任何人都可以使用信息技术随时随地通过任何设备进行学习。

"我—你平等对话关系"。（苏聪聪，2020）受此启发的学者从群体动力学①视角出发，将教学活动回归到"对话"这一原点，视环境力、领导力、理智力、情感力以及结构力这五要素为深度对话教学的基本结构，并将深度对话教学的过程归纳为：建立学习共同目标—生成对话过程—组建班级群体—促进精神交流—养成反思意识。（冯琛琛，2014）主体间性哲学理论也秉持相同看法，强调主体与主体间的交互性、共生性、统一性，主张：对话中的两个或多个主体共存于一个世界中，彼此在语言和行动上相互平等、相互交流、相互作用、相互融合，最终达成主体间的"视域融合"。对此，有学者针对大学英语教学现状加以补充，认为主体间性的思维应该从师生间的平等对话扩展到学生与课本作者间的主体对话。（陈爱菊，2021）

而实践性体现在：多数研究者从教师角度出发，以成果和能力导向的 OBE（Outcome-Based Education）理念为指导，以促进学生深层学习为目标，围绕教学内容、教学方法、教学手段、考核评价、教学平台设计等方面进行模型设计或改革实践。比如：①李帮魁和谷英（2016）立足自身实践，指出互学任务设计应具备核心性、可能性和挑战性这三个特性，既要与教学重难点紧密相关，又要触及小组集体认知的最近发展区（一部分学生能解决而另一部分学生不能解决，或是个体能解决一部分问题而不能解决全部问题），还要对小组团队形成挑战。②孔晶（2021）基于认知深度模型，按年级划分为三个层次，分别是：重在感官体验和动手实践的"重现概念思维层级"、强调发现探究的"策略性思维层级"以及创新性地解决复杂问题的"拓展性思维层级"。③张环（2021）针对听障学生群体的学习问题设计出 SPOC 混合模式下深度学习模型，该模型将学习过程分为课前、课中以及课后阶段。线上课前阶段以学生自主学习为主，实行诊断性评价；实地课中阶段以小组合作探究为主，实行形成性评价；线上课后阶段以反思互评为主，实行总结性评价。

---

① 勒温首次在《社会空间实验》中提出"群体动力学"概念，致力于从群体对个体的影响、个体对群体的影响以及个体与群体的交互影响等方面对群体动力进行本质性研究。

3.2.2 深层学习实施

"深层学习"本质上是一种建构主义的学习设计，它由情境、协同、支架、任务、展示、反思六个要素构成，并遵循问题选择、教师角色、学习目标、学习评价四个法则实施。因此，教师也是深层学习过程中的重要角色，旨在为学习者搭建脚手架，发展学习者的元认知技能，为问题解决提供专业性的帮助，及时调整学习任务的难度，给予客观的学习评价，协助学习者达到既定目标。

埃里克·詹森（Eric Jensen）和利恩·尼克森（LeAnn Nickelsen）编著的《深度学习的 7 种有力策略》以 7 个步骤描绘了深度学习路线（Deeper Learning Cycle，DELC），为教师教学提供了清晰的教学指引，鼓励教师使用不同的加工策略去配合不同的学生和不同的情境（见图 3 – 1）。

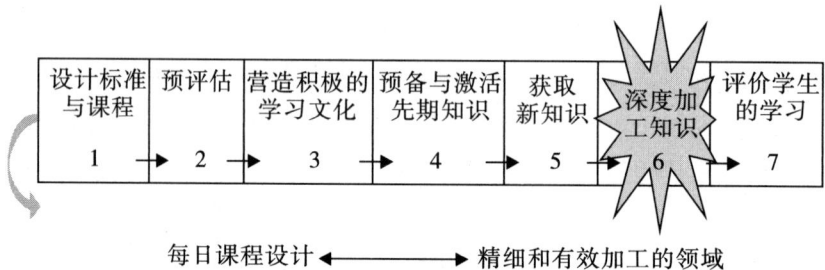

设计标准与课程	预评估	营造积极的学习文化	预备与激活先期知识	获取新知识	深度加工知识	评价学生的学习
1	2	3	4	5	6	7

每日课程设计 ←——————→ 精细和有效加工的领域

图 3 – 1　深度学习路线

3.2.2.1　认知精制

理解实质上是使客观知识带上个人主观烙印，深层学习的实施离不开个人认知的发展与精制。认知心理学的研究证明："若想更长久地记住信息和更高效地使用信息，学习者必须对材料进行某种形式的认知重组或精制。"精制作为一种对原有知识的精细加工过程，既可以是逻辑上的推理，也可以是对信息的扩展与延伸，并合理有序地将信息纳入已有的知识体系中去，从而构建出一个连带反应强烈的知识网络。

因此有学者强调教学中要注重"成片开发",梳理纵横关系,揭示本质属性。(唐举,2017)张环(2021)也指出认知升级的重要性,即提高认知结构的可利用性、可辨别性、稳定性。如果认知结构的可利用性低,学习者就不能很好地同化新知识;如果认知结构的可辨别性低,学习者就容易学了新知识,忘了旧知识;如果认知结构的稳定性低,学习者就难以进行学习迁移。李帮魁和谷英(2016)基于认知精制理论设计了一套有效互学策略,强调教师的指导要具有适切性、生长性与启发性:①适切性教学指要切中学生的思维盲点和思维拐点,教师的引导应与小组互动思维水平相适应;②生长性指教师不能直接告诉学生答案或者结论,让学生在实际生活中不断地思考问题,强调学习是贯穿整个人生的;③启发性指教师在学生遇到问题求助时给予一定的指导,达到相互启发的效果。正所谓"三人行,必有我师焉",知识的流动不一定是从知识量多的人向知识量少的人传递。笔者与《网络校际协作学习与协作教研的理论和方法》一书的观点相同,认为这里的"相互启发"既可以是主体间的启发,也可以是主体内的自我启发。"主体间的启发"一方面指学生"听师一席话"受益匪浅;另一方面指学生与老师对话后表达出新观点,从而使老师接收不同视角的崭新观点与信息。"主体内的自我启发"则更多指个体的自我解释过程,具体表现为:学生感知到当前关键信息,在与已有图式进行匹配的过程中获得理解,再用获得的新理解来丰富图式。

学习者作为深层学习的主体,不能将希望寄托于其他事物,应发挥主动建构性,成为一名善于认知精制的专家型学习者。专家型学习者在深层学习过程中能不断对自我认知进行结构化改造,使得知识从碎片化到结构化。相对于新手,专家型学习者更倾向于用学科大概念和结构化的知识框架去解决问题。埃特默(Peggy A. Ertmer)和纽拜(Timothy J. Newby)在文章"The Expert Learner: Strategic, Self-regulated, and Reflective"(《专家型学习者:策略、自我调节与反思》)中认为专家型学习者是策略型、自我调节型和反思型的统一体,进一步强调个体元认知知识和元认知监控(即自我调节)对深层学习的重要性。

随着互联网时代的不断发展,现在学习者面临的不再是"信息差"的问题,而是"认知差",如何善用认知冲突来实现从认知失衡到深层认知建构的转变，进而培育信息素养和信息力成为当下的研究热点。①王靖等人（2021）针对选择类、改善保留类以及补充融合类的三类对话来设计消解认知冲突的支架：选择类的认知冲突难以舍弃原本观点，支架通过提供明确的证据证明某观点的合理性来消解冲突；改善保留类的认知冲突本身观点不成熟，支架通过不断修改和澄清来消解冲突；补充融合类的认知冲突过于分散，支架通过厘清观点内在逻辑、找出异同、分辨合理性来消解冲突。②周琼等人（2021）基于建构主义理论反思信息素养教育，设计工作坊、沙龙、高端学术讲座、竞赛等多种形式，积极推行协作性、沟通性和组织性强的学术训练营。认知冲突不全是坏事，我们需要辩证看待。

3.2.2.2　共同学习

17世纪，同辈学习和小组学习的模式得到重视。1881年，德国哲学和社会学家斐迪南·滕尼斯（Ferdinand Tönnies）在《共同体和社会》一书提及"共同体"一词，用来隐喻人与人之间的社会密切关系、群体认同感和归属感。1995年，博耶尔在《基础学校：学习共同体》中明确学习共同体的基本要素：①共同的愿景；②相互交流合作；③地位人人平等；④共同规则纪律约束。（刘娜、傅岩，2017）协同理论创始人赫尔曼·哈肯（Hermann Haken）认为："系统从无序走向有序的关键不在于是否平衡，而在于它的子系统是否相互协同并形成一定功能的自组织结构，协同意味着行为的非个人化和互动合作。"这表明，围绕着共同目标相互协作的学习共同体有助于将缓慢的个人积累和异质信念转化为一整套方法和成果，从而产生"1＋1＞2"的协同效应。迈克尔·法瑞尔（Michael Farrell）在《协作圈：友谊动机和创造性工作》（Collaborative Circles：Friendship Dynamics and Creative Work）一文中认为："大多数协作圈由一个互动频繁的核心组和一个参与不积极的边缘延伸组组成。"当人在所处网络里变得越来越优秀时，他就越喜欢在里面待下去，边缘成员并非没有用处，他们是传播理念的大使，可以吸纳更多感兴趣的人群。当代学习型组织发展的经典之作——《第五项修炼》中提及："当团体真正在学习的时候，不仅团体整体产生出色的成果，个别成员成长的速度也比使用其他的学习方式更快。"有学者通过对比彼得·圣吉（Peter Senge）《第五项修炼》与汪国新和项秉健《社区学习共同体》中对学习共同体的解读得出结论，强调应在共同学习进程中培育核心成员，并依托核心成员的组织智慧，适时分裂增殖新的学习团体，进一步扩大互助共学的受益面。（王中、汪国新，2020）

相对于普通的学习共同体，复杂的科研合作涉及知识管理的高级阶段，即"知识协同"。常燕燕等研究者（2020）总结归纳出科研合作团体具有生命周期特性、开放动态性特征、自组织耗散结构特性以及三维运行模式特性。他所提出的知识管理 SECI 螺旋式模型将个人智力资本或团队智力资本中的显性与隐性的知识的转化过程分为"社会化、外在化、组合化、内隐化"这四种，知识在整个协同过程中不断内化积累和加速创新，实现一轮又一轮的螺旋上升。而随着网络技术的快速发展，促进深层学习的网络校际协作学习逐渐走入众学者的视野中，如：崔向平和李东辉（2017）从促进深层学习视角出发，采用"现状分析区域检验—理论建构—区域检验—反馈完善"的技术路线，围绕方法论、模式论、环境论以及效果论这四个方面提出了独特见解。在方法论方面，借鉴国外的 DialogPlus 活动设计模型、IMS 学习设计规范和国内杨开城的多层学习活动设计模型、杨卉的教师网络研修活动系统设计方法；在模式论方面，以教师主导、学生主体、知识协同建构为主线；在环境论方面，创设和谐的共同体文化环境和开放共享的网络支撑环境；在效果论方面，采用"活动成果、交互深度、情感态度、行为能力影响等"的多元评量体系。有部分学者指出学校师生组成的学习共同体侧重于知识习得和目标达成，往往表现为"成绩取向"，这需要设计者提高警惕。郑旭东和王美倩（2016）强调学习环境的构建应从"预成教学观"走向"生成教学观"，即从"机械的静态预设"走向"有机的动态生成"，这突破了基于传统认知观点之上的学习环境创建的"机器"隐喻，使学习环境成为一个有生命而且可进化的"有机体"。

总体而言，学习共同体不是临时搭建完成任务后就解散的，其内部是系统的、向外辐射的。以上观点皆为学习共同体的模型设计提供了科学思路，笔者归纳出"构建交互式场域的学习共同体"的一些设计要点，如：①明确共同理念、发展目标和价值取向，以群体目标导向或者个人目标导向驱动，促进双向认同；②选择知识配比合适的成员（既有普遍性，又有特殊性），建立协同的知识网络体系；③加强深度会谈，组织头脑风暴，形成思想碰撞，避免"习惯性防卫"[①]；④资源统筹管理，完善运行机制，如建立正向竞争机制、帮扶机制、激励机制等；⑤形成非正式的核心组与边缘延伸组，适时分裂增殖新的学习团体；⑥培育一种基于理解与对话的正向文化观，而不是单向度的知识学习与能力获取观念；⑦设计观念从"机械的静态预设"走向"有机的动态生成"，形成有生命力的学习场域；⑧随着时间的推移，小组成员的身份呈现动态变化趋势。当然，每一种模型都有利有弊，在某时刻最具效力的模型早晚会变成一种障碍。理想的模型是不存在的，教学研究者应立足实践，对学习共同体模型进行迭代设计。

3.2.2.3 立体化教学

传统教育通常只介绍单一层次的知识，教学中所提出的图式变成了解决问题的唯一参照，这缩小了学生观察世界的视角，往学生脑袋中注入一种观念：老师的话即真理。如，老师在物理实践课上提问："两个弹簧材料相同，粗细相同，只有长度不同，同学们觉得拉哪一个弹簧会更轻松？"学生通常会回答："老师在课上讲过……"可见学生对知识的认知都源自老师课上传授的文字内容，而非体会自己的实际感受，并进行深入思考，所谓的物理实践课未免落于形式化。如今强调教学的统一性显然不适合以学习者为中心的学习型社会。有研究者将立体化教学解释为多维度、多角度、多层面以及多方位的教学，强调学科间或学科内的内容联结，通过多维目标建构帮助学习者建立复合性知识，从而实现知识显性与隐喻的深度融合。（罗生全、杨柳，2020）任蓓蓓（2021）基于SPOC（Small Private Online Course）理论，强调切勿以期末考试成绩作为唯一评价标准，倡导"三混合"：①根据学生学习需求与认知结构特点而使用演示法、讲授法、项目协作法等的"混教法"；②根据学习内容而不断变换教学场所的"混环境"；③有机结合诊断性评价、形成

---

① 社会关系理论指出群体关系广泛存在"习惯性防卫"，即为使自己或他人免于因说真话而受窘或感到威胁而形成的一种根深蒂固的习性，通常表现为"说实话的恐惧"或者"自设的保护壳"。这使团体成员之间形成一道屏障，阻碍了成员的交流和沟通，难以共同学习。

性评价与总结性评价，质性评价与量性评价的"混评价"。也有学者专门研究促进深层学习的评价体系构建，对深层学习的发生动因、所在情境、过程表现、效果效能等进行全景式透析，形成动态检测机制。王芳（2021）将核心素养与深层学习理念有效融合，将深层学习模式简单划分为知识预热、实验探究和反思创新三阶段：知识预热阶段，侧重引导并给学习者预留自主学习和独立思考的空间；实验探究阶段，侧重发展深度思维，鼓励学习者积极提问；反思创新阶段，侧重实践活动与多元评价。此外，有学者视逻辑学中的"论证"为深层学习中批判性思维的核心技能，认为学生可以通过教育辩论实现"learn to argue""arguing to learn"，一方面促进知识内容的学习（准确界定—合理讨论—相互启发—概念转变—纠正迷思），另一方面发展非正式的论证推理能力。（李人，2021）

但是，由于现实世界中的真实问题区别于学校中的学科问题，普遍具有典型的"非良构"特征，因此教学研究者不能仅将立体化教学局限于校本课程和应试教育的框架内。朱立新、陈谊强（2021）认为非良构情境的任务更复杂，为主体的行为表现提供了更广阔的空间和可能性，更有利于观测难以量化的素养品质。也有学者通过实验证明，赋权促进型教师比控制指导型教师更注重跨学科知识间的联系，更注重以深层理解来解决实际问题。（吴忭、杜丰丰，2019）

3.2.3 深层学习的测评研究

目前对深度学习的测量，主要分为过程与结果两大类。深度学习结果量表借鉴了现有成熟的相关量表，如国际上的比格斯（Biggs）的学习过程量表、修订后的两因素过程量表、恩特威斯尔（Entwistle）等人的深度学习过程与方法量表以及托马斯（Thomas）等人的 NSSE 量表，并结合现有学习结果评价的维度与方式、专家访谈结果，从知识、情感和思维能力三个维度进行设计。

黄寿孟等人采用层次分析法，建立了基于深度学习的混合教学评价指标体系，从深度学习、教学过程、有效交互、教学环境四个维度分类构建。对思维训练的指标权重的设置表明混合教学可提高用所学知识解决问题和灵活应用知识的能力；对参与度的指标权重设置体现了教学活动互动环节的重要性；对学习资源指标权重的设置体现了教师提供学习资源的重要性。

向凯悦等人以行动研究作为研究方法，从知识掌握情况、能力培养、情感体验三个维度进行检测。通过测试题检测学生的知识掌握度，依据 SOLO 分类法的思维水平评测将每位学生的作品划分为五个层次等级，以调查问卷的前后检测来评估学生的深度学习水平，通过访谈检测学生对课堂教学的认可度。经过三轮行动研究，得出：智慧课堂模式下的课堂教学能有效提升学生的深度学习能力。

黄志芳等人以大学生为研究对象开展行动研究，通过课程活动设计，课前自测及课后研究方案撰写，以及自主学习情况观察、组内组间评价情况分析等方法验证面向深度学习的混合式学习模式的有效性。

师建华等人以大学生为研究对象，通过问卷调查方式将新教学模式与传统模式作对比，使用坚毅量表评估肝胆外科实习生的毅力水平，并探究新的教学模式干预后对研究对象心理素质的影响，研究结果证明新模式有效，提高了学生对创新的兴趣。

张浩等人以布鲁姆（Bloom）的认知目标分类法、比格斯的 SOLO 分类法、辛普森（Simpson）的动作技能分类法、克拉斯沃尔（Krathwohl）的情感目标分类法为基础建立深度学习多维评价体系，构建认知、思维结构、动作技能和情感四位一体的深度学习评价体系，解析不同领域中深度学习者可达成的预期目标（见图 3-2）。

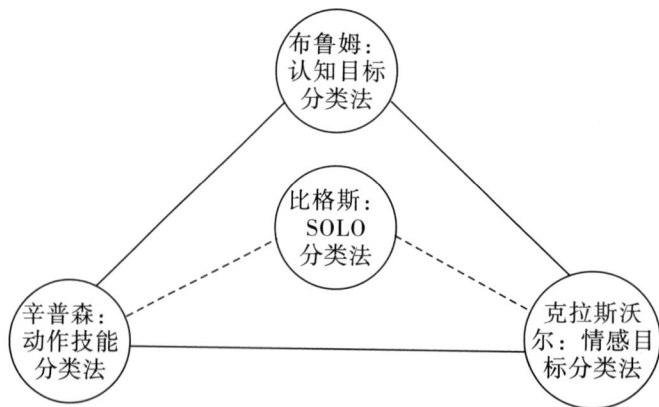

图 3-2　基于多种目标分类法的深度学习多维评价体系构建

第4章 迷思概念及其转变

4.1 迷思概念的定义

4.1.1 国内迷思概念研究

20 世纪 90 年代左右，中国台湾开始出现对迷思概念的研究，积累了大量的研究成果，形成了当前的观点。"迷思概念"一词是台湾学者翻译"misconception"的结果，指的是不正确或不完整的想法或观念[①]。在大陆地区，2000 年前后兴起了对迷思概念的研究，侧重于对概念变化理论的分析和寻找研究思路。在中国知网以"迷思概念"为主题进行搜索，可以发现近些年研究迷思概念主题的论文越来越多，这表明迷思概念吸引了越来越多的关注，具体如图 4-1 所示。

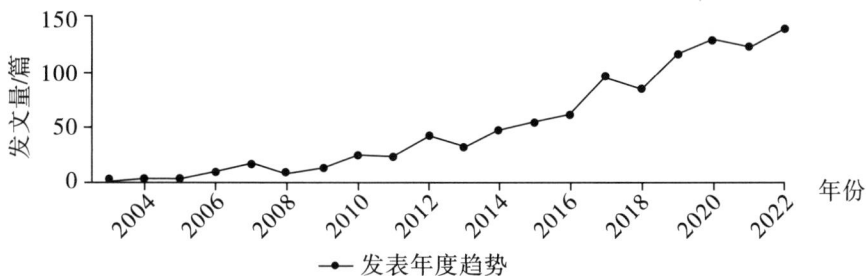

图 4-1 2003—2022 年有关迷思概念的论文数量

---

① 刘婷. 利用认知冲突进行化学迷思概念转变的研究与实践 [D]. 长沙：湖南师范大学，2016.

　　迷思概念存在于自然科学、人文及社会学科的各个领域，且有许多学者投入相关领域进行研究。但因各学者理念观点与价值判断不同，或研究领域、探讨对象不同，这一种概念有不同的名字，如：错误概念（erroneous conceptions）、先备概念（preconceptions）、直觉概念（intuitive conceptions）、另有概念（alternative conceptions）、另类架构（alternative frameworks）、另类基模（alternative schemas）、质朴信念（naïve beliefs）、个人事实模式（personal modelsof reality）、儿童的科学直觉（children's scientific intuitions）等。但其主要的定义均是指学生在某一特定学科中，对某事件或现象，产生有别于目前科学家所公认的想法，因此本书皆以"迷思概念"一词来讨论。

　　研究者搜集国内迷思概念的相关研究，针对迷思概念之定义汇总如表4－1所示。

表4－1　迷思概念的定义

研究者	定义
诺瓦克（Novak）与高温（Gowin）	对某一领域的事件里的一组概念之连续被错置或漏失而形成的与科学社群不同的概念
郭重吉	学生在进入学习领域前因个人生活经验、学习历程等，已具有一些概念，这些概念有时是不完整或者错误的。科学教育学者认为这些不完整、错误的概念可统称为迷思概念
姜善鑫	对某一现象或事物最初始的一种错误的想象念头
余民宁	学生在学习科学概念之前即具有的直观知识，或与正统科学知识不符之概念
蔡昆论	学生在学习科学知识的前、中、后期可能对某一概念的误解，或对不同概念之间意义的混淆，甚至对不同概念的间连性的曲解等
邱鹿玉	学生在某一特定学科中，对某事件或现象，有别于目前科学家所公认的想法
黄淑珍	强调学生持有的概念或想法不同于特定学科的专家学者的概念，较不强调其形成时间的长短与累积性，且经常存在于学生的想法中，一般传统的教学方式很难解决它

（续上表）

研究者	定义
谢青龙	学生所持有的概念或想法不同于特定学科的专家学者的概念，较不强调其形成时间的长短与累积性
徐士敦	学生在学习之前本身就存在的一些先备知识具备了个人的、稳固不易改变的、与专家的概念不同的特征与特性
何梅芳	①不完全或错误的概念皆成为迷思概念 ②学生在教学后仍不易改变的概念
蔡清斌等	凡以学生自己的思考方式建立的且不为科学家所接受的概念

综上所述，研究人员发现迷思概念有几个基本特征：一是学生在学习或生活经验中获得的初步经验；二是迷思概念是不易改变的，是模糊、错误的；三是与专家的概念不一致。总体而言，我国越来越多的学者开始关注和重视迷思概念的研究，相关研究成果也越来越丰富。但通过阅读文献可以发现，绝大多数研究仍处于理论研究阶段，教学实践中的应用和深入研究较少。

4.1.2 国外迷思概念研究

国外关于迷思概念的研究起步较早。教育界普遍认为，最早的研究在1903 年，美国的赫隆（Halloun）开始调查儿童对于热、霜、火等自然现象概念的理解。[①] 1929 年，皮亚杰出版了《儿童对于世界的认识》一书，指出"儿童通常会产生一些异于科学家的想法"，这一看法被认为是迷思概念的雏形。1970 年，美国科学教育期刊《科学教育》（*Science Education*）中首次出现"迷思概念"一词。[②] 1983 年，美国康奈尔大学召开了第一届国际迷思概念研讨会，从此奠定了迷思概念在科学研究中的地位。之后学者各抒己见，其中维果斯基的研究使迷思概念进入人们的视野。此后，教育界对于迷思概

---

① HALLOUN I. Schematic modeling for meaningful learning of physics [J]. Journal of research in science teaching, 1996, 33 (9)：1019 – 1041.
② 王阿姣. 高中生生物学"细胞的生命历程"迷思概念调查研究 [D]. 汉中：陕西理工大学，2018.

念的关注度大幅上升，研究热情空前高涨，其研究主要集中在相关理论、概念转变策略及实证教学三个方面。

国外对于迷思概念的研究主要可分为两个阶段：

第一阶段为 20 世纪 70 年代至 80 年代，这是研究人员的初步调查阶段，主要探究学生在各个科目中的迷思概念。

第二阶段为 20 世纪 80 年代之后，研究人员开始分析迷思概念的起因、来源和特征，并试图提出转变迷思概念的策略，将其进一步运用到教学实践中。

近年来，随着建构主义、认知主义等理论的发展及其对教学的指导意义日益凸显，以及迷思概念转变在教学中地位的日益加重，迷思概念的研究已经成为现代教学研究中不可或缺的组成部分。

4.2　迷思概念的成因

关于迷思概念的成因，相关的研究结果如表 4 - 2 所示。[①]

表 4 - 2　迷思概念的成因

研究者	成因
洛夫图斯（Loftus）与苏贝（Suppes）	"关系命题"之间会相互干扰
布斯（Booth）	发现英国的中学生在处理数学问题时，往往不用课堂上老师所教导的方法，反而常采用自己较有感觉且较有信心的方法。这些较常被学生使用的方法有时效果很好，有时则有其应用上的限制，在学生一知半解的情形下，容易产生迷思概念
奥斯本（Osborne）与吉尔伯特（Gilbert）	①学生倾向于用以自我为中心的观点来观察事物 ②学生倾向于对某一特定事件的部分解释感兴趣，而较不关心连贯的、合理的解释 ③学生日常所使用的语言和专家们所使用的语言也有些微的不同

① 陈坤，唐小为. 国外迷思概念研究进展的探析及启示 [J]. 教育学术月刊, 2019 (6)：17 - 24.

（续上表）

研究者	成因
肖恩菲尔德（Schoen-feld）	学生解文字题时，常过于依赖句中的关键词，因而并未真正了解整个题目的意义
黑德（Head）	①日常生活经验与观察 ②类比产生的混淆 ③对文字模糊不明产生的混淆 ④来自同辈之间的学习 ⑤出自个体本能性的意念
格林（Glynn）与叶尼（Yeany）	①教师对学童的迷思概念缺乏察觉 ②日常生活的语言和隐喻 ③只要教就马上会学到的假设 ④话语用字就可以代表理解的假设 ⑤教科书呈现的概念 ⑥过分强调讲述法
王美芬	教师的教学影响甚巨
董正玲、郭重吉	教学媒体与教学活动的选用，对学习者是否会形成迷思概念亦是重要影响因素
杨弢亮	①概念混淆 ②定义不明确 ③定理理解不清楚 ④条件不注意 ⑤逻辑错误 ⑥法则不会 ⑦公式记错 ⑧计算错误
蒂罗什（Tirosh）与斯特文（Stavy）	①More A – More B ②Same A – Same B ③有限细分法则 ④无限细分法则

（续上表）

研究者	成因
刘伍贞	①由直接的物质经验，或由日常生活经验得来 ②由日常用语或隐喻的使用而来 ③从模拟、字义联想、混淆、冲突或知识缺乏而来 ④由正式或非正式教学而来 ⑤由信念、被允许的意见或同侪文化而来 ⑥与生俱来的理念 ⑦教科书的内容
陈和贵	①日常生活的错误印象：儿童受自己生活经验或文化的影响 ②架构忆取的错误（frame-retrieval errors）：指学生选择了错误或不适合的架构 ③二元逆转（binary reversions）：学生以过去学过的问题来对待新近的学习知识 ④同化范型（assimilation paradigms）：由视觉刺激的熟悉度所造成的影响 ⑤正式或非正式的教学影响：学生受教科书的不当插图、描述或是教师教学的相关知识的误导 ⑥遗忘或解除演算公式的限制条件，导致错误的规则产生 ⑦对相关知识的认知不足 ⑧语言的不正确和含糊 ⑨解题方式：当学生在解题时因算则不完全而遭遇僵局
吴湘儒	①日常生活的错误印象 ②架构忆取的错误（frame – retrieval errors） ③"二元逆转"（binary reversions） ④正式或非正式的教学影响
刘俊庚	①日常生活经验 ②文化语言因素 ③社会因素 ④教师与教科书因素 ⑤因果关系论的直观推理 ⑥其他因素

（续上表）

研究者	成因
郭孟儒	①由正式或非正式教学情境而来 ②由日常生活经验或通常用语而来 ③从认知的缺乏而来 ④由信念、被允许的意见或同济的文化而来 ⑤学童错误理解教师所传授的知识 ⑥学童过度推论既有知识
何俊青	隐喻使用、天赋观念、文化传递、生活经验、类比混淆、同侪文化、教科书内容、教师教学等
黄琬真	①学生的直接观察和知觉 ②家庭教育提供的知识 ③教师的解释和课程教材的编写 ④同侪文化的影响 ⑤书籍或视听媒体的影响
谢金助	①日常生活环境影响：如大众媒体的误导、日常生活用语的混淆、学生对教科书或老师教学的误解、同侪的影响 ②学童本身因素影响：学童可能受个人对事物的直观影响而产生以偏概全的情形，或是受到过去概念的学习迁移，而在概念演化历程中产生自发的迷思概念 ③学生缺乏动手操作验证概念的习惯
吴政勤	①学生知识与逻辑性思维的缺乏 ②把日常生活中的用语与类似的科学概念混淆 ③学生直接观察与知觉 ④教师的解释和课程教材编排
陈建伟	①个人特质或背景影响 ②学生认知缺乏与误解 ③学生受到同侪或环境影响 ④语言因素 ⑤教科书的影响 ⑥教师因素

（续上表）

研究者	成因
魏秀耘	①由对自然的观察和生活经验产生的感官印象：由于年龄及生活经验的不同，学生易产生类似的错误印象 ②日常生活用语和隐喻：文字上的真正意义易与日常生活上的用语混淆，造成错误认知 ③社会环境或同侪文化的影响 ④传播媒体的影响：信息时代，学生取得信息的方式越来越多元，包括网络、电视、报纸、杂志等 ⑤教师的教学 ⑥教材内容呈现不适当的概念 ⑦大脑认知发展 ⑧宗教信仰影响

由表4-2可知，各研究者认为造成迷思概念的成因可归类为五个方面：①个人特质；②教师教学；③同侪影响；④生活经验；⑤文字或语言。迷思概念是由学生本身的内在因素与外在环境的影响所造成的，其成因可归类如表4-3所示。

表4-3　迷思概念成因归类

成因	说明
个人特质	①先前知识的影响，以及知识的缺乏 ②认知层次的影响，比如思维模式、心智发育程度与成熟度、个人信念
教师教学	①对学生的迷思概念缺乏察觉及兴趣 ②正式或非正式教学情境 ③教师的解释和课程教材编排
同侪影响	①同侪学习 ②同侪文化的影响

（续上表）

成因	说明
生活经验	①日常生活的直觉 ②学生直接观察与知觉 ③家庭教育提供的知识 ④日常生活语言 ⑤社会大众文化
文字或语言	①字义模糊产生的混淆 ②教科书呈现错误概念 ③课外读物及其他资讯 ④多媒体、信息技术的发展

4.3 迷思概念的特性

要了解学生的迷思概念，必须对迷思概念之特性有所了解，才能辅导学生改正其错误观点。笔者整理相关文献，得出迷思概念具有下列特性：

①过程性：迷思概念在概念发展与概念学习的过程中出现。

②不完备性：学生对问题的思考不周全，概念零碎、不完整。

③非正统性：概念的产生，并非来自正统科学概念的学习。

④思考性：迷思概念都是个体由现有的知识内容，经思考的结果。

⑤个体性：迷思概念因个人自我建构，其想法是相当特别的，属于个人私有的。

⑥普遍性：个体在不同的情况下，如在不同国家或采用不同教学法，也会有相似的迷思概念。谢贞秀、张英杰指出，普遍性也指不管任何年龄、国籍、文化或是性别的人都存在迷思概念。

⑦不稳定性：缺乏完整概念，使迷思概念颇不稳定，易出现也易被摒弃。

⑧顽固性：教学后，迷思概念仍存在。

⑨经验性：许多迷思概念都是在经验的基础上推理出来的，例如学生在

生活中看见输出的血液是红色的，就认为血液就是红色的。

⑩内隐性：迷思概念是个体认为可以"合理"解释客观事实的观点，因此没有外界矛盾或认知冲突的刺激，学习者对自身的迷思概念无意识，并对其持肯定态度。

⑪延展性：新迷思概念的形成往往是由旧迷思概念导致的。迷思概念进入学生的认知体系后，会妨碍后续相关知识的输入与加工，导致继发性迷思概念的产生。

⑫动态发展性：事物的发展是螺旋上升的，学习者的认知结构亦是如此。认知结构在不断扩展的过程中，知识的建构就会发生，学习者的迷思概念也会相继地出现。除此以外，科学在进步，科学概念以后可能会被推翻，进而转化为另一种迷思概念。所以迷思概念是动态发展的。

⑬不连贯性：学生不了解科学知识前后一致的必要性，常常缺乏概括一个范围的模式。

⑭规律性：吴湘儒认为迷思概念有两种规律性，一种是"标准化"的规律性，特征是"人虽异而行相同"，相当具有系统性，通常可以找到正确的理论解释；另一种是结合个体性，这时需要观察学生个体回答一连串问题的反应，才可发现学生的迷思概念是如何运作的。

由迷思概念的特性可知，其是不易改变的。在观念转变上，学习者基本上是保守的，且随着学习者的年龄或经验的增加，这种保守将会得到加强，这些都应是教师应该留意和探究的，教师不能只将知识传授给学生，必须引导学生主动学习与发现问题，进而修正错误想法。

4.4 诊断迷思概念的方法

教师为了了解学生是否学会，通常会实施诊断测验，并分析学生学习的困难所在，以作为补救教学的依据。但是，为了了解真正的困难所在，教师必须将学习的知识分解成细小的组成要素，且能够编拟测量这些细小知识的题目。因此，为了了解学生的迷思概念，必须有一套诊断迷思概念的方法，常用的迷思概念诊断方法如下。

4.4.1 自然观察法

自然观察法为观察法的一种，其所要求的环境一般是在自然状态下，即事件自然发生，对观察环境不加人为改变和控制。林怡均指出研究者可在自然的学习情境下观察学生的学习活动，以录音或录像的方式记录下来，并转译成逐字稿以利于分析。采用此种方法的优势为在没有教师介入的教学情境下进行观察，可获得学生在教室情境中自然发展的情况；缺点是观察所搜集的资料庞杂而较难汇整。

4.4.2 访谈法

访谈法最早是由认知心理学家皮亚杰提出的。访谈法是教育工作者在探究学生想法的工作中使用最广泛的方法。其主要过程是透过面对面的谈话，来发现事实面的所在，并且访谈过程主要为有目的性的谈话，以及包含两个或两个以上的人。访谈法是质性研究中学者最常用的方法，借由与学生访谈的方式，分析了解学生认知结构的问题。访谈对研究学生的理解是非常有利的，也是非常需要的。而访谈之前关于访谈技巧的训练是必要的，有助于真正了解并发现学生思考上的关键点。访谈有三种方式，分别是：事例访谈（interviews about instances）、事件访谈（interviews about events）、示范—观察—解释访谈（interviews about demonstrate-observe-explain）。

访谈的目的是了解受访者对特定知识的不同理解。可请受访者描述一件复杂的事情，每个人的注意点可能都不一样，这在访谈中是需要进一步挖掘的。随着知识的增长，若不同类型的知识是可以相互联系的，概念的理解或许可以得到改善。

4.4.3 纸笔测验

所谓纸笔测验是将测验的试题印成文字，受测者按题意在答案纸上用笔作答，亦称文字测验。目前在校各种学科的成绩测验多半采用纸笔测验的方式，有些研究者将纸笔测验分为：传统纸笔测验、概念图、二段式诊断测验。①

（1）传统纸笔测验。

传统纸笔测验有封闭式和开放式两种：

①封闭式测验。

封闭式测验的评分标准更加固定和客观，常采用选择题、是非题和判断题。优点是受访者只要阅读就会有印象；缺点是学生们不知道他们为什么选择这个答案。

②开放式测验。

开放式测验的评估是主观的，通常使用填充、问答或申论的形式，这对受访者来说是一个更大的挑战。开放式测验可以同时检测很多人。相比之下，编辑文章需要很长时间，设置评估标准与编辑文章的人略有不同，所以需要更多的人力和时间。但是衡量受访者的实际效果更好。因为评估是主观的，不同参与者的结果可能不一致。

（2）概念图。

概念图起源于 1972 年，其发展过程是由诺瓦克与高温根据奥苏贝尔（Ausubel）的阶层认知理论发展出的一套学习工具。此种方式除了可以使学生知道概念的意义外，还可以使学生知道相关概念的外衍意义及用法。因此，这是一种注重"点"（单一概念），兼具"面"（概念在语义脉络中的意义）的学习工具，类似网络脉（network context）的学习方法。诺瓦克与高温对概念图做了以下描述：

①概念和概念之间有意义的关系以一种积极的形式呈现。

②概念图有阶层性，从高层次的概念到低层次的概念。

③概念图可以是水平的，也可以是反向的。

④当学习过程完成后，概念图提供了一个总结和映射学生学习内容的机会。

---

① 王阿姣. 高中生生物学"细胞的生命历程"迷思概念调查研究 [D]. 汉中：陕西理工大学，2018.

⑤概念图可以帮助学生研究上层概念和次要概念的关系。

⑥概念图可以反映学生的迷思概念。

⑦当学生们一起绘制、修改并与他人分享概念图时，这些都可以被看作是促进学生反应和思考的行为模式。

由上述可知概念图并不像机械式学习，后者只要求学习者记住原理原则。而概念图是学习者针对所要学习的概念，做阶层性的分类和分群，并将概念依据关系联结起来，最后形成一幅网状结构图。

（3）二段式诊断测验。

①出题形式。

二段式诊断测验也被称为二段式选择题测验，试题分为两部分，与选择题方式不同。学生回答完每个问题的第一部分（单选题）后，还必须在问题的第二部分，选出做选择的理由。第一部分与第二部分必须都答对，才算回答正确。因此二段式诊断测验比单一的选择题更能诊断学生迷思概念形成的原因。

②发展程序。

陈美纪、梁秀萍将诊断学生迷思概念的发展的程序，分为三阶段十步骤，如表4-4所示。

表4-4 二段式诊断测验之发展程序

阶段	步骤
定义内容	教材结构分析，确定命题知识叙述 发展概念图 命题知识陈述连结结构概念图 内容效度化
获得学生迷思概念的咨询	探查有关文献 进行开放性的访谈 发展允许自由回答的选择题
发展诊断工具	发展二段式诊断工具 设计双向细目表 继续修正

4.5 迷思概念的转变

作为科学概念形成的最初状态，迷思概念影响了学习者对知识的理解和学习。如果潜在的迷思概念不被解决，新知识的学习可能会因为旧知识的融合而变得困难，导致"听而不懂""懂而不会""会而不对"的情况。因此，必须及时改变迷思概念。

国内学者对迷思概念的研究起步较晚，最早关于概念转变的论述出现于1996 年范丰会发表的《中学生的相依构想与物理教学中的概念转变》一文中。国外概念转变理论的思想渊源可追溯至维果茨基（Lev Vygotsky）在《思维与语言》中关于儿童日常概念与科学概念的有关论述。波斯纳（Posner）、斯特莱克（Strike）、休森（Hewson）等明确提出，科学的学习需要替换这种持续存在的迷思概念。20 世纪 80 年代后期至今，国外研究者从不同视角对概念转变进行了研究，主要的概念转变理论可以概括为六方面：一是基于认知视角出发，皮亚杰提出了认知建构主义理论，提出了图式、同化、顺应、平衡的概念。二是基于本体论，吉尔伯特（Gilbert）等人提出了基于本体论的概念转变理论。[1] 三是沃斯尼阿多（Vosniadou）等认为概念转变与概念结构的拓展和变化有关，可以分为两类：一种是"丰富"；另一种是"修正"。[2]四是迪塞萨（Disessa）提出了基于零散知识说的概念转化理论。五是社会文化观概念转变理论。宾特里奇（Pintrich）提出要超越"冷"的概念转变，将学习者的动机与课堂情境因素纳入概念转变的研究中。六是多维转变理论，切尔哥特（Treagust）等人提出的"多维课堂概念转变框架"，包含认识论、本体论和社会情感三个维度，概念转变是多维因素共同作用的结果。

迷思概念的转变机制在过程上可分为三类：其一是认知冲突论。波斯纳从概念生态圈出发，认为可在新概念的可理解性、合理性的基础上引发认知

---

① GILBERT M A, JONES R K, JONES P N. Evaluating the nutritional characteristic soft tropical pasture legumes［J］. Trop grassl, 1992, 2：213 – 225.

② VOSNIADOU S, BREWER W F. Mental models of the earth：a study of conceptual change in childhood［J］. Cognitive psychology, 1992, 24：535 –585.

冲突，通过解决认知冲突实现概念转变。皮亚杰认为概念转变心理机制包括同化、顺应和平衡三个过程，从而将学习新知纳入自己已有的知识体系，从不平衡状况逐渐达到平衡状态。其二是类比理论。库恩（Kuhn）等科学哲学家对普通科学和科学革命的概念进行了类比，并以此类推得出：一种教学理论促进学生学习科学的调节，概念转变就是合理的概念替换不合理概念的过程。其三是学习认识论。亨森认为学习者学习状态的发展与概念的可理解性、有效性的提高是概念习得与构建的过程；泰森总结了波索纳、宾特里奇等人的观点，将概念转变机制概括为认知论、本体论、社会/情感三个维度共同参与的渐进、缓慢的认识过程。切尔哥特等人认为概念转化过程不是一个静态的过程，而是一个动态的过程，是多因素共同参与影响的过程。

迷思概念转化有两种途径：一是对已发现的迷思概念进行矫正转化；另一种是运用防御策略，通过教师已有的经验或概念来澄清可能存在的迷思概念。围绕教师、学生和学习环境三个方面提出的策略主要分为三种。一是针对教师教学策略的，如斯科特（Scott）解决认知冲突的策略、隐喻和类比策略。具体来说，它分为两类：一类是基于解决认知冲突的教学策略，这类策略主要侧重于教师的干预；根据学生已有的经验，引发认知冲突，实施同化和适应策略。另一类主要使用"脚手架"，通过隐喻和类比将其扩展到新的领域。例如，美国的乔纳森（Jonathan）教授提出概念建模，在建模过程中主动调整和修改自我概念模型的结构，通过各种形式的认知呈现，帮助学习者丰富和拓展内部认知概念模型的意义。二是针对学习者的策略。例如，儿童思维和逻辑推理能力的发展是纠正迷思概念和相异构想的保证。在防御方面，可以采用信息加工策略、认知结果评价策略和社交策略。三是依靠学习环境的作用，在教学过程中帮助学生澄清迷思概念，如在备课时注意概念的高级学习，特别是用好的例子来纠正和防御迷思概念。

第 5 章　信息化学习环境

　　乔翰森说：尽管"以学生为中心"的观念激发了很多学习理论。但它们有三个共享观念：①学习是知识建构的过程，知识是在思考与活动的互动中建构的；②学习是社会性的，是在学习者与其他参与者的社会性互动中完成的；③学习是情境性的。学习是在具体情境中完成的，实践发生的情境对学习效果有重大影响。依据这三点，我们可以从三个不同的视角来认识学习环境的内涵。首先，在建构主义视角下，学习要在符合建构主义要求的学习环境中进行，才可能更有效。建构主义学习环境包括情境、协作、交流和意义建构四大要素。建构主义学习观认为学习是学习者主动建构的过程，学习者通过自身对先有概念的提取，进而将新知识与先有概念进行对照从而对先有概念进行完善。这种先有概念基于学习者个人的文化背景、生活经验、社会环境等，所以不能忽视这些因素的影响。因此，在建构主义学习观下，学习者的先有概念与学习环境相互作用、相互影响。其次，从学习是社会性的这个角度可以探索真实生活世界中学习环境对学生学习产生的影响。人与动物最大的本质区别在于人的社会属性。在人际交往中完善对先有概念的认识与理解是最快、最有效的学习手段之一。如今所倡导的"协作学习"就是在协作中进行不同思想、不同观点、不同认知的相互碰撞，从而完成对知识的完善与创新。最有力的例子就是以美国社会人类学家、伯克利加州大学教授拉维（Jean Lave）为代表的学者对现代学徒制的研究成果。他们的研究发现现代学徒制教育和现代学校教育有很多重要不同：①学习是发生在真实的工作场景中的，如裁缝店、肉铺、码头等。②学习是完成真实的工作任务。

③学习是在师傅的指导下进行的，相关知识和技能的确切含义和标准都是在和师傅的交流与切磋中逐渐形成的。④学徒在学习期间要完成一系列不同水平的工作任务并由此构成不同学习阶段，随着这些任务逐步完成，学徒的技艺水平、工作职责和社会身份也不断变化，从初级、中级到高级学徒，最后出师。⑤其社会身份是在与不同相关人士（师兄、师弟、师傅、同行、顾客等）的交往中逐步建立起来的。随着学习过程的进展，其社会身份也在不断变化，社会角色也逐渐从组织的边缘走到组织中心，最后成为可以独立开业的师傅。⑥所有这些学习都是在具体场景中进行的，学习并不分科，而是结合具体任务进行学习，因此所学到的知识和能力与情境直接相关，而且是综合的（comprehensive）和整合的（integrated）。⑦待到出师，学生已经掌握了本行业足够的知识和技能，可以独立开业，并享有一定的社会地位；根本不存在目前大学毕业生面临的"进入社会不顺利"和"找不到工作"的问题。最后，从情境性学习的视角下，主张现代学徒制的拉维（Ravi）认为"去情境性"是现代学校和教育的一个重大弊端。因为在自然真实条件下，人的认识是"情境性的"（contextualized）或"情境相关的"（context-related）。"去情境性"违背人的自然认知过程，而"情境性"则意味着对人的自然认知过程的回归，这就是乔纳森所说的"情境相关"理论。因此，拉维主张应当让学生在知识产生和应用的真实情境中学习，她称其为"情境性学习"。

5.2 相关学习理论

5.2.1 情境学习理论

情境学习理论认为，学习的实质是个体参与实践，与他人、环境等相互作用的过程，是形成参与实践活动的能力、提高社会化水平的过程。学习更多的是发生在社会环境中的一种活动。情境学习理论的哲学思想是多元论或转换论，认为个体与系统相互作用，共同构成动态的整体或系统，而个体的心理活动以及环境等都是该系统的构成成分。个体的学习实际上是个体主动参与实践，与环境保持动态适应的一种活动。学习结果的产生既不是由个体或环境某个单一方面决定的，也不是个体对外部客观世界的被动反映。

格林诺（James G. Greeno）指出：行为主义倾向于从技能的获得来看学习；认知理论倾向于从概念的理解和一般策略的增长来看学习；情境学习理论则倾向于从更有效的参与探究和对话的实践来看学习，这些实践包含概念意义的建构和技能的使用。[①]

情境学习强调超越事实信息记忆的较高级的思维技能，其焦点主要是学习者在认知方面的成长，基本目的是允许学习者（和教师）去体验在自己所处的环境中感知与理解新知识的效果。在情境学习过程中，学习者通过探索、构建和理解来学习，而不是被传授具体知识；教师也从知识的传授者变为学习者理解的指导者和促进者。

人类学家们认为，日常生活中的参与是在实践中改变理解的过程，这个过程即学习。

在莱夫（Jean Lave）和温格（Etienne Wenger）写作的《情景学习：合法的边缘性参与》一书中提到："合法的边缘性参与"（legitimate peripheral participation）本身不是一种教育形式，更不是一种教育策略或教学技术。它是一种分析学习的观点，一种理解学习的方式。合法的边缘性参与就是学习。这意味着，不管何种教育形式为学习提供情境，或者是否存在何种特定意图的教育形式，通过合法的边缘性参与进行的学习都会发生。[②]

基于情境学习的几种教学实践方法如表5-1所示。

---

① GREENO J G. The situativity of knowing, learning, and research [J]. American psychologist, 1998, 53（1）.

② 莱夫，温格. 情景学习：合法的边缘性参与 [M]. 上海：华东师范大学出版社，2004：1.

表 5 - 1　基于情境学习的几种教学实践方法

方法	提出者	主要观点
认知学徒制（cognitive apprenticeship）	由柯林斯（Collins）、布朗（Brown）和纽曼（Newman）等人首先提出	将实习场概念化并对实习场进行设计。即通过允许学习者获取、开发和利用真实领域中的活动工具来支持其在某一领域中的学习
基于问题的学习方法（problem-based learning，也被翻译成"问题式学习"）	最早起源于 20 世纪 50 年代的美国医学教育	让学习者以小组的形式共同解决一些模拟现实生活中的问题，以此为学习途径，从而使学习者在解决问题的过程中发展解决问题的能力和实现知识的意义建构过程
抛锚式教学方法（anchored instruction）	美国范德堡大学认知与技术课题组（Cognition and Technology Group at Vanderbilt，CTGV）	教师将教学的重点抛"锚"（anchor）在一个宏观情境中，引导学习者借助情境中的各种资料去发现问题、形成问题、解决问题，从而使学习者能够将数学或其他学科解题技巧应用到实际生活的问题中

　　情境学习强调知识的学习应建构在真实的活动里，亦强调学习活动与文化的结合，让学习者在真实的活动中运用所学的知识，且允许其在学习脉络中摸索，发展出自己解决问题的多种策略，以便日后易于应用。情境学习论的基本点在于学习本身是通过社会活动来达成，知识意义的形成植根于整个学习活动中，并非单纯只以个别认知的角度来解释学习行为的发生。情境学习论者研究人类行为时，多从学习者与学习情境互动的角度来观察分析学习行为的内容与意义，当学习发生于有意义的情境时，有效的学习便会产生。

情境认知（situated cognition）与人工智能、神经科学、语言学和心理学等所有与理解个体心理直接有关的领域紧密结合，已经成为认知学习理论的重要组成部分，以及认知科学的一个重要分支。情境认知的突出特点是把个体认知放在更大的物理和社会的情境脉络中，这一情境脉络是互动性的，包含了文化性建构的工具和意义。也有研究者从学习环境的建构视角出发，认为情境认知把认知研究的关注点从环境中的个人转向人和环境。情境学习（situated learning）是人类学家惯用的术语，人类学家们对文化的意义建构更感兴趣。在他们的研究中，一般不使用"情境认知"这一术语，而使用情境学习或情境行动这类术语。克兰西（W. J. Clancey）在其论文《情境学习指南》中认为，情境学习不仅仅是一种使教学必须"情境化"或"与情境密切相关"的策略；还是有关人类知识本质的一种理论，它研究人类知识是如何在活动过程中发展的，特别是人们如何去创造和解释他们正在做什么。知识不是一件事情、一组表征，也不是事实和规则的云集，而是一种动态的建构与组织。正如我们想象什么事情即将发生在我们身上，我们要谈什么和做什么一样，我们的行为建立在我们作为一个社会成员的角色之上；知识还应该是人类协调一系列行为、适应动态变化发展的环境的能力。特别是，我们在一个基本的社会情境中对我们的活动进行构想，进而限制我们的思维和言行。换言之，我们的行为深深植根于我们作为一名社会成员的角色之中。所以，在情境学习理论看来，知识是基于社会情境的一种活动，而不是一个抽象具体的对象；知识是个体在与环境交互作用过程中建构的一种交互状态，而不是事实；知识是一种人类协调一系列行为、去适应动态变化发展的环境的能力。

情境学习的主要特征是：提供能反映知识在真实世界中的运用方式的真实情境；提供真实的活动；提供接近专家作业和过程模式化的通路，并提供多样化的角色和前景；支持知识的合作建构；在临界时刻提供指导和支撑；促进反思，以便抽象知识的形成；促进清晰表述，以便使缄默知识成为清晰的知识；在完成任务时，提供对学习的整体评价；等等。其中，合法的边缘性参与和实践共同体被认为是情境学习的最关键特征或要素。①

---

① 王文静. 情境认知与学习理论：对建构主义的发展 [J]. 全球教育展望，2005 (4)：56 – 60.

情境认知与学习（situated cognition and learning）是一个综合性的概念。有很多研究者在文献中使用这一综合性术语，如在《MIT 认知科学百科全书》中，作者就将情境认知与学习作为一个概念来理解与使用。这一理论关于知识与学习的观点如下所示：

（1）个体心理常常产生于构成、指导和支持认知过程的环境之中，认知过程的本质由情境决定，情境是一切认知活动的基础。

（2）心理与环境的互动不仅发生在高度机械化的任务中，也发生在一些日常任务之中。因此，认知心理学必须关注"自然界中的认知"，只有在自然界情境中，才能真正描绘出人类认知的性能和局限。

（3）知识是一种高度基于情境的实践活动，是个体在与环境交互作用过程中建构的一种交互状态，是一种人类协调一系列行为去适应动态变化发展的环境的能力。

（4）学习是一种文化适应，是实践共同体中合法的边缘性参与。学习要求学习者参与真正的文化实践，将参与视作学习的关键成分和重要特征，并要求学习者通过理解和经验的不断相互作用，在不同情境中进行知识的有意义建构，在不同的实践共同体中通过"合法的边缘性参与"获得意义和身份的建构。

5.2.2 联通主义学习理论

2005 年，加拿大学者西蒙斯（George Siemens）在《联通主义：数字时代的学习理论》一文中提出了联通主义学习这一术语，其以混沌理论、网络理论、复杂理论和自组织理论为基础，联通主义认为：

（1）学习不再是一个人的活动，而是连接专门节点和信息源的过程。

学习是一个连接的过程，连接的对象是节点和信息源。知识以节点的形式存在，而学习就是连接知识的过程，即找到知识间的路径。联通主义认为管道远比管道内的内容更重要，即知识路径远比知识内容更重要。因此我们需要明确什么知识、知识的位置、如何找到知识，这比掌握知识本身更重要。

（2）学习知识的目的就是将知识进行连接，形成知识路径，最终形成知识网络。

联通主义认为每个人都有内外两个网络：一个是人的内部网络，一个是人的外部网络。学习不仅发生在人的内部，还发生在人的外部。比如知识可以由技术来存储或操作。联通主义的起点是个人，个人的知识组成了一个网络，这种网络被编入各种组织与机构，反过来各组织与机构的知识又被反馈给个人网络，使个人继续进行学习。这种知识发展循环的过程，使得每个人通过自己所建立的网络在各自领域保持不落伍，不断更新领域内的知识。

联通主义知识观主张学习目标是基于创造的知识生长，即实现知识的流通。知识的生长依赖两个关键部分——寻径和意会。寻径是学习者如何利用空间符号、地标和环境线索为自己定向；意会指概念关联的体系结构。

（3）联通主义是一种经由混沌、网络、复杂性与自我组织等理论探索的原理的整体。

学习是三个基本网络——内部认知神经网络、外部社会网络、概念网络相互连接的过程。这种过程发生在模糊不清的环境中，学习可存在于我们自身之外。联通学习理论并不适合每一个学习者，目前来说更适合高等教育和在职学习，或者说更适合高中以后的高等教育或非正式学习。

网络节点聚合形成学习结构，如果从学习网络中去除关键节点，整个组织就会失效，学习不是单一的事件也不是最终的目的，而是不断发展的过程。个人网络通过新节点被持续扩大和增强，未知和迷惑是学习和知识生成过程的一部分。

联通主义学习要求学习者具有一定的学习能力，需要其有信心和能力开展网络学习，并对信息是否正确、是否对自己有用作出判断。联通主义学习理论如图 5-1 所示。

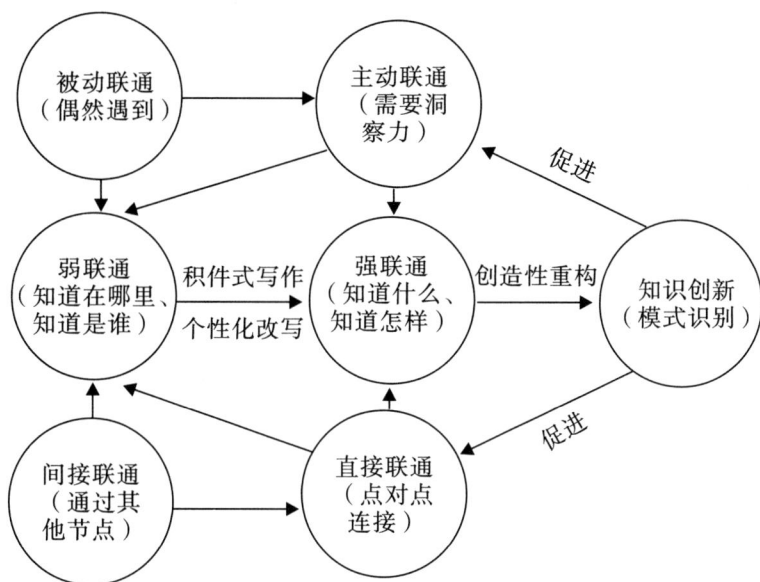

图 5-1 联通主义学习理论

5.2.3 信息加工学习理论

美国教育心理学家加涅（Gagne）认为，学习的模式是用来说明学习的结构与过程的，它对理解教学和教学过程，以及如何安排教学事件具有极大的应用意义。他提出了影响深远的信息加工学习模式。

学习是一个有始有终的过程，这一过程可分成若干阶段，每一阶段需进行不同的信息加工。在各个信息加工阶段发生的事件，称为学习事件。学习事件是学生内部加工的过程，它形成了信息加工学习理论的基本结构。教学既要基于学生的内部加工过程，又要影响这一过程。因而，教学阶段与学习阶段是完全对应的。在每一教学阶段发生的事情，即教学事件，是学习的外部条件。教学就是由教师安排和控制这些外部条件构成的，而教学的艺术就在于学习阶段与教学事件的完全吻合（见图 5-2）。

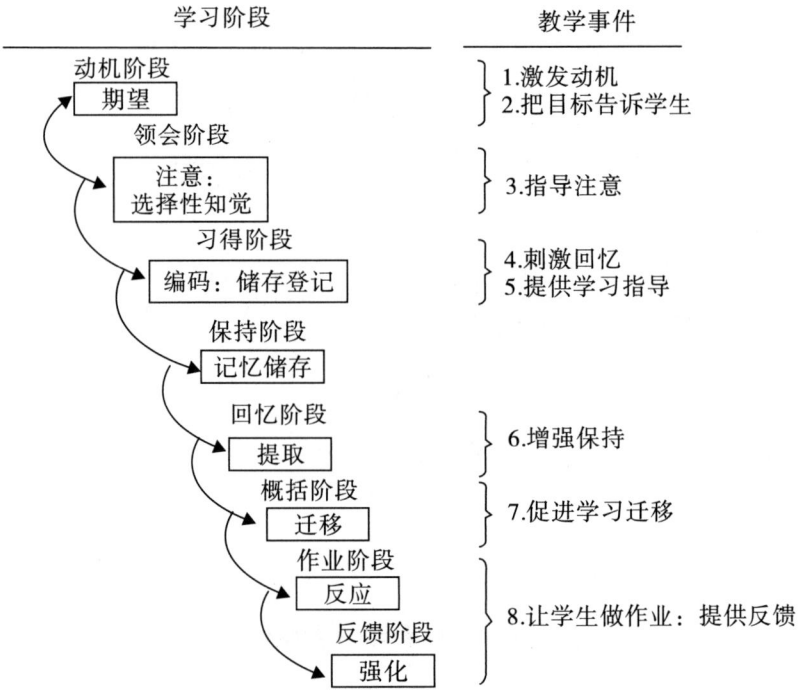

图 5 - 2 学习阶段中的教学事件

学习者的学习过程其实是一个大脑信息加工的过程（见图 5 - 3），该过程是由不同的阶段组成的。首先，学习者从外部获得并接受信息的刺激；然后，刺激进入感受器，并且转换为神经信息；接着，神经信息进入感觉登记，但某些信息没有登记，登记的信息可以进入短时记忆，并通过重复上述方式保持短时记忆，短时记忆通过信息编码可以进入长时记忆；最后，将提取的信息直接发向反应发生器而发生反应，使用的信息可以再次回到短时记忆，用于下一次加工。在大脑的整个信息加工过程中，期望事项和执行控制的功能非常重要。期望事项决定了学习的动机和学习者期望达到的目标，执行控制则决定了如何编码和进行信息反应等。

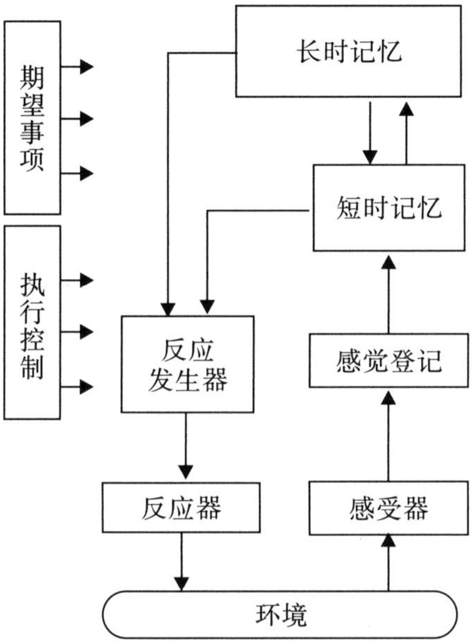

图 5 - 3 大脑的信息加工过程

5.2.4 建构主义学习理论

建构主义学习理论的主要代表人物有：皮亚杰（J. Piaget）、科尔伯格（O. Kernberg）、斯滕伯格（R. J. Sternberg）、卡茨（D. Katz）、维果斯基（Vygotsgy）。

建构主义学习理论认为，学习具有建构性、社会互动性、情境性。知识是学习者根据自身知识与经验，对学习资源进行一定的理解和吸收后的主动构建。得益于现代移动通信技术，学习者习得的知识能够通过智能终端便捷的信息资源分享功能进行保留和分享。

建构主义学习理论认为学习是建构内在心理表征的过程。学习者不是单纯把知识从外界搬到记忆中，而是以已有的知识和经验为基础，在与外界的相互作用下获取、建构新知识。建构主义分为个体建构主义与社会建构主义两种，个体建构主义认为学习是一个双向的过程，一方面吸纳新的知识到原有的知识结构中；另一方面原有的知识结构因新知识的涌入而得到一定程度上的调整。社会建构主义则认为学习是一个文化参与的过程，学习者需要通过合作互助参与到某个共同的实践中来获取知识，强调知识建构背后的社会文化机制。学习者在进行学习时，是以原有知识经验背景为基础的，每个人的理解方式不同，对某一客体的看法也不同，因此建构主义更加强调主体的个性化、情境化与社会互动性。移动学习具备的教学个性化、学习便捷性、情境相关性、交互性、移动性等特征契合建构主义学习的环境。移动学习可以通过构建分享功能、推荐功能增加线上资源的多向流动，是建构主义理论的有效应用。

建构主义学习理论的兴起，被认为是"教育心理学中的一场革命"。这一理论认为，学习在本质上是学习者依据原有的经验，以自己的方式主动建构心理表征的过程。知识不只是通过教师的传授获得，也是个体在一定的情境，即社会文化背景下通过各种方式进行的意义建构。建构主义学习理论强调以学习者为中心的学习环境的创设，并认为"情境""协作""会话"和"意义建构"是学习环境中的四大要素或四大支柱。学习环境中的情境不仅要丰富，而且要有利于学生对所学内容的意义建构。因此，建构主义者把情境创设看作是教学设计的最重要的内容之一。"协作"贯穿于学生学习过程的始终，对学习资料的搜集与分析、假设的提出与验证、学习成果的评价以及意义的最终建构均有重要作用。会话是协作过程中不可缺少的环节。学习小组成员之间必须通过会话商讨如何完成规定的学习任务，在各类实践共同体中，会话与协商是学习者意义建构的必要途径。而且协作学习过程也是会话与协商的过程。"意义建构"是整个学习过程的最终目标与追求，情境、协作与对话都是围绕意义建构发生、发展的。

有学者认为，建构主义的教学模式强调：以学生的自我控制学习为中心，创设鼓励学生积极建构意义、相互合作、提供丰富信息来源、基于真实情境和真实任务的学习环境。其中教师对学生的学习起到监控者、组织者、指导者、帮助者和促进者的作用，有助于充分发挥学生的主动性、积极性和首创精神，最终使学生有效地进行知识的意义建构，成为能够自我控制学习、正确地认识世界的终身学习者。所以，在教育心理学领域中，一些经典的教学模式，如支架式教学模式、抛锚式教学模式、问题解决教学模式、认知学徒制模式、随机访问教学模式等，既被认为是在建构主义学习理论影响下形成的主要教学模式，又被认为是基于情境认知与学习的教学模式开发。下面仅以支架式教学为例进行简要介绍。

支架式教学（scaffolding instruction）的定义是：支架式教学应当为学习者建构对知识的理解提供一种概念框架（conceptual framework）。这种框架的概念是为发展学习者对问题的进一步理解所需要的。为此，事先要把复杂的学习任务加以分解，以便于将学习者的理解逐步引向深入。

支架式教学由以下几个环节组成：

（1）搭脚手架——围绕当前学习主题，按"最邻近发展区"的要求建立概念框架。

（2）进入情境——将学生引入一定的问题情境。

（3）独立探索——让学生独立探索。探索内容包括：确定与给定概念有关的各种属性，并将各种属性按重要性大小顺序排列。探索开始时要先由教师启发引导，然后让学生自己去分析；探索过程中教师要适时提示，帮助学生沿概念框架逐步攀升。

（4）协作学习——进行小组协商、讨论。讨论的结果有可能使原来确定的、与当前所学概念有关的属性增加或减少，各种属性的排列次序也可能有所调整，并使原来多种意见相互矛盾且态度纷呈的复杂局面逐渐变得明朗、一致起来。在共享集体思维成果的基础上达到对当前所学概念比较全面、正确的理解，即最终完成对所学知识的意义建构。

（5）效果评价——对学习效果的评价包括学生个人的自我评价和学习小组对个人的学习评价，评价内容包括：①自主学习能力；②对小组协作学习所作出的贡献；③是否完成对所学知识的意义建构。

建构主义学习理论强调学习者的主动性和社会性，认为学习者可通过学习主动建构内部心理表征，认为学习环境包括情境、协作、交流、意义建构四部分，包括随机到达、情境化、支架式、合作学习、问题解决等教学模式。

5.2.5 自主学习理论

自主学习是一种现代化学习方式。自主学习理论主要从分析学生的需求出发，介绍了教师和学生在自主学习过程中的角色以及学习者如何在教师的指导下，自主选择和利用学习中心的资源，结合自己的具体情况制订学习计划和签订学习合同，并进行自我监控和评估学习效果，从而达到学习目的。

自主学习是一种主动的、建构性的学习。学习者自己确定学习目标，监视、调控由目标和情境特征引导和约束的认知、动机和行为，可以理解为学习者能够指导、控制、调节自己学习行为的习惯。自主学习具有自主创设目标、努力发挥潜能、自我调控学习、重视意义建构、自我管理学习进程等特点。其教育思想为"以学习者为中心"，教师在自主学习中不再是知识的传授者，而是教学的组织者与参与者，要求学习者摆脱对教师的依赖，独立开展学习活动，能够独立、自主、创造性地学习。如今，社会信息化程度的不断加深、智慧学习环境的营造、移动学习方式的兴起为自主学习的发展准备了充分的条件。

20 世纪 90 年代左右，美国纽约城市大学教育心理学教授齐莫曼（B. J. Zimmerman）综合了各个学派的观点后提出，对学生的自主学习进行界定涉及三个特征：他们所运用的自主学习的策略，他们对学习效果的自我定向反馈所拥有的热诚，以及他们相互依赖的动机过程。他提出，自主学习是指自主的学生以学习效率和学习技巧的反馈为基础，选择和运用自主学习策略，以获得渴望的学习结果。为了使人们准确、直观地把握自主学习的含义，他还从动机、方法、时间、学习结果、环境、社会性六个方面，描述了自主学习的研究框架（见表5-2）。

表5-2　自主学习研究框架

科学的问题	心理维度	任务条件	自主的性质	自主过程
为什么学	动机	选择参与	内在的或自我激发	自我目标、自我效能、价值观、归因等
如何学	方法	选择方法	有计划的或自动的	策略使用、放松等
何时学	时间	控制时限	定时而有效的	时间计划和管理
学什么	学习结果	控制学习结果	对学习结果的自我意识	自我监控、自我判断、行为控制、意志等

（续上表）

科学的问题	心理维度	任务条件	自主的性质	自主过程
在哪里学	环境	控制物质环境	对物质环境的自我意识和管控	选择、组织学习环境
与谁在一起学	社会性	控制社会环境	对社会环境的敏感和随机应变	选择榜样、寻求帮助

（1）强调元认知、动机和行为等方面的自我调节策略的运用。

（2）强调自主学习是一种自我定向的反馈循环过程，认为自主学习者能够监控自己的学习方法或策略的效果，并根据这些反馈反复调整自己的学习活动。

（3）强调自主学习者知道何时、如何使用某种特定的学习策略，或者作出合适的反应。[①]

5.2.6 有意义学习理论

人本主义心理学是 20 世纪五六十年代在美国兴起的一种心理学思潮，其主要代表人物是马斯洛（A. Maslow）和罗杰斯（C. R. Rogers）。人本主义心理学家认为，要理解人的行为，就必须理解行为者所知觉的世界，即要从行为者的角度来看待事物。在了解人的行为时，重要的不是外部事实，而是事实对行为者的意义。如果要改变一个人的行为，首先必须改变他的信念和知觉。以下是罗杰斯的一些观点。[②]

罗杰斯提出了意义学习（significant learning）的学习观。罗杰斯把学习分为两类，一类是无意义学习，一类是意义学习。他认为对学习者有真正价值的是意义学习。它是指一种使个体的行为态度、个性以及在未来选择行为方针时发生重大变化的学习。意义学习不仅增长知识，还是一种与每个人各部

---

① ZIMMERMAN B J. Self-regulated learning and academic achievement: an overview [J]. Educational psychologist, 25（1）: 3 – 17.

② 向海英. 罗杰斯人本主义学习论及对当前我国教育改革的启示 [J]. 山东教育科研, 2000, 70（1）: 67 – 71.

分经验都融合在一起的学习。儿童对当前材料的学习程度，取决于这一材料对学习者当时的个人意义以及学习者是否能意识到这种意义。罗杰斯强调的是学习时学习者整个身心状态与学习材料的关系，整个人都参与并且左右脑共同发挥作用的学习才可称为意义学习。

罗杰斯认为意义学习具备以下要素：①学习具有个人参与的性质，即整个人（包括情感和认知）都投入学习活动；②学习是自我发起的，即使在其动力或刺激来自外界时，也要求学生发现、获得、掌握和领会的感觉是来自内部的；③学习是渗透性的，它会使学生的行为、态度乃至个性都产生变化；④学习是由学生自我评价的，因为学生最清楚这种学习是否满足自己的需要。

罗杰斯认为人类生来就有学习的潜能，教育应以学习者为中心，充分发挥他们的潜在能力。人生来就对世界充满着好奇心、具有发展的潜能。只要具备了合适的条件，每个人所具有的学习、发现、丰富知识与经验的潜能和愿望就能够释放出来。教师应由衷地信任学生能够发展自己的潜在能力，教育的目标应当以学习者为中心，充分发挥每个学生的潜在能力，使他们能够愉快、创造性地学习。

罗杰斯认为为有利于学习，应为学生提供充分的学习资源，创造良好的学习氛围。学习资源是指有助于学生获得学习经验的资源，不仅包括书籍、杂志、实验设备等物质资源，而且包括人力资源——即可能有助于学生学习和学生感兴趣的人，主要指教师。罗杰斯认为教师是学生最重要的资源，教师可以在不施加任何压力的情况下给予学生帮助，例如可以向学生传授自己所拥有的知识、经验、特定的技能和能力。在他看来，如果我们不把时间花在计划规定的课程、讲解和考试上，而是放在提供大量的学习资源上，那就能产生各种新的学习方式，使学生处于一种他们可以选择的、最能满足他们需求的学习环境里。罗杰斯认为还应为学生创造良好的学习氛围，使学生在教学情境中感到自信、轻松和安全，这是实现以学习者为中心的教学的前提。他认为涉及改变自我组织（即改变对自己看法）的学习是有威胁性的，并往往受到抵制。当学生的自我概念（指一个人的信念、价值观和基本态度）遭到怀疑时，他往往会采取一种防御态势；但如果在一种相互理解和相互支持的环境里，在没有等级评分和鼓励自我评价的环境里，学习者会感到安全。

这样他就能以一种辨别的方式觉察书本上的文字，识别类似单词的不同要素，体验各部分的意义，并试图把它们组合起来，学习自然就会取得进展。

罗杰斯提出要构建真实的问题情境，提倡从做中学，鼓励学生自由探索。他认为要使学生全身心地投入学习活动，就必须让学生面临对他们有意义的或与他们有关的问题。但我们的学校教育正在力图把学生与生活中所有的现实问题隔绝开，这给意义学习构成了阻碍。对教师来说，明智的做法是要发现哪些问题对学生来说既是现实的，又是与所教课程相干的，让他们的经历成为他们解决问题的情境。儿童天生就有渴望发现、认识、解决问题的本能动机。罗杰斯提出要构建学生将面临的非常真实的问题情境，来引起学生的动机，让他们意识到真实的挑战。他极力提倡的学习方法是从做中学，是让学生直接体验实际问题、社会问题、伦理和哲学问题、个人问题并最终解决这些问题。

罗杰斯始终强调应以学习者为中心，教学过程应真正体现出学生的主体地位，教师应当是学生学习的促进者，是"助产士"和"催化剂"。他高度重视学生的主体地位和学生的内部需求、动机、兴趣、能力、知识经验等方面，并认为学生有自己制订学习方案的权利和义务，同时也有自我探究、自我发现、自我创造、自我评价的权利。当学生能觉察到学习内容与他的目的有关时，意义学习便发生了；当学生负责任地参与学习过程时，就会促进学习；涉及学习者整个人（包括情感与理智）的自我发起的学习是最持久、最深刻的；当学生以自我批判和自我评价为主要依据时，独立性、创造性、自主性就会得到提高。

罗杰斯强调学习过程不仅是学习者获得知识的过程，还是学习方法和健全人格的培养过程。他反对把学习过程简单地理解为学生获得某一知识的过程，认为学习过程应是学生获得相应学习方法、促进其健全人格形成的过程。他提出的促进学习者自由学习的方法有"同伴教学""分组学习""交朋友小组"和"探究训练"等。这些方法不仅可以促进学习者对知识的掌握，还可以培养他们的自信心、责任心、上进心、合作能力，改善学习态度，激发学习动机。通过"探究训练"，学生可以更好地获取知识，还可获得探究的方法，发展其自主性、创造性和探究精神。

5.3 信息化学习环境概述

信息技术为教学提供了强大的发展空间。现代教学媒体的运用，使过去以教科书为主的文字教材转变为包括视听教材在内的立体教材，使单一媒体的教学方式转变为采用现代化手段的多媒体教学方式，极大地丰富了教学内容，增加了教学手段。

在教学中，关于信息技术有三个基本观点[①]：

（1）信息技术是传递教学信息的设备。

传递教学信息的设备技术是指使用两种或多种设备来呈现材料，即通过物质体系传递信息（如计算机屏幕、扬声器、投影仪、录像、黑板和声音）。这些设备甚至可以进一步切分，如把计算机屏幕的视窗和说话者的声道划分为分立的传递设备。例如，当我们在多媒体教室举办讲座时，通过投影仪和演讲者的声音呈现材料。从技术上看，这种观点最为准确，因为它的关注点是用技术来传递信息。这种观点所强调的是呈现信息的设备，把设备作为教学的决定因素，认为只要学生拥有先进的设备，学习就是水到渠成的事情。然而，决定学习的主要因素不是技术，而是使用技术的人，因此必须加强对人是如何学习的研究。只有明白了学习的性质，学生才能学得更好。

（2）信息技术是呈现教学信息的主要方式。

信息技术一般是通过两种或多种方式呈现材料的，即强调材料的呈现方式（如语言和图像呈现）。例如，当我们使用多媒体授课时，可以通过屏幕文本或描述文字呈现材料，也可通过静态图表或动画片等图像呈现信息，这是以学习者为中心的观点。我们知道学习者能够使用不同的编码系统来表征知识，图像可以转换成文字，文字也可以转换成图像。但心理表征的研究表明，表征知识的语言方式与表征知识的图像方式在性质方面是有区别的。有些知识适合于用文字来表征，有些知识用图像来表征更容易被理解。因此，教师在呈现教学信息时必须充分考虑多种因素，切实做到信息技术的使用有的放

---

① 吴群．基于信息技术环境下的大学英语任务型语言教学［D］．上海：华东师范大学，2005．

矢，否则就会弄巧成拙，反而干扰学习者的学习。

（3）信息技术是接收教学信息的感知系统。

利用感知系统的信息技术接收教学信息涉及学习者的两种或多种感知体系，其重点不是学习者信息加工体系中用以表征知识的编码，而是学生用来接收输入材料的感知接收器（如眼睛和耳朵）。例如，在多媒体学习环境中，动画片是用视觉和听觉接收的，而描述是用听觉接收的；在授课时，演讲者的声音是通过听觉通道加工的，而投影图像则是通过视觉通道加工的。应用信息技术的目的之一就是要充分调动学习者的感知体系，培养学生听觉和视觉的感知能力，实现对语言的感知和理解。这也是一种以学习者为中心的观点，因为学习者并不是被动地接收多媒体所呈现的信息，而是主动地利用不同的感知体系来加工视觉图像和听觉声音。

认知心理学很重视知觉的作用，它认为知觉是将感官获得的信息转化为有组织、有意义的整体的过程。清晰、完整的知觉印象的获得，是多种知觉功能作用的结果。而多种知觉系统参与知觉，则有利于知觉印象的保持。学习是一种复杂的心理过程，它与心理活动密切相关，一些心理学的实验结果在选择课堂学习资源上对我们具有指导意义。

根据心理学关于生理机制的研究，人类各种感觉器官的功能作用各不相同，五种感官获得知识的比例如表 5-3 所示：

表 5-3　人类五种感觉器官获得知识的比例

感觉	比例
视觉	83.0%
听觉	11.0%
嗅觉	3.5%
触觉	1.5%
味觉	1.0%

学习心理家指出，同时利用两种知觉的学习，比利用单一知觉的学习效率高。采用不同的教学方式，学生获得知识所能保持记忆的比例是不同的，详见表 5-4。

表 5-4　不同教学方式获得知识所能保持记忆的比例

学习方式	记忆保持比例	
	3 小时左右	3 天后
单用听觉	60%	15%
单用视觉	70%	40%
视听并用	90%	75%

人们在认识事物时，用语言描述与用线条描述，以及看黑白照片和直接看实物所用的时间不同，详见表 5-5。

表 5-5　不同方式下认识事物所用的时间比较

方式	所用的时间
语言描述	2.8 秒
线条描述	1.5 秒
黑白照片	1.2 秒
直接看实物	0.7 秒

根据以上实验结果可知，人是通过眼、耳、鼻、皮肤、舌这五种感觉器官认识事物的，其中视觉、听觉器官所起的作用是最大的，如果视、听协同活动，可以大大提高学习的效率。认识事物时，用语言描述所用的时间是最多的，直接看实物所用的时间是最少的。因此，信息技术为学习提供了强大、丰富的感官协同技术。利用信息技术创建学习环境，是探索提高学习效率有效途径。以下介绍现代教学的相关学习环境，期待在未来的教学实践中进行一定的探索与探讨。

5.3.1　具身学习环境

典型的理性主义代表人物笛卡尔（Descartes）认为知识仅需要推理便可以获得，这种观点让学习变得静止和封闭，使学习者逐步丧失对学习的兴趣。

另外，机械地获取知识无法将自身从错误的先有概念中解放出来，反而让错误的先有概念占据学习者的认知，从而偏离正确的认知道路。基于对笛卡尔知识观的批判以及具身认知科学的不断发展，研究者提出了新型学习环境——具身学习环境这一概念。其强调学习环境与人的心智、身体是密切相关的，这三者相互作用、相互影响，存在于一个统一体当中。正如瓦雷拉（Varela）等人指出："认知依赖于人们的感知经验，而这种经验一方面来自我们可感知、可运动的身体，另一方面还植根于我们所处的生理、生物、文化等情境。"具身认知有三个核心关键词，即"概念化""重置""构造"。"概念化"指个体的特性规限着其所获取的概念；"重置"是指在与环境交互过程中，个体取代了表征的过程；"构造"是指在认知过程中，身体或者环境发挥着构造作用而非仅仅进行因果推理。近几年来，随着互联网与信息技术的快速发展，具身认知学习环境得到越发先进的技术支持。在具身学习环境中，虚拟现实技术、体感技术等新的人机交互技术扮演着至关重要的角色。这些技术与教学的整合，使得学习方式、学习活动及学习环境正发生着巨大的转变，学习从离身走向具身成为必然。具身认知学习环境主要由物理环境、资源支持环境、情感心理环境、社会文化环境四部分组成：①物理环境是学习者顺利实施学习活动的前提和保障，其主要由教学开展的场所中的基础设施，场所的温度、色彩、采光和隔音等组成；②资源支持环境是学习者进行有意义学习的支架与桥梁，主要包括学习资料、学习策略、多媒体、各种认知工具、虚拟技术和支持教学的具身技术等要素；③情感心理环境主要包括学习者之间的关系、教学中的学习氛围和交流对话等要素；④社会文化环境包括学习者、教师的信仰，思维模式和学习习惯等要素。其中后两种环境，为学习者的内在认知加工过程，提供了隐性的支持和帮助。

学习环境是具身学习活动实施的场所，更是影响具身认知发生的重要条件。不同类型的学习环境能够为学习者提供不同的感知信息和交互模态。随着虚拟现实，特别是混合现实技术的发展与应用，构建新型学习环境已经成为可能。依据知识呈现方式与感知交互模态方面的差异，可以将具身学习环境大致分为三类：真实物理环境、虚拟仿真环境和混合现实环境。①真实物理环境。作为一种传统而又常用的学习环境，其通常包含物理的学习场所、学习资源、学习情境及事物原初、真实的状态特性，能全面支持触觉、嗅觉、听觉、视觉等感觉器官且能让学习者在自然状态下通过身体器官及运动系统进行交互体验。不足之处在于难以对抽象概念、内部原理、动态过程进行可视化呈现及多模态感知。②虚拟仿真环境。通过虚拟现实技术和系统仿真技术，可以在一定程度上模拟并可视化抽象概念、内部原理和动态过程，从而增强对学习内容的表征能力。由于真实物理条件存在的缺失以及当前技术水平的限制，这种只见虚不见实的学习环境，通常只能提供对虚拟对象的视、听觉体验，缺少触、嗅觉感知。③混合现实环境。目前，借助混合现实技术可以将虚拟的、数字化的对象和信息自然、实时地融入身边的三维物理空间。这种虚实融合的混合式学习环境综合了上述两类环境的优点，既增强了学习内容的表征与学习环境的体验能力，又支持多模态感知、具身运动以及自然交互。正因为此，混合现实环境成为具身学习的理想场所。近年来，国际上多项研究成果表明混合现实环境能够有效支持具身学习，并显著促进 STEAM 相关内容的学习效果。

5.3.2 三维虚拟学习环境

关于三维虚拟学习环境的含义，不同的学者持有不同的观点。丹尼尔（Daniel）等认为三维虚拟学习环境是基于网页的虚拟学习环境和沉浸式虚拟世界的整合体；乔纳森（Jonathan）等认为三维虚拟学习环境是在标准的虚拟学习环境中增加了沉浸性，允许学生以自定的步调和时间进行探索和学习；巴尼（Barney）等认为三维造型、平滑的场景变化以及对象间的相互作用是三维虚拟学习环境区别于其他虚拟学习环境最重要的特征；马修（Matthew）等认为三维虚拟学习环境有利于增进网络情境中的社会化学习经验。综合上述观点，三维虚拟学习环境以情境性、沉浸性、参与性为主要特征。其有四个特点：①身临其境的体验；②灵活多样的交互方式；③动手创作的学习体验；④基于协作的社会学习。构建三维虚拟学习环境，可以让学习者主动学习知识而非被动接受知识。相比于传统无交流的在线学习环境，三维虚拟学习环境可以让学习者选择和自己兴趣相当的伙伴一起在虚拟世界里探寻，使其主动学习、乐于学习。

5.3.3 智慧学习环境

随着网络信息的快速增长和"后现代主义"思想的发展，网络资源呈现出碎片化趋势。学习开始出现碎片化，进而带来了知识、时间、空间、媒体、关系、思维和体验等的碎片化，我们开始进入"碎片化时代"。这些碎片化的信息或者知识不一定能转化成学习者自己的知识，需要学习者根据自身先有概念与情境的相互作用，进行有意义的构建，才能将信息或者知识为己所知、为己所用。因此，智慧化学习环境的特征就是能够更加快捷、清楚地促进学习者对碎片化信息或者知识进行搜集和查阅，并能够方便学习者对其进行意义炼制、内化甚至进行学习迁移。正如黄荣怀等提出的，智慧学习环境是一种能够感知学习情境、识别学习者特征、提供合适的学习资源与便利的互动工具、自动记录学习过程和评测学习成果，以促进学习者有效学习的场所或活动空间。打造智慧学习环境的主要目的是促进学习者开展有效的学习。

5.4 信息化学习环境设计

在大量的外文专业期刊和网络资源中，我们很容易发现许多关于学习环境的研究，通常会在"学习环境"之前加上"以学习者为中心""真实的""以学习为中心""情境化的""开放的"或"建构主义"等限定语。近年来，国外有学者试图将这些不同的限定语统整起来，将上述模式概括为"以学生为中心的学习环境"。然而学习环境概念蕴含如下丰富的隐喻：①学习环境是对某种学习活动或行为的给养。②学习环境的核心理论基础是建构主义和情境认知理论。③学习环境所蕴含的知识观是意义建构的。④学习环境要求积极应用信息技术支持学习者高阶能力的发展，技术应用的最佳目的就是在建构主义学习环境中促进学习者高阶思维能力的发展。工具（信息技术工具）的应用最适用于支持学习者的高阶学习。⑤学习环境隐喻还包括学习者发展目的、教师和学习者主体角色、信息技术应用方式、学习效果评价，以及师生关系文化等方面的变化。

5.4.1 具身型混合现实学习环境（EMRLE）的构建与学习活动设计

威尔逊（Wilson）对具身认知进行了整理与审视，并得出了六个基本观点：①认知是情境化的；②认知领会与身心和环境处于实时交互中；③认知是可卸载的；④认知系统可包含人的身心的内在整个环境；⑤认知是为了指导行动，也可以说是行为；⑥脱离具体环境的心智活动仍然基于个体与环境交互作用过程中通过净化而产生的感觉加工和运动控制机制。自 20 世纪末以来，随着现象学哲学、认知心理学、认知语言学、神经生物学等领域研究的推进，人们越来越强烈地认识到身体对认知具有重要意义：一方面，人们正是通过身体的"感知—运动"系统与外部环境进行交互，而这种交互及其产生的体验是认知的基础；另一方面，人类对外界事物所形成的表征并非抽象的，而是鲜活具体的，其与认知发生时身体感知器官的状态与事物本身的特征密切相关。在此基础上，逐渐形成了以"具身认知"为代表的第二代认知科学，即认知科学的研究由"离身"转向了"具身"。对学习环境构建而言，这种转型不仅提供了新的理论基础，而且提出了新的要求，它要求学习环境能够支持学习者在逼真的情境中通过具身交互与深度体验，进行更"有意义的学习"。EMRLE 是以具身认知理论为依据，以混合现实技术为支撑，设计并构建的一种新型学习环境。换言之，EMRLE 是具身认知理论与混合现实技术相结合的产物。其设计与建构应该体现以下目标：①支持多通道感知。运用身体的触觉、视觉、听觉、嗅觉等感知通道，这些通道在认知过程中参与了对外部世界的感知，也参与了对感知结果的加工、记忆和应用。②支持多模态交互。学习者在其"感知—运动"系统与学习环境不断交互的过程中形成体验并获得认知。为此，具身型学习环境应该支持学习者利用其身体与学习内容进行自然交互。这种交互包括基于视觉和听觉的非接触式交互。③支持多情境体验。在具身型学习环境中，学习内容需要在特定的情境中呈现，通常包括与该学习内容形成或应用相关的真实场所、实践活动、社会文化等。在该情境中，学习者通过观察、探究、合作、交互等方式获得体验并形成认知。此外，为了实现深度学习并促进知识迁移，具身型学习环境应该提供灵活、多样的学习情境，从而让学习者在动态变化的情境中，对学习内容形成更真实、更本质、更普适的感知体验。其主要功能应该体现在：①支持虚拟融合的学习环境；②支持学习者进行自然交互；③支持学习过程的动态生成。其实现途径包括以下四个方面：①通过身体参与开展具身学习活动；②通过身体行为识别支持多模态交互；③通过感知体验形成并积累具身表征；④通过交互操作驱动学习环境动态生成。

5.4.2 基于 Web 的学习环境设计

何克抗认为教学策略是教学方面的指南和处方。这种定义是从教师教学的角度对教学策略的理解。从学习者学习的角度来理解，我们认为，教学策略是为了支持和促进有效的学习而安排学习环境中各个元素的程序和方法。在基于 Web 的学习环境中，教学策略分为主动性策略、社会性策略和情境性策略。事实上在我们划分的每一类教学策略中都包含了组织、传递和管理的程序和方法。在基于 Web 的学习环境中主要的教学策略有九种，分属于以上三类（如表 5-6 所示）。必须注意的是，这种分类并非绝对的，在九种教学策略中，某一种策略可能既体现了主动性原则的要求，又体现了社会性原则和情境性原则的要求。之所以将它们分类，是为了突出该策略的主要特点。

表 5-6　基于 Web 学习环境的主要教学策略

主动性策略	社会性策略	情境性策略
建模策略、教练策略、支架与淡出策略、反思策略	合作学习策略、小组评价策略	抛锚策略、学徒策略、十字交叉形策略

现简述其中几种教学策略。

（1）抛锚策略：在教学策略中，"锚"指的是包含某种问题、任务的真实情境。抛锚策略的主要目的是使学习者在一个真实、完整的问题背景中，产生学习需要，通过学习者的主动学习和生成学习、教师的嵌入式教学以及学习小组中成员间的交流与合作，学习者亲身体验从识别目标到提出和达到目标的全过程。抛锚策略试图创设有趣、真实的背景以激励学习者对知识进行积极的建构。因此，抛锚式教学不同于传统课堂上的讲授，它在教学中使用的"锚"往往是有情节的故事，而且这些故事设计有助于学习者进行探索。在学习过程中，这些故事可以作为宏观背景提供给学习者。所谓宏观背景是相对于没有真实意义的微观背景而言的，课文结束处的一系列没有联系的应用题就属于微观背景。抛锚策略的目的之一是创设有助于合作学习的环境。在抛锚式教学中，任何一个问题都存在着多种可能的解决方案，多种解决问题的可能性往往产生于学习者之间深入的讨论。因为情境中描述的问题往往十分复杂，凭单个学习者的力量是不可能完全解决的，为此，合作学习必不可少。总之，抛锚策略是使学习者适应日常生活，学会独立或共同识别问题、提出问题、解决问题的一条十分重要的途径。

（2）学徒策略：其含义是通过允许学生获取、开发和利用真实领域中的活动工具来支持学生在某一领域中的学习。"学徒"概念强调经验活动在学习中的重要性，并突出学习内在固有的、依存于背景的、情境的和文化适应的本质。学徒策略为学习者提供了大量的实践机会，它把工作当作学习的内驱力，认为学习不是为了一步步接近一个象征性的目标，而是把出色地完成工作作为学习的直接价值。

（3）十字交叉形策略：认知灵活性理论认为学习者在建构知识意义的过程中，只有对知识进行多维表征，才能对知识进行全面理解和灵活运用。不同背景下的建构对知识的理解往往存在差异，这种理解从各自的角度看都是正确的。而通过对知识意义的多角度建构，最终会形成对知识的全面理解，这就是十字交叉形策略的含义。根据十字交叉形思想，要求学习者从多个角度检查某一概念，既能增强对该概念的理解，同时也能增强将这一理解迁移至其他领域的能力。同样，从同一观点检查不同概念也能产生一种新的理解。因此，在学习复杂和非良构领域知识的过程中，对同一内容，学习者要在不同的情境中、从不同的角度进行多次的交叉学习，从而把握概念的复杂性并为将其迁移到新的情境做好准备。

（4）建模策略：其含义是在问题解决的过程中，通过对同类问题多个实例的研究，总结出解决某一类问题的固定程序和步骤，形成一个问题解决模型。乔纳森认为有两种类型的建模：一种是显性的行为建模，一种是隐性的认知过程建模。行为建模用来表明学习者在学习活动中应当执行哪些活动以及如何执行这些活动;认知过程建模则说明学习者在从事这些学习活动时应当使用的推理方法。认知过程建模比行为建模复杂,要事先对学习活动中的思考过程进行记录、整理和分析,以便从中提炼出能够帮助学习者加深对问题理解的推理结构。模型的功能在于详尽囊括了各项离散的学习行为。通过建模,学习者观察了正式教育中看不到的过程,开始将发生的事情同其原因联系在一起。

(5)教练策略:其含义是当学习者在学习过程中遇到困难或需要帮助时,教学系统通过诊断适时地给予学习者适当的指导、建议、暗示和反馈。它包括给学习者指明方向,提示大概步骤,提供附加的任务、问题或有疑问的环境。教练可以是教师或智能导师。在自主学习过程中,通常学习者要自己作出决定,自己决定解决问题的策略。因此,指导和建议更多的是暗示性的而不是直接的,它在学习者需要的时候才出现。教练策略可以帮助学习者最大限度地使用自己的认知资源和知识作出适当的决策。教练中的交互作用通常被看成是即时性的,在学习者自主学习的过程中,不论什么时候出现了问题,教练的交互作用应当立即产生。但在有些情况下,教练指导也可以在执行任务之后或之前进行。

(6)支架与淡出策略:支架是为学习者建构自己对知识的理解提供的一种概念框架。这种框架中的概念是为发展学习者对问题的进一步理解所需要的。为此,事先把复杂的学习任务加以分解,以便于把学习者的理解逐步引向深入。由此可知,支架的作用就是引导学习者在未知的知识空间中逐步攀升。

5.4.3 创新型学习环境设计 —— OECD "7+3" 学习环境框架

学习环境的设计是面向知识时代教学设计框架建构的重心,它通过创设支持意义学习的条件,促进学习者高阶能力、高阶知识和高阶思维的发展。(钟志贤,2005)OECD 是经济合作与发展组织的缩写,其是基于 OECD 教育研究和创新中心 2017 年发布的 "7+3" 的理论框架,以 7 条学习原则作为基础,3 个创新维度作为优化框架,设计出了具有 21 世纪特点的创新型学习环境。"学习环境"作为框架概念,指的是一个比课堂更广泛的场景。作为一个有机的、整体的概念,学习环境涵盖学习过程及学习发生的场景,是一个包含学习活动和学习成果的生态学习系统，既包括学习发生的直接（外部）环境，又与环境中的主要参与者和其他变量有机融为一体。比较突出的是，它重视学习者开展学习的特定社会背景、家庭经历、知识、期望以及文化经验和价值观。学习环境是一个生态学习系统，各变量之间的互动及其产生作用都需要时间，不是瞬间发生的。

OECD教育研究和创新中心整理出的7条学习原则，具体如下：①学习中心与学习者主体投入原则：视学习者为主要参与者，鼓励学习者对自身行为形成理解。②合作与交往原则：强调学习的社会性本质，积极鼓励有组织的合作学习。③动机和情绪原则：要了解学习者的动机和情绪，认识情绪对达成学业成就的关键作用。④尊重个体差异原则：对学习者的个体差异，包括对学习者的已有知识要有足够的敏感度。⑤积极挑战学习难度原则：课程设计既为全体学习者设置要求和挑战，又不会造成过度负担。⑥动态反馈原则：要有清晰的期望，设计相适配的评估策略，重视运用形成性反馈支持学习。⑦横向贯通原则：积极促进不同知识领域、学科、共同体乃至更大环境的"横向贯通"。在此基础上，OECD教育研究和创新中心又提出了3个创新维度。其中包括：①创新型学习环境的教学核心要素。对学习者、教育者、内容、资源进行创新。②创新型学习环境动态关系。其中包括对教师和学习者的关系进行重组以及重新规划学习和重新思考教学和评估形式。③形成具有强大学习领导力的"形成性组织"，通过不同策略和创新，不断向学生提供学习资源。OECD教育创新和研究中心辛苦打造的框架也告诉我们，教师需要加强合作、要打破学科边界、开发真实的形成性评估以及重视技术的多元角色。

5.4.4 游戏化学习环境设计

"游戏化"是指将游戏设计的元素和机制用于非娱乐情境中（教育、公司）。享特（Werbach Y. Hunter）指出，"游戏化"是指把游戏不被察觉地运用到影响人们行为、改善动机、提高承诺的日常生活中。此外还有一种定义是：在非游戏情境中融入游戏的思想、精神或者游戏机制，以帮助参与者去解决问题，甚至达到提升自我相关能力的目的。这几种定义毫无疑问地有一个共同点——"将游戏的思想或者机制等融入非游戏情境中",这就是"游戏化"理念的核心。我们认为教学中的游戏化不是游戏,而是将游戏的思维(娱乐性、故事性)和游戏的机制(奖惩、升级制度)应用到非游戏场景(教学)中,将游戏设计的元素方法引入课堂教学系统设计以及教学活动设计中。

爱好游戏是人类的天性。如果将学生对游戏的喜好转化为对学习的动机,则可以使教师的努力事半功倍,这正是游戏化学习研究的核心。古人云:"授人以鱼,不如授人以渔。"在游戏化教学中,学生的主动性和创造性得到了锻炼和培养,且其自主探索、合作交流能力和实践能力也得到了培养和提高。教师在课堂中应创设能引导学生主动参与的教学环境,激发学生的学习积极性,使每个学生都能得到充分的发展,学会自主学习。人们都说"兴趣是最好的老师",新时代的课堂不再是单一的、枯燥的,不再以被动听讲和练习为主要方式,它应该是一个充满生命力的过程。游戏化教学对改善课堂教学具有重要的作用。游戏化教学的宗旨,不是单纯地让学生开心,而是让他们对学习产生渴望;教育不在于灌输,而是点燃学习的渴望,这是推动游戏化教学者所期待达到的目的。使用各种教学方法激发学生的学习兴趣,改变传统的教学方式,让学生学会自主学习等也是教师面对的共同挑战。

5.4.4.1 游戏化课堂学习案例一

"游戏化"理念在于激发学生的学习兴趣,将多元素的游戏元素融入课堂教学环节,可优化教学结构,引导学生参与问题探究。同时能使学生在玩中学,在学中发展自我,达到学习过程中产生沉浸体验的目的,从而促进学生多方面综合发展。本案例重点研究的是课堂设计中融入游戏架构、游戏机制、游戏元素,保证学生在课堂中以竞赛机制围绕教学中心去过关、去发现、去学习。

根据游戏化的三个重要因素(见图5-4)设计为期一个月,每月8节中文课的游戏化内容,首先需要选择游戏架构,然后设定游戏机制,确认游戏元素,最后在课堂中实施游戏化。

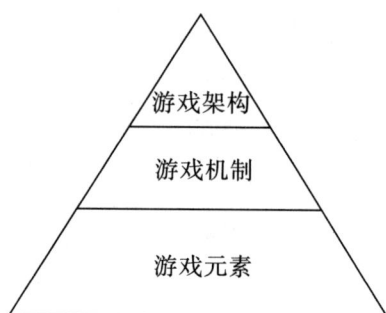

图 5-4 游戏化的三个重要因素

（1）设计理念（见表 5-7）。

表 5-7 "哈利·波特和朋友们去中国"课程游戏化设计理念

游戏化的因素	课程内容
游戏架构： ①故事（吸引学生的兴趣、给予学习的动机） ②游戏规则（课堂管理、活动完成要求）	假如哈利·波特和他的朋友们打败伏地魔以后，在全世界旅行，这次他们和张秋来到中国，恰好赶上了春节。先准备好年夜饭的人为赢家
游戏机制： ①挑战困难（教学或活动内容由易到难） ②玩家间的合作及竞争（独立完成任务或小组合作） ③资源获得、游戏内取胜	①全班分成 2 个学院，一个是拉文克劳学院，一个是格兰芬多学院，每个学院有 6 名学生，大家共同努力准备一顿丰盛的年夜饭 ②一共设置 6 关，每次通关可以得到红包，第一名赢得 2 个红包，第二名赢得 1 个红包。每个红包里有 10 元 ③每一关中的某个环节会有一个特殊奖励，得到这个奖励的人可以在最后施展一次"魔法" ④第 3 关和第 6 关结束，商店会开放卖菜环节，可以购买菜品 ⑤赢得最多菜品的学院成员为赢家

（续上表）

游戏化的因素	课程内容
游戏元素： 角色、物品收集、礼包、排行榜、等级、分数、组队、虚拟货物（反馈、奖励机制）	①全班分成 2 个学院 ②每关通关可以得到红包，每一关中的某个环节会有一个特殊奖励 ③红包可以用来购买菜品

（2）创作灵感。

以孩子们喜欢的哈利·波特来进行教学设计，孩子们熟悉人物，有代入感。我们的课题为"哈利·波特和朋友们去中国"，用信息差引发学生持续性学习中文的兴趣。

（3）设计亮点。

将游戏元素嵌入教学，利用游戏元素调动学生学习的积极性，而不仅限于用游戏让学生开心。在游戏化课堂里，不一定会看到很多游戏，也不一定会看到开心活泼的学生，看到更多的是带有希望、充满兴趣、自主学习的学生。这才是游戏化教学的宗旨，即让学生对学习产生渴望。我们在课堂中采用游戏化教学方法，两组孩子形成合作和竞争，达成一个制作年夜饭的竞争目标。从简单任务到有挑战的任务，层层递进，不断促使学生参与其中。奖励机制的设定让学生们充满斗志。

（4）具体课程设计（选取其中一节课作为展示）。

课程设计方案

一、教学对象：国际学校三年级学生

二、教学时间：45 分钟

三、教学目标：

（1）能够初步了解春节习俗。

（2）能够熟练掌握本课重点词汇。

（3）能够准确掌握所学句式。

四、教学内容：YCT2

1. 导入（3分钟）

课前热身：老师询问同学们是否知道春节和春节的习俗。学生回答后，教师播放有关"过春节"的视频。

教师：同学们好！大家知道中国的农历新年叫什么吗？春节。那么同学们知道春节的来源和传统习俗吗？哪位同学可以介绍一下呢？（等同学们介绍完）现在老师给你们看一个关于春节的视频，仔细看哦，今天我们课堂中要找的部分答案就在视频里。

2. 小组活动导入（7分钟）

以翻转课堂的方式，培养学生自主学习的技能，老师在大屏幕上展示一桌年夜饭，且每一道菜都有对应的汉字、拼音与读音。

小组活动：

（1）一人到前面找到图片词语，并记住。

（2）传递给其他小组成员，并记录词语的拼音。

（3）没有错误或错误较少的组获得两个红包，另外一组获得一个红包。

3. 重点词汇讲解（7分钟）

将本课重点词汇"饺子""面条"用图片展示法，更详细地解释给学生，以便加深记忆与理解。例如："同学们觉得'饺子'像什么？"有的同学回答："像耳朵。"有的同学回答："像月亮。"表扬同学们之后，老师作补充："饺子像中国以前的钱。同学们知道面条的寓意吗？在中国，长长的面条意味着活的时间很长，就像长寿老爷爷一样。"猜对意思的小组可以获得一次施展"魔法"的机会。

4. 随堂练习（5分钟）

（1）通过翻卡游戏来反复认读本课重点词汇，并复习之前学过的词汇。

（2）活动规则：将全班分为四个小组，每个小组认读并翻译一行词汇，如卡壳，组员可以继续认读。优点：每个人都会高度专注地参与其中。首先完成认读的小组将得到抽红包的机会。

5. 语言点讲练（10分钟）

本课最重要的语言点是"我最爱吃……"的句式教学。

（1）教师可采用连词成句的方式先说出学过的例句"我爱吃汉堡包、薯条"，再用表情和肢体动作配合说"我最爱吃饺子"（强调红色的"最"字），让学生猜测"最"的含义，之后解释"最"的含义。

（2）句式演练：老师先举 1 ~ 2 个例子，再让每位学生练习造句（至少两组），如若发音有误，老师当即纠正。

（3）小组活动：用画钩的方式记录小组成员最爱吃的东西，并汇报给老师。首先完成认读的小组得到抽红包的机会，并且可以得到一次施展魔法的机会。

6. 本课总复习（10 分钟）

通过 Kahoot 游戏复习词汇与句式。此次游戏结束，赢的组可以得到利用红包买菜品的机会。

7. 总结与作业（3 分钟）

（1）请一位同学说说"我最爱吃"和"我爱吃"的区别。这次答对的学生可以单独抽取红包。

（2）作业：老师发邮件给出链接，进行五分钟线上小游戏（游戏中学生要将本课所学句式自动造句，且学生需要重新排序）。这是本次课最后一次抽取红包的机会，并可以展示自己得到的菜品，小组之间可以通过交流兑换菜品，老师进行记录。

游戏机制在下节课还会持续进行。

（案例来源：暨南大学　马百合、余彦潼）

5.4.4.2　游戏化课堂学习案例二

我们处在万物互联的信息时代，信息技术已成为教育改革前沿最活跃的因素。教育技术在教学中的应用也经历了：起步—应用—融合—创新四个阶段。从传统的印刷技术，到计算机技术辅助学习（黑板、PPT 投影、交互白板、电视等），再到自然语言技术、云 + 终端技术、社会性网络和虚拟现实技术等技术成果的有效利用，信息技术深刻影响着现代教育。通过本案例，我们可以充分体会到现代教育技术在教学中，特别是在语言教学中有着非常积极的作用。合理地运用现代教育技术，将图片、声音、文字、动画、影像等要素结合起来对提高和教学质量和效率作用巨大。

以下是案例二的一些基本情况：

HSK 1 级第 6 课"我会说汉语"的课程设计是主要是针对科威特 14～17 岁零基础的青少年学生，他们中有中国籍和外国籍学生，但他们的母语或第一语言都是非汉语，在疫情防控期间以网课形式授课。由于当地的学校教学和家庭教育环境比较宽松，学生们普遍比较喜欢轻松活泼的上课氛围，对一板一眼的教学方式比较抗拒，和老师的沟通也较随意轻松，习惯于随问随答、和老师有更多的互动。教师在课堂教学中尽量不用"测试""考试""检查"等字眼，而是用"操练""游戏""尝试"等词语鼓励学生更加轻松地融入学习实践中。此外，处于青春期的孩子比较好动，对感兴趣的内容求知欲较强，习惯挑战老师和采取苏格拉底式的提问方式；但对不感兴趣的内容或者难点常常回避或者不容易集中精力听课。所以我们在课程设计中一直尝试利用现代化的教学技术将教学内容变得更加形象、生动、逼真，从而激发学生们的求知欲，为他们打造既轻松又接近真实汉语语境的情境教学模式。同时利用各种多媒体教具的展示，将原本不易理解或受网络教学限制的教学内容变得更容易理解和接受，提高教学的有效性。

在教案和课程设计中，我们主要运用了以下多种多媒体软件工具和技术，利用这些可视化的技术改变汉语教学内容的呈现方式，将传统的 HSK 平铺直叙的教学内容变得更生动活泼，带入更多的感官刺激，提高学生的学习热情，测评类型和交互类型也更为多样化、人性化，相应的汉语教育学习环境也通过数字信息化更靠近真实语境。

（1）动画视频：视频用来导入，引起学生们学习的兴趣。笔顺动画用来演示汉字书写过程。

（2）Quizlet：制作带拼音的汉字闪卡，用于汉字练习部分。

（3）Kahoot：用于"找朋友"游戏，将词语和对应的图片连在一起。

（4）Wheels of Name：将本课语法点变成一个个问题，学生们在线上转动转盘，回答自己选中的问题，用于练习语法点。

（5）White Board：用于拼音环节，老师说出一个双音节单词，比如"你好"，让学生在"线上白板"中写出"你好"的调号或者拼音，根据学生实际能力而定。

（6）在线词典：展示独体字时，用在线词典来演示这个字从甲骨文到大篆、小篆、楷书的演变。

（7）Zoom 分组练习：把学生们分组，两个人一组，以方便他们单独练习，在规定时间内再返回大课堂展示。

具体课程设计如表 5-8 所示。

表 5-8　课程设计

授课时间	2021 年 5 月 19 日第 5 周星期二第 5 大节
授课地点	科威特青禾学堂
授课班级	初级口语班（14~17 岁零基础青少年）
实到人数	6 人
授课题目	HSK 1 级第 6 课"我会说汉语"
教学目的	①使学生了解并掌握声调组合表中一声双音节声调组合的发音方法 ②增强学生语音学习的信心
主要内容	①组织教学，复习引入新课（1 分钟） ②讲解新课，介绍声调组合表，讲解一声双音节声调组合（1+1、1+2、1+3、1+4、1+轻声）的发音（6 分钟） ③小结，回顾所学内容（1 分钟） ④通过两个游戏进行操练，练习一声双音节声调组合的发音（9 分钟） ⑤随堂测验（2 分钟） ⑥布置课后作业（1 分钟）
重点与难点	掌握 1+3 双音节组合的正确发音；熟记例词
教学方法	图示法、图表法、带音法、练习法
教具	PPT、词卡、闪卡、白板、多媒体软件、游戏、动画视频、在线词典、Zoom 分组练习
参考资料	《现代汉语》（作者：黄伯荣、廖序东） "华文趣味教学法"慕课（主讲人：蔡丽） 《华文趣味教学理论与实践》（作者：蔡丽）
课后作业与 思考题	①练习声调组合表中一声双音节声调组合的发音 ②复习本课练习过的词卡

教学过程设计方案

一、组织教学，复习导入新课

教师：同学们好！

学生：老师好！

教师：前几节课中我们学习了声调和相关的英文发音（教师通过 PPT 展示学过的内容），很多人会选择单独的声调进行练习。但在现实生活中，音节几乎从不独立地说出来，所以实际上最有效的练习方式是声调组合。现在我们开始练习这些声调组合。

二、讲解新课

介绍声调组合表（图表法）。

教师：让我们一起看看这个表，它是声调组合表。你可以仔细看看列表中的 20 个词，这些是你必须掌握的，对你的声调练习非常有帮助。有了这个基础，当你学习任何一个新的中文词语时，就可以快速地把一个新词和你在这个图表中已经熟悉的词联系起来。比如，你遇到一个新的词语，它由第二声和第三声组成，如果你已经记下来图表中相同声调 2 + 3 组合的词语，那么你就能很快读出新词。

三、小结回顾

对本课知识点和学生的表现进行总结。

四、游戏操练

教师：我们刚复习了前面学过的声调组合，接下来我们开始做游戏。

"它来了"（声调辨听训练）游戏规则：找五个学生，每个学生负责一组一声声调组合（1 + 1、1 + 2、1 + 3、1 + 4、1 + 轻声），如果学生听到对应的声调，请马上拍手欢迎。教师每次说一组声调组合（如 qīnghé），每组声调念两遍，念完一组就让学生拍手辨认（1 + 2 组的同学需要拍手，拍错的学生要跟着老师大声朗读两遍）。

教师：这一次老师需要找五位同学。（学生们陆续走到台前）好！大家到前面站成一排。（学生们面向台下，站成一排）接下来每个人选择一组声调组合，并记住它的例词，然后仔细听我说的词语，说到谁的声调谁就拍手，拍错的同学要和我大声读两遍。

学生：老师，我选好了！

五、随堂测验

教师：好了，我们已经玩了两个游戏，现在到了课堂测验的时间。请同学们拿出 iPad，找到你们的测验链接，我们开始测试。准备好了吗？请听好……

（学生答题）

教师提前准备好关于本课知识点的 10 道测试题，以 Google Forms 形式发给学生，在课堂的结尾完成测验，学生完成测试后在线提交。教师通过测试结果可以了解到学生们对本课内容的掌握情况，进而对课堂教学进行相应的调整。

六、作业

教师布置课后作业。

（案例来源：暨南大学　郭昕、张永芳）

5.4.4.3 AVG 游戏

随着信息技术时代的快速发展，每个人手里的终端设备都实现了智能化。受益于各种品牌的智能设备的迅速普及，以及 Wi-Fi 等无线技术的升级与推广，人们得以随时随地使用自己的设备来接入网络平台，体验多姿多彩的互联网世界。

在教学方面，从传统的课堂教育中，逐渐孵化出以图片、声音技术为主的幻灯片课件教学，以视频技术为主搭建的慕课视频网站，以虚拟现实技术为主的模拟操作教学，等等。而作为计算机蓬勃发展历史中不可忽视的一部分，电子游戏也在悠久的演变过程中延伸出自身的教育功能，如激发学习动机，构建游戏化的学习环境，培养知识、能力、情感态度和价值观等。

跨平台游戏的出现，意味着在不同的设备屏幕间，游戏可以进行自主转换。过往只能用电脑主机来进行游戏的限制渐渐消失，而超越时间、地点与设备限制的游戏体验使得游戏得以适应人类社会的碎片化现象。而放眼业界日新月异的技术，体感技术、远端操控、云串流等技术的应用正在进一步消除设备性能、操控方式的限制，使得电子游戏越来越成为信息社会的重要媒介，与传统的书籍、图片等一同成为人类记忆的重要载体，也将是教育传承的重要方式。

1. AVG 游戏的由来

文字冒险游戏（AVG），通过文字或者图像来给予游戏者当前状态反馈，而游戏者需要通过反馈提示来输入内容，游戏再根据选择给予游戏者反馈，以此不断推进游戏进程。虽然 AVG 是冒险游戏，但其诞生历史悠久，早在 1975 年就出现在美国早期研究机构的内部计算机网络中。当时的图形技术尚未成熟，游戏过程完全通过文字来进行的，所以这种游戏就被定义为文字冒险游戏，也常被称为互动小说（interactive fiction）。

早期，由于计算机技术尚未成熟，甚至互动手段匮乏到只能靠游戏者手动输入指令。早期的 AVG 游戏需要游戏者靠很少的文字提示，手动输入特定的单词指令来解决游戏谜题，且受分辨率和输入法的限制。AVG 游戏早期主要以欧美作品为主。

而伴随着多媒体技术的蓬勃发展、计算机设备性能的迅速提高，AVG 游戏拥有了更好的显示效果，进入了图像与文字表现形式共存的时代。日本地区的部分 AVG 作品甚至应用了动画媒体形式，由静态到动态的画面使得游戏观赏性得到了提高。同时，AVG 游戏的互动方式也发展出指令选择的玩法。游戏者仅需要手动选择已经预设好的选项，游戏就可以根据设定好的发展方向给予情节反馈。而后来出现的能够操控角色移动和拖拽、点击道具的新玩法，也大大增加了 AVG 游戏的趣味性，从简单地输入选择再到通过复杂的操作来解开谜题，AVG 游戏的互动方式得到了进一步的发展。

目前精美的 CG、动画作为 AVG 游戏的辅助演出方式，相较于传统的文字、图片等给游戏者带来视听上更高的沉浸性体验，并逐渐摆脱了最初的解谜与冒险概念，以接近"互动小说""互动戏剧"的概念成功进入了主流文化视野。

而在其互动手段、承载媒介和多媒体技术的发展下，其叙事内核也呈现出多向、多维的叙事风格。它同时兼具了书籍与电子游戏的特点，文字游戏可以被阅读，但游戏者又能够参与互动，影响故事的发展，塑造个性化的游戏情节，对游戏规则不断学习。因此，游戏者既是故事的阅读者，也是故事的作者。这种互动叙事性的元素，正是教育游戏的重要需求。

2. 游戏激发"心流"状态

心理学家齐克森米哈里（Mihaly Csikszentmihalyi）在《心流》（*Flow*）中

将"心流"定义为一种将个人精神力完全投注在某种活动上的感觉。当人面对略高于自身技能水平的挑战活动时,"心流"才会出现。

在"心流"状态中,学习者将得以更专注于眼前的学习任务,充分调动自身认知和思维能力来完成学习任务,并从中获得满足感和愉悦感,以至于忘却时间存在。而游戏设计中明确的游戏目标、相匹配的挑战以及持续的反馈激励,是产生"心流"的有效可靠方式。

3. 游戏对碎片化内容的非线性呈现

在信息时代社会,学习者从网络媒介获取的信息总量甚至大于学校所传播的信息量。相较于作为传统教育场所的学校,网络环境中共享信息的传播主体、内容与环境都是碎片化的。正是新媒体技术带来的数字化、网络化与移动化等变化,促进了碎片化内容的大量传播。

碎片化内容具有强烈的时效性、现代性。学习者可以充分利用空闲时间对其进行消化吸收。从其中每个知识节点的非线性联系出发,来构建一个网状、单元化、非线性的学习环境,将更有利于学习者灵活处理多种信息,对所学知识进行整合与加工。

电子游戏尤其是文本互动类游戏,所采用的叙事方式区别于传统叙事方式,呈现出交互性与非线性的特点。而超文本链接提供的节点跳转,使学习者得以自主掌握学习节奏,并随时随地吸收碎片化的学习内容。因此带有强烈互动叙事性的文字冒险游戏,成为非线性学习的优秀工具。

4. 游戏者身份对学习的影响因素

在国内很长一段时间电子游戏都被视为与严肃学习相背离的"电子海洛因",因此游戏者的身份在学习过程中被强加上了不务正业的标签。而游戏之所以在学习过程中被排除和限制,正是由于其无与伦比的沉浸性,使得游戏者身心放松的同时得到诸如视觉享受、剧情感悟与互动交流的完善体验。但游戏的沉浸性也是人娱乐需求的表现形态之一,单纯禁止与剥离人的本能需求除了限制游戏本身的正常发展,对人本身的身心健康也并无益处。

因此看到游戏中的学习因素,并对之加以引导利用,能使游戏的沉浸性融入学习的探索过程中。AVG 游戏本身的游戏过程是与一般学习非常近似的行为,需要游戏者充分调用自身已有知识,并通过游戏反馈来进行互动,解决所遇到的问题。因此在使用 AVG 游戏进行语言学习时，玩家既是沉浸于与剧情互动的游戏者，也是在探究中建构知识的学习者。

在情感上，游戏者的身份更能激发学习者的内在动机。学习者对情节的期待、对节奏的自我把控，以及每次输出所得到的反馈，都能使学习者更积极主动地去参与过程。在学习策略上，AVG 游戏与传统书面练习相比具备了更多的互动性，通过叙事框架将知识点组织与整合起来，但也缺乏了传统练习所具备的系统性和连贯性，因此在完全为语言学习设计的 AVG 游戏出现之前，市场上的大多 AVG 游戏都只能作为语言学习的补充工具来使用。

5. 游戏与学习的未来展望

AVG 游戏具有互动性强、情节内容丰富的特点，其游戏的反馈、提示等设计可以很好地为学习服务。在设备移动化、学习个性化、平台网络化的今天，有意识地利用 AVG 游戏的学习者，可以不受限制地利用碎片化时间进行学习，在增强学习动机、增进学习效率的同时，其认知能力和思维能力也得到进一步发展。

但是，即便在已经摆脱了解谜和冒险概念的今天，AVG 游戏也仍然拘束于小说、剧本的题材限制，尚未真正参与到教育环境中来。如果能够专门设计一套系统化、规范化的学习知识架构，并将其以 AVG 游戏的媒介形式传递出去，那么 AVG 游戏对学习的作用也能得到更完整的呈现。

第 6 章　脚手架理论与支架式教学

信息技术可以为学习者提供必要而及时的支持，能够维持学习动机，减少学习挫败感，实现学习目标。有两条主线贯穿基于信息技术的学习支持，一条主线是以计算机网络技术、多媒体技术、虚拟现实技术等为代表的信息技术发展路线。各类新技术不断涌现并迭代升级，和教学融合催生了新的应用形态和范式。另一条主线是把教学模式和方法策略融入新的信息技术手段，产生了各类基于信息技术的信息化教学模式，例如基于问题的学习、基于项目的学习、基于案例的学习、基于电子文档的学习、支架式学习、情境化学习、认知学徒制等，这些教学模式焕发出新的生机与活力。

本章以基于脚手架理论的支架式教学为重点，从理论基础到教学模式，再到实践案例，分析信息技术对学习的深度支持，从而为其他类型的教学模式或策略设计与应用提供参考。

6.1　脚手架理论

脚手架理论来自建筑行业"脚手架"的隐喻，基于维果斯基的"最近发展区"理论，由伍德、布鲁纳等人在 1976 年明确提出。最近发展区理论和脚手架理论，既揭示了学习和发展之间的关系，也解释了教师如何帮助学生实现发展。这两个理论作为建构主义教育思想中关于发展的理论基础，对现代教育的教学设计产生了极为深远的影响。当前在教育界广为采用的支架式教学法、合作式学习法和探究式学习法等，都以上述理论作为基础。

6.1.1 "脚手架"的隐喻

"脚手架"最早是美国著名的心理学家和教育学家布鲁纳从建筑行业借用的一个术语，用来说明在教育活动中，学生可以凭借由父母、教师、同伴或其他人提供的辅助物完成原本自己无法独立完成的任务。随着学生学习能力的逐步提升，学习的责任将逐渐转移到学生身上，最后让学生完全积极主动地展开学习，并通过学习建构出真正属于自己的知识。一旦学生能独立完成某种任务，这种辅助物就像建筑竣工后的脚手架，被逐渐撤除。这些由社会、学校和家庭提供给学生，用来促进学生心理发展的各种辅助物，就被称为"脚手架"。所谓的"脚手架"可能是一种教学策略和教学工具，也可能是一种教学方案和教学方法。关于脚手架或支架的定义或概括有很多，如表 6-1 所示。

表 6-1　脚手架或支架的相关定义或概括

研究者	相关定义或概括
伍德（Wood）、布鲁纳（Bruner）、罗斯（Ross）	描述同行、成人或有成就的人在另外一个人的学习过程中所施予的有效支持
格林菲尔德（Greenfield）	可以确保学习者完成依靠自己的能力完成不了的学习任务；帮助随着学习者技能水平的提高逐渐减少，同时学习者的最近发展区也会向上移动；学习者把脚手架的功能内化，使得自己可以独立地完成学习任务
布朗（Brown）、帕林切萨（Palincsar）	将脚手架在学习中扮演的角色和专家对学习者的引导联系起来
古兹迪阿尔（Guzdial）	计算机网络环境下的脚手架可以提供交流沟通、辅导和使知识清晰化三种支持
普利斯里（Pressly）、荷根（Hegan）、华顿－麦克唐纳（Wharton-McDonald）等人	根据学生的需要为他们提供帮助，并在他们能力增长时撤去帮助

（续上表）

研究者	相关定义或概括
Zhao	具有关注焦点、可使用性、最佳水平和结构四个特性
麦肯齐	为学生提供明确的方向和任务，阐明目的和期望，减少不确定性和失望等，即支架式教学要让学生明白学习的目标，同时也要注意提升学生自我效能感和自信心
哈特曼	包括模型、提示、鼓励、暗示、部分解决方案、有声思维和直接指导，并根据不同的情况灵活使用教学支架
吉本斯	所有的学习者，都需要尽可能地完成真实的、认知上具有挑战性的任务。这对任务的性质进行了界定性的说明，任务不是随便布置的，而是充分考虑学生基础之后挑选的具有一定难度的任务
雷切尔	优点之一是能吸引学习者，学习者不会被动地接受老师呈现的信息

尽管上述脚手架（支架）的定义多种多样，研究者可以从不同角度和层次对它作出界定，但是这些定义都有几个共同特征：

（1）脚手架是为学的、助学的。搭建脚手架是为了学生更好地"学"，这也就说明脚手架以学习者为中心，同时也体现了教师的主导作用，教师通过学生外化或者内隐的学习表现，给予学生关键性或者方向性的支持或帮助。

（2）脚手架是动态的、交互的。为学生搭建的脚手架不全是预先就定制好的，而是需要教师根据学生在学习活动中的不同表现来谨慎选择。脚手架的建、撤并不是统一的，而是根据学生学习能力的变化在教学过程中灵活进行的。脚手架在学生完成任务后将被拆除。

（3）脚手架是开放的、多态的。脚手架在开放的教学系统中创建，也在互动的教学活动中呈现多种形态，可以是口头语言上的问题启发，也可以是信息技术条件下的内容呈现。脚手架是学生处于迷惘、困惑的时候，教师给予的指向性指导。

将对学习者必要而及时的支持隐喻为脚手架（支架），突出了学习支持的重要性，脚手架能够促进学习者有意义地解决问题并获得技能，与一般的辅助工具有显著区别，二者的对比如表 6-2 所示。

表6-2　脚手架（支架）和一般辅助工具的区别

类型	作用	对象	时限
脚手架（支架）	简化过程和突出复杂性的双重作用	可以处理更复杂的过程和知识	暂时性使用，任务完成即可拆除
一般辅助工具	简化过程	只能处理简单的程序	个体持续使用

　　脚手架在认知学徒制等情境化教学模式中有着突出的表现，脚手架的搭建与拆除是认知学徒制的其中一种重要的教学方法，其任务是在学生完成任务时教师提供支撑，例如建议、帮助、暗示等。随着学生能力增强，教师应把更多责任和控制权还给学生，减弱对学生的支撑，逐渐拆除脚手架。

6.1.2　脚手架理论

　　脚手架理论是基于维果斯基的"最近发展区"理论发展而来的。维果斯基提出的最近发展区学习理论认为，学生的认知发展包含实际发展水平与潜在发展水平。实际发展水平决定了学生独立解决问题的能力，潜在发展水平决定了学生在成人指导或更有能力的同伴的帮助下解决问题的能力。两者之间的距离，就是最近发展区（如图6-1所示）。最近发展区是学生当前实际发展水平与潜在发展水平的差距。

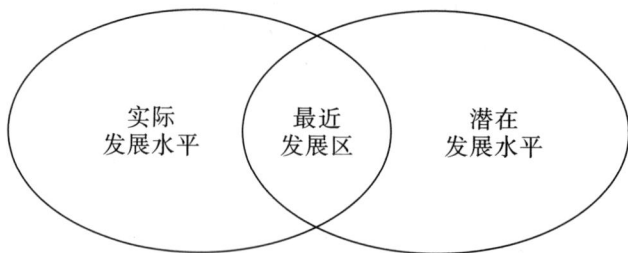

图6-1　最近发展区示意图

　　布鲁纳提出的"脚手架式教学"，对解决问题的过程中成年人如何为新手

提供指导进行了研究。他认为对于那些原本是超出新手能力范围的任务，有
经验的成年人能够提供一系列类似于"脚手架"的帮助，使新手可以聚焦于
完成那些在他们能力范围内的任务要素，并继而完成整个任务。在教学活动
中，脚手架最重要的作用就是帮助学生穿越"最近发展区"。在教学领域中脚
手架的作用有以下几点：

（1）脚手架使得学习情境能够以保留了复杂性和真实性的形态被展示、
被体验。离开了脚手架，一味强调真实情境的学习是不现实、低效率的。

（2）脚手架让学生经历了一些更为有经验的学习者（如教师）所经历的
思维过程，有助于学生对知识，特别是隐性知识的感悟与理解。学生通过内
化脚手架，可以获得独立完成任务的技能。

（3）保证学生在不能独立完成任务时获得成功，提高学生先前的能力水
平，帮助他们认识到自身潜在的发展空间。

（4）对学生日后的独立学习起到潜移默化的引导作用，使他们在必要的
时候，可以通过各种途径寻找或构建脚手架来支持自己的学习。

在信息技术环境下，脚手架为学习者提供了更多的支持，帮助学习者穿
越最近发展区，使其获得进一步发展。其中，信息技术发挥信息的远程传递、
互动、展示等作用；学习者承担擅长的认知任务，如任务设计、统筹规划等
高级思维活动。

6.1.3 脚手架（支架）分类

脚手架的形式多样，分别适用于不同性质的教学任务。以外部教学事件
作为设计脚手架的一个基本框架，可将其划分为方向型脚手架、情境型脚手
架、任务型脚手架、资源型脚手架、交互与协作型脚手架、评价型脚手架六
种基本类型；从其作用对象或媒介看，脚手架可以分为一对一、同伴脚手架
和基于计算机/纸质脚手架；从其表现形式看，脚手架可以分为范例、问题、
建议、向导、图表等。除了这些可设计的脚手架外，脚手架还有更为随机的
表现形式，如解释、对话、合作等。

按照作用主体不同，可以将脚手架大致区分为教学脚手架和学习脚手架。

1. 教学脚手架

在教学中使用的脚手架，整体上可分为两类。一类是通过人际交互发挥作用的脚手架，可称为交互式脚手架；另一类是把人的智慧和文化功能固化在工具和技术设备上的脚手架，这类脚手架可称为工具式脚手架。

（1）交互式脚手架——教师角色的重新定位。

交互式脚手架的类型很多，主要包括：教师讲解与解释、模拟或示范提问、提示和暗示、游戏活动、头脑风暴、小组讨论、合作学习、反馈与评价等。

要使交互式脚手架更好地发挥作用，首先，教师必须创设良好的课堂活动气氛，让学生在心理上感到轻松和安全，感受到教师对他们的鼓励和期待。其次，在交互作用过程中，应该让学生感到他们的观点和意见都是有价值的，能受到教师的尊重，而不会立即受到教师的批评。教师需要做的是，通过讨论和辩论，帮助学生作出判断。让学生相互帮助、合作思考、不断质疑，只有在这种气氛中，学生才能不断产生认识上的不平衡，才能遇到智力上的挑战，才能产生更浓烈的学习兴趣。

与传统的教育心理学理论不同的是，脚手架理论强调学习过程以学生为中心，学生是认知和信息加工的主体，是知识意义的主动建构者；教师的作用应由知识的传授者、灌输者变为学生主动建构意义的组织者、帮助者和促进者。

（2）工具式脚手架——计算机的作用。

随着科技的不断发展，工具式脚手架不断涌现，在教学中发挥的作用越来越大。工具式脚手架种类繁多，根据其功用可分为：导师型工具、激励型工具、替代经验型工具。将声音、图像、动画融为一体的多媒体课件以及其他电子和媒体工具，为学生的学习活动提供了崭新的学习环境，特别值得一提的是网络极大地扩展了教学的时空。

利用好脚手架的前提是教师必须了解学生已有的发展水平，包括语言知识和经验、个人兴趣、思维发展的特点和水平等；然后，根据教学目的要求，选择适当的话题和题材，设置不同类型的脚手架，将学生引入问题情境中，直到学生能独立完成任务，达到新的发展水平。

2. 学习脚手架

学习脚手架是指为学生学习提供帮助和支持的有效材料，如提供学习方法、途径、方向，提供模仿的对象、范例，提供使用的工具，提供观察的实物等。脚手架可以由教师提供，也可由学生自己提供或相互提供。而根据其应用性质的不同，又可对其进行如下细分：

（1）目标性脚手架。

学习理论认为，当一个学习者明确自己的学习目标时，学习动机会增强，学习效率会提高。平时，教师备课、上课也有明确的目标，但这些目标常常是给自己看或应付检查的，很少让学生明白了解。因此学生的学习总是有些茫然和被动。事实上，我们在教学中把学习目标明确提示给学生后，学生的学习便更加具体、清楚。同时，教师和学生一起对目标进行分解，了解实现目标的困难、障碍在哪里，看看总目标可以分成几个小目标来完成。这种以帮助学生了解和明确学习目标为目的的脚手架，便被称为目标性脚手架。

（2）任务性脚手架。

任务是实现目标的载体，是学习新知识、锻炼提高能力的最好驱动。任务性脚手架主要是帮助学生明确和分解在完成目标的过程中需要做哪些事情，先后顺序怎样。

（3）问题性脚手架。

问题是引导学生获取知识的动力，它可以呈现一种问题情境，激发学生的学习兴趣。

（4）方法性脚手架。

方法性脚手架的提供与传统意义上的学习方法指导有相同之处，但更加开放和全面。教师在教学过程中结合学习内容教给学生学习的方法，如听课方法、读书方法、记笔记方法、做摘要方法、查阅资料方法等；教给学生思考问题的方法，如比较、类比、归纳、概括、演绎和分类等；教给学生解决问题的方法，如提出问题，设计解决方案、搜集资料、进行论证、得出结论等。教师要将解决问题可能需要的方法尽可能多地告诉学生，并指导学生学会运用。

（5）模板性脚手架。

模板性脚手架是为学生的学习提供一个范例、一个模板，也就是为学生提供一个模仿的对象、一个可以更换内容的框架，使学生能够实现知识的迁移学习。

（6）评价性脚手架。

这是非常重要的一类脚手架，它告诉学生怎样评价自己的学习成果和效率。过去大多数的教学评价，只是一节课结束时的点缀，是教师的"单边行动"，学生无法预知，不利于学生学习积极性的调动，无法让学生对自己的学习进行反思和调控。所以我们应该在对学生的学习提出目标的同时，也提出相应的评价标准，让学生知道自己在每一环节中的表现达到什么样的水平；自己完成了多少任务即可以得到什么样的评价。

6.2 支架式教学模式

支架式教学是人们根据建构主义学习理论开发出的比较成熟的教学模式之一。支架式教学，是利用学习支架为学生的学习提供必要的、有用的帮助。根据欧共体"远距离教育与训练项目"的有关文件，支架式教学的定义是："支架式教学应当为学习者建构对知识的理解提供一种概念框架。这种框架中的概念是为发展学习者对问题的进一步理解所需要的，为此，事先要把复杂的学习任务加以分解，以便于把学习者的理解逐步引向深入。"

6.2.1 支架式教学的基本步骤

支架式教学以支架的搭建和拆除为核心环节，教师发挥辅助者和支持者的作用，本质上是支持学习者的自主探索学习。布拉斯福德（Brasford）、布朗（Brown）和科金（Corking）指出，脚手架式教学提供的活动和任务具有六个特点。一是能激发学习者对任务的兴趣；二是能将大的学习目标分解为可实施的小步骤；三是能为学习者提供一些可参考的意见而不是直接的解决办法；四是能清晰地显示出学习者进度和理想目标之间的差距；五是能减少学习者的学习焦虑和尝试恐惧；六是在提供示范模型时能清晰地说明教学活动的目标预期。

支架式教学的实施步骤一般分为五步，教师可以遵循这五个步骤来进行教学时的支架搭建和撤离。这五个步骤如图6-2所示。

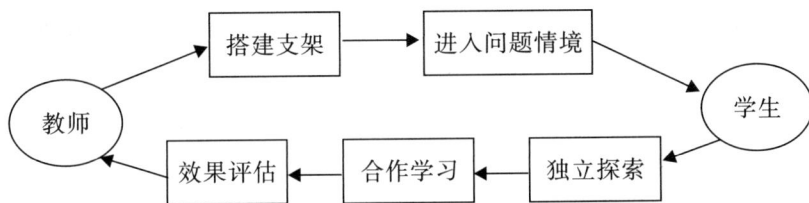

图6-2　支架式教学的实施步骤

（1）搭建支架。

这一步骤要求教师根据学习者的最近发展区，结合教学目标和学习者的现有水平决定合适的教学支架，帮助学习者通过支架逐步掌握新知或技能。

（2）进入问题情境。

教师需要在建立的教学支架中寻找一个教学节点，从该节点出发，引导学习者进入情境，在支架中以此为起点逐步学习。

（3）独立探索。

让学习者在情境中独立探索，首先，教师要示范模型或阐述新知；然后让学习者自己来尝试、分析，在此过程中教师应该给予学习者必要的提示并且及时提供帮助，逐渐从支架的起始节点向上攀升。刚开始时教师提供的引导和帮助比较多，随着学习者探索的进步，教师辅助逐渐减少，最后学习者完成自己的能力建构，独立完成任务。

（4）合作学习。

该步骤经常采用小组讨论、同桌探讨的方式，让学习者与同伴交流各自的想法，完成相应的任务，最后让小组成员来展示他们的讨论成果。

（5）效果评估。

学习效果评估包括学习者对自己的评价、小组组员评价，评估内容包括学习者对自己合作学习小组的贡献以及是否完成了所学内容的知识建构。

6.2.2 支架式教学的方法

支架式教学的关键在于搭建适合教学的支架，以促进学习者的知识迁移、能力提升或者情感体验。建立支架知识整合框架，有四条基本的元规则：使科学更易于理解；使思考可视化；帮助学习者学会向他人学习；提高自主学习和终身学习能力。建立支架的具体方法手段，可以从以下方面着手：

（1）提供范例。

教师在引导学习者进入情境的环节时，可以适当地列举贴近学习者生活的例子，这样可以将教学内容生动直观地呈现在学习者眼前，由此激发学习者的学习兴趣并且可避免繁复枯燥的理论解释。

（2）应用启发性提问。

心理学家帕特（Part）于1967年归纳出提问的五种作用，分别是：检查理解、帮助教学、诊断困难、促进记忆和刺激思考。提问的目的多种多样，提问方式也各有不同，教师可以充分利用不同方式的提问来启发学习者思考，提供必要的学习线索和帮助。

（3）给予建议。

该方法与启发性提问相比更为直接，将疑问句转为陈述句，直接给予学习者及时的学习建议。

（4）提示向导。

在整体学习的过程中，学习者在尝试分析时可能忽略关键细节、偏离重点，教师及时提示学习者关注关键信息，可以调整他们的学习焦点。

（5）借助工具。

在学习者学习的过程中，教师往往需要借助一些教学工具来完成教学任务。这些辅助工具是多种多样的，可以是图片、视频、音频、实物等。

支架式教学方法的作用及实例如表6-3所示。

表6-3　支架式教学方法的作用及实例

方法	作用	实例
提供范例	对学生的学习起到引导作用。范例展示可以避免拖沓冗长或含糊不清的解释，帮助学生较为便捷地达到学习目标	学生学习 Word 文档排版时，需要综合应用页面布局、页面页脚、目录自动生成、文字样式等多个知识点。教师以一篇毕业论文为范例，提示多个要点，引导学生自主进行长文档排版设计
应用启发性提问	教师通过针对性提问，关注学生学习过程中的学习障碍，提供有指向性、启发性的问题，促进学生自主学习和主动思考	学生在比较全国各主要城市的安全性时，不知从哪个方面入手。教师问：各个城市的犯罪比例是多少？在过去的十年间是如何变化的？
给予建议	当设问语句改成陈述语句时，提问支架就成了建议支架。与提问支架的启发性相比，建议支架的表现方式更为直接	学生在比较全国各主要城市的安全性时，采用"主要城市"和"安全性"进行搜索，没有取得预期的效果。教师建议可以通过关键字"犯罪比例""司法部""主要城市"进行更具针对性的搜索
提示向导	向导是提问、建议等片段性支架根据某个主题的汇总和集合，关注整体性较强的绩效	学生在使用 Photoshop 学习设计海报时，基本掌握了操作技能，但是设计一幅招生海报时，不知道从何下手。教师为学生提供海报设计的流程、背景知识、涉及的操作技能、版面布局设计要点等，为学生提供完整的向导支架
借助工具	借助教学工具，为学习者提供多种类型的支持，可以是形象直观的图表，也可以是调动感官的多媒体资源	学生在学习"中国历史"科目时缺乏整体的历史感，简单记忆容易遗忘，难以取得预期效果。教师可以教授学生绘制"中国历史"的思维导图，使学生在绘制过程中增进对知识点的掌握

6.2.3 支架式教学模式与其他同类教学模式的比较

支架式教学模式、抛锚式教学模式和随机进入教学模式都是认知情境教学模式，三者的理论基础、主要观点和实施步骤或环节如表6-4所示。三者都强调创设或者呈现情境的重要性，强调学生协作或自主学习，强调效果评价，并将其列入教学过程环节。

表6-4　三种认知情境教学模式的比较

类型	理论基础	主要观点	实施步骤或环节
支架式教学模式	现代建构主义"最近发展区"理论	在教学中为学习者建构知识意义或理解提供一种概念框架，而这种概念框架是为了发展学生对问题的进一步理解，同时也是为了保证把学习者的理解引向深入	①搭建支架 ②进入情境 ③独立探索 ④协作学习 ⑤效果评价
抛锚式教学模式	现代建构主义	学习者要想完成对所学知识的意义建构，即达到对该知识所反映的事物的性质、规律以及该事物与其他事物之间的联系的深刻理解，最好的办法是在现实情境中去感受、体验，而不仅仅是聆听别人介绍和讲解这种经验	①创设情境 ②确定问题 ③自主学习 ④协作学习 ⑤效果评价
随机进入教学模式	认知弹性理论知识网络结构	学生对学习内容的意义建构可以随意通过不同的途径、不同的方式进行，从而获得对同一事物或同一问题的多方面的认识与理解。每一次进入都有不同的学习目的，都有不同的侧重点。对学习内容的多次进入使学习者获得该事物全面的理解与认识上的飞跃	①呈现基本情境 ②随机进入学习 ③思维发展训练 ④小组协作学习 ⑤效果评价

但是三者还有着显著的区别：

（1）强调重点不同。支架式教学模式强调的核心要素是"支架"，是学生穿越"最近发展区"的关键支撑；抛锚式教学模式的关键是"锚"，普遍采用有感染力的真实事实、事例或问题作为"锚"，强调的是与当前学习主题的密切关联。随机进入教学模式强调的是从多个不同角度或侧面来认识同一个事物，从而获得全面认识。

（2）使用时机不同。尽管三种教学模式均需要提前设计好"支架""锚"或者"进入途径"，但是支架是在学生面临学习困难或者任务无法完成时教师给予的适时帮助，任务完成后将被撤除；"锚"是为了进入学习主题设置的前导，是进行后续教学的"引子"；"随机进入"强调的是从不同侧面对学习主题的认知，通过多次对主题的"画像"获得全面的理解认识。

（3）表现形式不同。支架可以是问题、范例、建议、方法，也可以是概念图等各类图表，形式多样；"锚"以情境化的问题或者事件为主；"随机进入"与切入教学主题的动态性和随机性相关，没有固定的模式或范型。

6.3 支架式教学的案例分析

6.3.1 多学科中的支架式教学应用

支架式教学在教育中的应用涉及各级各类的教育，其中以基础教育偏多。在教育中的应用涉及不同学科，除了常见的语文、数学、外语、地理、生物、物理、化学学科，还有法律、护理等一些其他课程。在英语学科中所占比重较大，在英语的听、说、读、写这四个方面具有不同分布，其中又以写作为主。在语文学科中，近两年在对外汉语中运用比较广泛。

例如，在英语教学改革方面，何克抗将建构主义学习理论以及与建构主义学习环境相适应的教学模式概括为：以学生为中心，在整个教学过程中教师起组织者、指导者、帮助者和促进者的作用，最终达到使学生有效地实现对当前所学知识的意义建构的目的。周荣生提出了建构主义理论下高职英语

信息技术时代的学习

教学的三个模式，即任务型教学模式、"互联网＋"教学模式、支架式教学模式。对于初中数学教学改革，可以通过合理创设情境、合理构建支架、重视学生自主探究等应用策略，使得支架式教学模式对初中数学教学具有积极促进的意义。陈雪等认为在英语阅读教学方面可以通过"支架—情境—独立探索—合作学习—小组评价"的教学环节，使学生的英语阅读能力和水平得到提高。叶传敏指出在写作教学过程中，可以通过为学生搭建词汇、结构、句型和内容等写作支架，提高写作课堂的教学质量，提高学生的写作能力，使支架式教学能够在英语教学中更好地得到应用。

以下面选取的五个课程或科目为例，比较分析支架式教学在具体课程或科目中的应用（见表6-5）。

表6-5 支架式教学的案例

序号	科目/课程	教学对象	环节步骤	支架设计	教学效果
1	英语写作	大学生	①搭建支架②进入情境③独立探索④协作学习⑤效果评价	①维持写作动机的支架②充实程序性知识、引导写作思路和策略的支架③以培养独立探索能力为目标的支架	①有效降低学生在写作中的茫然与困惑，解决学生写作中表达、词汇、基础知识等方面的问题②改善学生的自主学习能力，培养其协作精神，提高写作水平
2	化学	初中三年级学生	①搭建支架②创设情境③协作学习④独立探索	①问题支架：教师提问：科技工作者是用什么方法，实现上海世博会"会呼吸的展馆""会发光的盒子"的呢？②方法支架：教师启发学生说出有关问题猜想的生物学、小学科学和生活经验依据③建议支架：结合教材提供的内容，以小组为单位设计实验④范例支架：请一学生演示收集呼出的气体，其他学生观察现象	①使学生感悟科学探究的重要性和实用性，激发学生的求知欲②启发学生建立依据已有的知识和经验对猜想或假设进行初步论证的意识③为学生提供小组协作学习的建议，促进小组成员之间的相互合作与互助④教师的演示操作和操作要领的提示以及学生的演示，为全班学生起到了示范和指导作用

（续上表）

序号	科目/课程	教学对象	环节步骤	支架设计	教学效果
3	声乐	高等师范学校学生	①搭建支架 ②灵活调整教学任务 ③创设情境 ④效果评价	①方法支架：教师在教唱歌曲《送别》过程中，教授基本节奏、歌曲旋律、朗读歌词、歌曲演唱等要素，并带领学生共同欣赏《送别》这首歌曲的音频 ②范例支架：在发声练习的环节中，教师分别请几个学生单独进行演唱，并进行点评 ③建议支架：在歌曲《天路》教学中，在编配节奏伴奏时教师为学生推荐合适的节奏进行选择 ④评价支架：在检查学生歌曲演唱情况的环节，教师抽两个学生进行演唱，教师客观地对比评价，引导学生掌握正确的技巧	①减少对新知识的不安心理因素（如焦虑等），可以使学习效率最大化，并使学生最终独立学习 ②不仅提升了歌曲的表现力度，促使学生将注意力投入乐器和音乐的和谐统一中来，也更能衍生出丰富的编创表现 ③在教学中安排集体和个别练声交叉进行，既可以兼顾整体又可以发挥个性 ④能帮助学生更充分地掌握歌唱活动的技能，并且提高歌唱的审美能力
4	教育技术学	全校的各师范类专业的学生	①创设情境，建立支架 ②引导学生思考 ③独立探索 ④协作学习 ⑤效果评价	①问题支架一：过去教师如何教学？关于此问题，每位学生都有话说，因为这是学生在小学甚至是中学阶段所经历过的，知道自己的老师当时是怎样教学的 ②问题支架二：社会发展了，作为一名教师又应该如何跟上时代的步伐？ ③问题支架三：继续引导学生讨论《中小学教师教育技术能力标准（试行）》中提出教师应具有怎样的教育技术能力？为什么？教育技术能力的含义是什么？	①以问题为出发点，更易于切入主题，从学生的切身条件出发予以引导，学生会更容易理解学习教育技术课程的意义 ②使学生真正了解学习此课程的作用，并引起学习的兴趣

（续上表）

序号	科目/课程	教学对象	环节步骤	支架设计	教学效果
5	健美操	某高校2011级大学生	①构建支架 ②进入情境 ③自我探索 ④效果评估和反馈教学	①在学习开始前，学生需完成套路DVD的欣赏，教师给学生讲解健美操的动作组成、项目特点及分类 ②问题支架及范例支架：教师采用讲解、启发式提问、开放式讨论、示范等方法，对教学内容进行讲解，学生分组练习 ③建议支架：教师指导继续跟进，学生动作掌握熟练程度提高。随着学生技能的提高，教师提出要求，学生以小组的形式进行动作创编 ④评价支架：教师根据课的安排进行考核，要求小组创编动作不能有重复，队形变化要多样，还要有开始和结束的造型	①增加了学生自我创新的积极性，使学生更加大胆地参加到学习中来，鼓励学生独立编创、独立组织、独立练习等，增加了学生的独立自主性 ②提高学生的学习积极性，增大了练习的强度，增强了学生的体质，提高了教学效果 ③通过内容和方法的多样性，加强学生的锻炼效果，改善学生的健康指标 ④师生之间呈现出平等、合作和交流的伙伴式关系，在更好的保护学生的自尊心、自信心的基础上，充分提高学生的想象力、创造力和表达能力

　　回顾上述各类学科或课程中的支架式教学应用，可以看到实施步骤基本上是类似的。支架的设计和应用因为与课程学科的内容结合，呈现出丰富的多样性，展示出应用的灵活性，表现出教学的有效性。支架式教学模式应用，应注意以下要点：

　　第一，依据教学内容设计支架形式。应根据不同的学习内容确定学习支架的类型和应用方法。对于理论性比较强的内容，可以采用问题、建议、图表等学习支架进行教学，同时采用理论与实践相结合的方法，以促进学生对理论透彻理解；对于操作使用类的内容，适合采用范例式支架。

　　第二，遵循学情特点变换支架形式。学习支架的形式应根据学生的学情而灵活设置。学习支架的形式多样，在教学设计时根据教学内容的要求，依据学生的特点选用适合学生的形式应用于教学中，这样才能提升教学效果。

第三，结合专业特点设计学习支架。应结合学生的专业特点，从学生实际需求出发，增加教学的关联性，教学时贴近学生，学生才会觉得学习的目的性更加明确，有利于激发学生学习本课程的兴趣，为日后学生的专业学习与专业教学提供帮助。

6.3.2 高校 "教育文献检索与利用" 课程支架式教学

汪雅君将面向深度学习的支架式教学模式应用于 "教育文献检索与利用" 课程教学实践，教学对象是某高校 2018 级教育系的 27 名本科生。其设计了深度学习视域下的支架式课程教学流程：

（1）以建构主义为基础，准备学习支架。

（2）以学科资源为工具，创设教学情境。

（3）以任务驱动为核心，引导自主探究。

（4）以思维构建为根本，组织小组协作。

（5）以积极反馈为导向，采用多元评价。

在实验班和对照班开展了为期一学期的教学实践研究。教学中重点强调了师生、生生的交流互动环节，各种学习支架的具体运用以及学生自主探究式学习活动的设计，既关注学生学习的整个过程，又培养了学生主动学习、解决问题、团结协作与实践应用的能力。这里重点分析其支架设计与应用。

1. 支架设计与应用

在课程开始实施之前，教师首先根据本学期的课程教学目标及学科特点，以建构主义理论为基础，重视学生知识建构的过程。通过学科信息动态分析、学情分析、课程内容及目标分析等一系列前期分析，利用方向支架，对搜集到的相关资料进行梳理整合，设计适用于本课程的学习支架，如表 6 - 6 所示。

表6-6　"教育文献检索与利用"课程学习支架设计

支架类型	定位	具体应用
问题支架	问题支架是支架式教学过程中比较常见的支架类型，教师根据教学任务从不同角度、不同思维层次设置启发引导式问题，引导学生从低阶思维水平迈向高阶思维水平	①创设教学情境：教师通过呈现文献信息类型、检索方法与检索步骤等基础性问题支架，帮助学生初步建立课程的概念图 ②引导自主探究：教师循序渐进地提问有关分析检索课题，制定检索策略等策略性问题，引导学生进行探究以加深理解和应用
范例支架	范例支架即举例子支架，是在课程开始之前或教学之中为学生提供包含教学重难点且具有代表性的示范或例子。其关键作用在于帮助学生获得启发诱导，激发积极的思维和学习兴趣，以便顺利地完成接下来的学习任务和挑战	①创设教学情境：教师在导入理论知识时，为学生播放适应其现阶段的多媒体演示课件，其中包括具体操作步骤及相关作业案例等 ②组织小组协作：在小组协作过程中教师根据任务难易程度逐步搭建关于网络与中外文资源数据库的检索技术和方法的范例支架，在学生外化提取后，逐步撤离范例支架
方向支架	方向支架是建议性、启发性等片段式支架的总和。为帮助学生理解学习内容、激发学习动机，提供必要的方向支架能够确保学生在正确的学习方向上前行	①准备学习支架：教师在正式授课之前需要搭建符合学生学习情况和学习需求的方向支架，如播放教育文献资源发展历程的幻灯片 ②组织小组协作：学生在合作完成学科信息动态分析报告时，教师及时给出点拨和纠正，引导学生走向正确的探究方向
任务支架	任务支架是指教师在对学习内容分解和加工的基础上，通过提供适用于不同教学阶段且适量的学习任务以帮助学生掌握知识、解决问题、迁移应用	①引导自主探究：每次课前，教师在平台上上传学习任务单，明确每次课程的学习安排和学习任务，为学生提供"抓手" ②组织小组协作：根据每个小组所选择的不同模拟课题主题词，帮助其完成文献综述或学科动态分析的关键步骤等

（续上表）

支架类型	定位	具体应用
评价支架	评价支架是教师为学生提供的一种促使学生能意识到自身的学习方法、学习结果存在哪些问题的评价手段	采用多元评价：学生每次完成单元作业之后，教师都会逐一进行批改与讲评，目的在于帮助学生清楚地认识自身的问题，以更好地消化碎片化知识

2. 案例分析与反思

本案例从课程的层次设计了五类学习支架，较为全面地构建了课程教学的学习支架体系，尤其是以任务驱动学生，引导自主探究。例如，如何提炼检索词是学生面临的一个关键环节，教师适时地提供概念提取、词义扩展和同义词替代等方法，为学生提供支架帮助，支持学生顺利完成检索词的提炼。在支架教学的设计和应用上，应该重点关注以下要点：

（1）在教学理念上，要从"教为中心"转变为"学为中心"，核心是让学生自主探索，自主发现。支架的作用，归根结底是帮助学生有效地"学"。既要培养学生学会学习、学会思考、学会应用，更要培养学生学会探索、学会实践、学会创造，教师应改变因循守旧、单向灌输式、被动式、应试式的教学方法，积极实行新型的、双向互动的教学模式。支架教学的每一个环节（搭建支架、创设情境、学生探索、合作学习、评价反馈），都需要教师的精心准备和认真组织，需要教师恰当地把握提供支架的时机。

（2）在内容设计上，支架式教学不是对所有的教学内容和教学对象都同样适合。越是高阶的教学目标和内容，越是可能需要支架教学。支架不是为学生提供现成的答案，也不是提供参考的样本，而是适时地为学生提供资源、示范、启示和问题等，使得学生不会丧失学习信心，或者偏离预定的学习目标。学生利用支架进行探索学习或者协作学习，探索发现新知识，并不断实现知识迁移。这种体验可让学生学会发现和探索的方法技巧，从而培养学生的创新能力。

（3）在呈现方式上，如何根据学生的学情特点和课程教学内容特点选取合适的支架，是支架教学需要重点设计的核心环节。支架类型多样，作用不一，要起到带领学生穿越最近发展区的作用，就必须摸清楚学生的实际发展水平，并且选择最恰当的支架。信息技术为支架设计提供了很多的选择，以图表为例，就有思维导图、概念地图、维恩图、归纳塔、组织图、时间线、流程图、棱锥图、射线图、目标图、循环图、比较矩阵等。支架设计的规则提示我们，要将对学习者而言相对内隐的专家知识可视化和清晰化，使得支架确实能够在学习者迷思、无助和困惑时提供支持，使其获得经历过探索的宝贵经验。

6.3.3 初中 "信息技术" 课程支架式教学

李婧雯将面向核心素养的支架式教学模式应用于初中"信息技术"课程教学实践，设计了基于培养学生信息技术核心素养的支架式教学，教学对象是某中学初中一年级学生。

1. 支架设计与应用

本案例教学过程分为选择支架、设计支架、引入教学情境、搭建支架、自主探究、协作学习效果评估等环节，其中选择支架、设计支架是搭建支架的前期工作，在学生学习的过程中要以学生为主体适时适当地搭建学习支架，搭建的支架要具有梯度性，知识从浅到深，循序渐进，让学生顺利越过最近发展区。该案例将支架类型区分为范例支架、问题支架、建议支架和图表支架，各类支架的定位和具体应用如表6-7所示。

表6-7 "信息技术"课程学习支架设计

支架类型	定位	具体应用
范例支架	范例是根据教学目标和教学内容，列举能够对学生的学习起到启发、引导和示范作用的学习成果或操作步骤。在信息技术课堂上，范例支架更多地被使用于操作知识的教学中。范例支架有助于培养学生的数字化学习与创新能力	①在学习使用 Flash 制作动画和 Windows Movie Maker 制作视频广告这一类型的内容时，教师可以在课前导入阶段给学生展示一些制作精美的作品案例，达到吸引学生学习兴趣的效果 ②在学习数字化工具的操作知识时，教师的操作示范可以让学生更快地掌握新工具的使用。许多数字化工具的操作和功能都是相似的，教师提供的示范支架有助于学生举一反三，达到知识的迁移

（续上表）

支架类型	定位	具体应用
问题支架	教师在教学过程中提供问题支架，通过提出各种问题，让学生进行思考。问题的设计要符合学生的现有的认知结构及能力水平，适当的问题可以激发学生的学习动力，促进学生思考，在自主探究与小组讨论的过程中得出问题的答案，加深对知识的印象，并且总结出解决问题的过程、方法与规律	在讲解 Photoshop 的抠图功能时，为了让学生明确各种套索工具与魔棒工具间的功能差异，教师可以通过逐层提问引导学生去分析：观察到的抠图效果如何？套索工具和魔棒工具的区别是什么？什么时候使用魔棒工具，什么时候使用套索工具？教师通过由浅入深的提问，逐步引导学生分析工具的使用，理解抠图工具的原理，进而在以后面临相同问题时可以自主判断如何选取工具
建议支架	建议支架更为直接地为学生提供学习帮助。在学生自主探究的过程中，长时间没能寻求到解决方法，则会对接下来的学习造成阻碍。建议支架的作用更多的是帮助学生降低难度，快速掌握知识。但是这种支架并不是越多越好，过多的建议支架会使学生形成学习依赖，变成传统教学下的灌输学习	在使用 Photoshop 绘制卡通形象时，很多同学在绘制梯形形状时遇到困难，教师可以建议学生先使用多边形绘制工具绘制四边形，然后再使用编辑工具将长方形调整成多边形；绘制弧线形状时，可以先绘制椭圆形，再使用橡皮擦工具将多余的部分擦除成弧线形状；在学习图层叠加时建议学生尽量对每个图层都重命名，以免在修改图层时图层混乱，操作麻烦
图表支架	图表支架是在教学过程中，利用表格或视图的形式，将信息通过可视化的方式传递给学生，是各个教学科目都适用且常见的支架类型	学习使用 Photoshop 制作图像这一章节时，具体的操作工具多、操作步骤多、课时间隔长，在最后一课综合运用 Photoshop 知识进行创作时，学生往往存在知识遗忘的现象。为了能够让学生更快更好地进行作品创作，教师带领同学绘制本章学习内容的概念图

2. 案例分析与反思

本案例设计了四类学习支架，学生的学习兴趣得到显著提高，课堂气氛变得更加活跃，支架式教学改善了学生课堂学习效果，学生从被动接受知识到主动获取知识，在协作学习、探究活动的过程中增强学习的积极性；教师由课堂教学的主导者变为学生学习的观察者，辅助学生完成探究学习，促进学生建立学习自信心。在支架的设计和应用上，还有以下方面值得重点关注：

（1）支架式教学模式作为完整的教学活动设计，不仅仅是要注重支架的设计和应用，更应全面考虑搭建支架、进入情境、独立探索、协作学习、效果评价等基本环节。这就意味着，支架是其中的核心要素，但是支架必须融入教学设计的全过程，利用"支架"这个支撑点，撬起教学互动的两端，撬动整个课堂设计。

（2）支架式教学模式是否适用于所有的课程，显然需要通过教学实践来检验。支架最为可贵的是从学生"学"的角度，来指导和支持学生的学习，进而能够深度切入学生的个性化学习、探究学习和协作学习中。

（3）学习支架的设计和应用，应考虑各个方面的因素，根据具体的情况设计出恰当的形式。支架必须融入真实的情境中，促进学生之间的协作学习，利用多元化评价来反思和调整支架设计。

第7章 促进有效学习的工具与学习支持

促进有效学习的支持策略

7.1.1 什么是有效学习

在学生阶段我们都经历过这样的情况：在同一所学校的同一个班级，同一个老师授课，花费相同的时间，同学们的成绩却千差万别。为什么会出现这样的现象呢？除去一些客观因素外，学生自身的学习动力、学习方法、学习习惯是影响成绩高低的重要因素。面对信息化背景下信息量持续增长的现状，劳而无功的现象时有发生，因此，研究如何进行有效学习具有重要的理论和现实意义。

对有效学习的研究在国外始于 20 世纪 30 年代，而在国内起步相对较晚。学界对有效学习概念的界定始终处于变化和发展中，国内外学者尝试从学习过程、学习结果、学习层次、学习发生条件或学习环境等不同的角度给其下定义，但尚未达成一致的看法。作为一个研究教与学的跨学科领域，"学习科学"（learning sciences）对具有工业时代烙印的"授受主义教学"（instructionism）进行了批判和反思，有效学习的关注点也由此从"有效教"向"有效学"转移，从知识传递观向知识建构观转移。随着信息化时代到来，信息技术在教学中的应用逐渐从边缘式走向内核式，信息技术被纳入有效学习的范畴。

"有效学习"并不是一个严格的学术术语，它是相对于低效学习和无效学习而言的。在正式学习环境（如课堂教学）下，它是指学生在教师的指导下，应用恰当的学习策略对学习内容进行主动加工，在一定时间内完成学习任务、达成学习目标、获得自身发展的过程。而在非正式学习环境（比如远程学习、在线学习）中，未必有教师的直接指导，完成任务的形式也不一定是对学习内容的直接加工；另外，一次具体的学习任务也未必能让学习者获得明显的自身发展。因此，我们将有效学习定义为"学习者在预期的时间内完成学习任务，达到学习目标的过程"。有效学习是指学生积极参与并高效率地获得新知识、提高能力和培养情感，在多方面取得进步的学习活动。有效学习的核心是学生的学习效益和发展进步的程度，标志是学生学会学习，养成良好的学习方法和习惯，具有丰富的情感。所谓有效学习，应该是学生积极主动地去学习、探求和感知，学生越主动效果越好，这个过程越短，花费的时间越少，学习就越有效。傅钢善、佟海静将有效学习界定为：学习者以先前知识、经验为基础，科学地规范学习过程，应用恰当的学习策略对知识进行积极主动的建构，在一定时间内完成学习任务，达到预期学习的目标，且行为、能力和心理倾向得到改善的过程。其深层次内涵主要体现在以下三方面：一是学习准备有效，即具备一定的知识、经验基础；二是学习过程有效，即学习过程科学、学习方法恰当、学习路径合理；三是学习结果有效，即意义建构科学、知识技能得以提升、情感态度与价值观得以改善。廖宏建、刘外喜在基于 MOOC 质量危机和 SPOC（Small Private Online Course，小规模限制性在线课程）价值诉求这一特定语境，将 SPOC 有效学习的概念界定为：学生作为学习主体，在线上与线下相结合的学习情境中，能有效地运用信息技术认知工具、多样化的学习策略对学习资源进行提炼和转化，实现深度、理解、有意义的学习，从而更高效地完成学习任务，达成全面学习的目标，使自身获得发展的过程。韩璐对当前的有效学习概念进行了重新界定，即在特定的网络学习环境下，加之相应的有效学习方法，从问题化学习的角度入手，依托于各种相关技术手段，学生基于自身的认识方法以及策略进行学习经验再造，以强化自身对知识的认识与理解，并促进自身学习迁移能力以及实践水平的提高，获得相较于实践投入来说更优的学习效果，进而达到学会学习的目的，并养成终身学习的良好习惯。

7.1.2　影响有效学习的因素

黄荣怀等学者提出了有效学习活动的五个条件：以真实问题为起点，以学习兴趣/意愿为动力，以学习活动的体验为外显行为，以分析性思考为内隐行为，以指导、反馈为外部支持。陈明选、陈舒将信息化环境下影响大学生有效学习的主要因素概括为以下三点：学习内容的选择、组织、呈现与评估，学生的学习观与学习方法，教学环境的设计与实现。教师的评估以及对学习内容的选择，决定了学生采取何种方式学习以及学习的侧重点；学生的学习观则是其自身对学习内容等的潜在认识，学习方法介于学习观和学习结果之间，并体现在具体的学习过程中；教学环境则比较容易理解，有些学生在教室的学习效率明显高于在家或宿舍里，而有些学生则相反，此外，在有无老师或同学的环境中学生的学习效率也有差异，这是环境或氛围产生的影响。杨勇（2014）在其研究中将影响学生有效学习的因素分为两类，即外在因素和内在因素。外在因素包括学生的社会背景、家庭环境、学校和教师的影响，其中教师的教学策略是学生学习内化过程的催化剂。同时必须强调，教学策略的研究又直接受到学习的内在因素制约，包括：学生已有的知识和能力；学习技巧、学习速度、自我检测等；思维的发展、感知，以及理解教材、独立分析和解决问题的能力等；学习态度、学习意志与毅力等；生理性要素，如对学习时间节律的偏爱，对视、听、动感知通道的偏爱等。

已有研究显示，网络环境下有效学习的学习结果包括知识的获得、技能的提升、情感态度的改善以及创造力的培养等。因此，网络环境下的有效学习是一种有效果、有效率、有效益的学习。傅钢善、佟海静将网络环境下学习者的重要心理特征、行为特征以及学习效果特征作为网络环境下有效学习的构成要素。学习动机的有效激发是实现有效学习的前提，存在个体差异的学生对学习内容有较好的适应性是实现有效学习的前提条件，好的学习质量是实现有效学习的保障，学习时间越长则是越好地实现有效学习的表现。

7.1.3 促进有效学习的支持策略

有效学习有助于推进课程改革，对促进学生发展、提高教育质量有着重要作用。通过解读有效学习的内涵并探究影响有效学习的因素，可分析提炼出促进有效学习的支持策略，促成学习者最优化学习效果的达成。

陈明选、陈舒提出如下三条支持策略：以理解为目标实现教学设计与教学过程的转型；引导学生建立正确的学习观，掌握深度学习的方法；设计开发促进意义生成的教学环境。杨显东在论述信息化环境下有效学习应关注的问题时谈到，要不断提高学习者的信息技术素养，注重对学习者信息化学习方式的指导，运用信息技术手段促进有效学习，要求教师与学习者转变传统的角色。特伦兹尼（Patrick T. Terenzini）及赵炬明在研究了"大学如何影响学生 40 年"，回顾了自 1970 年以来发表的 7 000 多项研究成果后，提出了促进学生有效学习和发展主要包括 6 个基本特征的工作指南：适度挑战学生、让学生积极应对挑战、提供支持性环境、鼓励积极的真实性学习、有他人参与、倡导积极反思。

笔者认为，促进有效学习应从以下几个方面着手：第一，提高学生的基础知识与基本能力，为后续学习提供基本的能力保障；第二，注重学生情感和态度的培养，有助于学生形成良好的学习习惯；第三，教师要实现教学价值观的转变，关注学生的整体发展，不应只关注成绩，应注重培养学生的学习兴趣，进而增强学习动力；第四，教师作为学生学习的重要外部条件，应不断提高自身素养和道德修养，提升自身知识水平和教学水平；第五，重视学生批判性思维及独立思考能力的培养，增强学习者的自我认同感和成就感。

7.2 认知工具

认知是指人类通过心理活动对客观事物形成一种概念和判断，从而获取和应用知识的一个过程，也是人类通过感觉感官认识客观世界所进行的信息加工活动，它主要包括感觉、知觉、想象、思维和记忆等。在认知心理学理论下，人类的大脑可以看作一个负责信息接收和处理的系统，不仅可以储存外界信息，还可以对认知信息进行加工和编码，把大量的客观物体转换为多种具体的信息保存在大脑中，并在需要的时候从大脑中提取出来为己所用，形成一个信息输入、加工和提取的信息处理系统。

而认知工具又是什么呢？认知工具对学习产生了什么作用？

7.2.1 认知工具是什么

认知工具这个概念的提出使得教育技术有了一个很重要的转变，引领我们思考如何利用技术来帮助学生更有效地思考、更有效地认知，而不仅仅是用技术来帮助教师"教"，也不仅仅是从计算机学习（learn from computer），而是用计算机学习（learn with computer）。根据乔纳森在 1999 年对认知工具的定义，认知工具是以计算机为基础的，用于帮助学习者发展批判性思维与高阶思维的工具或学习环境。德里（Derry）在 1990 年将认知工具定义为一种支持、指引、扩充使用者思维过程的心智模式和计算机设备。顾清红认为，认知工具是能够促进认知处理的工具，支持学习过程中的认知处理，不同于常规、针对特定任务的工具。另外，教学设计专家杨开城的观点也有所不同，他认为认知工具是帮助学习者发展各种思维能力的工具，从信息加工的方面对思维过程进行模仿，帮助学习者利用适当的信息处理及知识建构的方法，对新的内容建构出自己的知识体系。他认为这不但有助于具体知识的学习，还有助于一般的技能及策略的学习。

其实，笔者认为在传统意义上，技术应用只是作为一种媒介来进行知识的传递，在教学中更多充当的是教师"教"的工具，所以能够做到把知识"固化"在该技术里，学习者就是通过这种技术来进行互动的，这种互动就是对固化在技术里的信息进行合理化的解释，这就印证了乔纳森的观点。

由此可见，认知工具在其外部的、基于计算机的工具或环境中，表现为具体的计算机学习程序。但区别于一般的计算机学习程序，认知工具更强调学生认知活动的分析与认知工具的融合，能够更好地拓展学习者的思维。

7.2.2 认知工具的功能

使用认知工具，最重要的就是让工具与认知过程紧密结合起来，因此了解认知工具的功能是有效学习的重要前提。认知工具的功能如下：

（1）认知工具可以将学习者要学习的基础知识和拓展信息嵌入工具数据库中，给学习者传递知识与相关信息。这样可以在一定程度上提高学习者学习和获取信息的效率，同时还能够利用信息技术手段来支持学习者的训练和练习，通过技术手段来提高学习效率。

（2）在学习者学习和认知的过程中，认知工具可以帮助学习者进行知识建构，使其在学习的时候更好地理清学习的内容和思路，能够更好地以可视化的方式呈现思维活动，同时还能够帮助学习者更好地建立新旧知识之间的联系，帮助学习者更好地解决实际问题，从而促进学习者更有效地学习。

（3）认知工具可以给学习者提供所需要的信息，可以减少步骤，使学习者更便捷地获取信息。并且认知工具可以对相关的知识内容进行整合、比较，更好地帮助学习者提炼分析信息中的重点以及建立信息间的联系，帮助学习者在建构中学习。

（4）认知工具可以对真实世界的问题或者情境进行模拟，使学习者能够更好地寻找解决实际问题的办法，从而进行更有效的学习和知识建构。同时，认知工具可以展示出其他人的观点和意见等信息，这样学习者可以在学习的过程中进行更多的参考和比较。

（5）认知工具可以支持学习者在对话中进行学习。在学习过程中，认知工具可以支持学习者与他人进行合作交流，以及利用工具进行讨论等，使得学习者通过与学习伙伴的交流更高效地建构知识，同时帮助每一个参与其中的学习者更好地学习。

（6）认知工具能够帮助学习者在学习过程中进行反思。反思是学习过程中的重要环节，认知工具能够做到将学习者的观点等清晰地表达呈现出来，还能够促进知识的迁移学习。学习者在学习过程中做好了反思，认知工具就能起到事半功倍的效果，从而达成高效学习的目标。

7.2.3 信息技术作为认知工具的重要性

信息技术是指利用电子计算机和现代通信手段实现获取信息、传递信息、存储信息、处理信息、显示信息、分配信息等的相关技术。在短短几十年间，信息技术发展迅速，为人类科技的发展、生活水平的提高作出了巨大贡献。信息技术是帮助学习者获取和处理信息必不可少的工具，现代信息技术为教育的发展创造了有利的条件，这就使得信息技术成为教学过程中认知工具的重要组成部分。

信息技术要充分有效地促进学习者有效学习，必须有力地发挥其作为认知工具的作用。乔纳森认为，所谓认知工具（cognitive tools）是帮助学习者进行认知处理的计算机技术支持，即指各种帮助学习者表征已有知识结构、组织新知识、用于解决问题的工具，包括发展批判性思维、创造性思维和综合思维能力的软件系统，如数据库、电子报表、语义网络、专家系统、多媒体建构工具、微世界、动态建模工具、视图化工具和计算机会议系统等。信息技术作为认知工具可以分为很多类，乔纳森将信息技术认知工具分为信息解释工具、语义组织工具、交流合作工具和知识建构工具。其实这些分类都是基于认知工具这一大范畴的，因此也说明了信息技术在认知工具中的重要性，能够充分发挥信息技术作为学习工具特别是认知工具的作用，是促进学习者有效学习的重要手段。

信息技术作为认知工具对促进学习者高阶思维能力发展的意义是多方面的：信息技术的使用有利于学习者认知技能的培养、发展和习得，在使用计算机软件帮助进行写作、绘图、计算、编程、设计的过程中学习者的能力得到拓展；信息技术作为一种认知工具，有助于学习者反思所知结果和求知过程，建构知识；有效支持协作学习可以作为组织观点和过程的有效设计和分析工具；信息技术在学习中可以表征观念的深层复杂性，拓宽学习者看问题的视角；同时也有利于学习者理解和思考现实世界中存在的问题，培养学习者的创新和实践能力。

7.2.4 如何运用认知工具进行有效学习

认知工具之所以能有效促进学习者高阶思维能力的发展，是因为学习者在使用信息技术作为认知工具时角色和学习性质发生了变化。教育的目的之一就是帮助学生掌握必要的认知工具，在这样的前提之下，学生才能够进行创造性的思考，达到有效学习的目的。

教师在日常教学中可以使用电子表格、互动软件、多媒体软件和思维可视化软件等，根据教学的需要选择合适的认知工具进行教学，促进学生的理解、反思，从而实现有效学习。目前，学习者运用认知工具进行学习活动的主要形式有：建构数据库、建构语义网络、使用视觉化工具、探索微世界、建构专家系统、用动态建模工具表征思维模型等，可以在此基础上探索到更多的有效学习方式。

要如何运用认知工具中最重要的信息技术来促进学习者进行有效学习呢？第一，要想成为知识建构过程中的积极参与者，以及更好地完成学习目标和任务，就应该使信息技术成为学生获取和分析信息的工具，让学习者积极主动地获取材料、信息。第二，要使信息技术成为学生整理和运用信息的工具。在现代社会中，学习者拥有来自众多渠道的大量的信息资源，在教学过程中教师应教会学生如何利用信息技术对信息资源进行归类和整理，从而提高学习效率。第三，要使信息技术成为学生个别认知的工具。因为信息技术提供的是一个开放性的交流、实践平台，教师可以通过信息技术给学生提供一个网络平台，针对个别学生进行辅导教学，这样的个别化教学策略能够更好地促进个别认知的形成，发挥学生的主动性。

总的说来，学习者实际上是认知工具的设计者。首先，在学习过程中学习者需要分析现象、获取信息、解释和组织个人知识结构，并将其清晰地陈述出来，同时还要反思自己的学习，反思知识获得和应用的过程。认知工具同时也能成为思维建构的阶梯，使学习者学会某种思维过程并表达出来，从而达到深刻理解学习、有效学习的目的。其次，使用认知工具时需要学习者投入的是高阶思维，如评价信息、分析信息、贯通观点、产生新知识和运用复杂思维解决问题或表征知识。再次，在使用认知工具进行学习时，学习的成本效益较为理想。认知工具能够恰当地分配认知处理，帮助学习者超越心智能力的局限，如记忆、思维或问题求解等。最后，学习者在使用认知工具时是用可视化的方式来思考世界的，如语义网络能表征复杂观点的关系，促进学习者对所学内容达到更丰富的理解等，从而实现有效学习。

7.3 学习支持技术

时代的教育目标正在发生变化，信息技术在教育领域的广泛应用，对教育理念、模式和走向都产生着革命性影响。学校和教育机构不再是封闭的社会单元，而是通过网络汇聚作用，形成集体聚变的节点；也不再是静态知识的仓储空间，而是开放的、流动的、社会性的、分布的、连接的智慧认知网络与个性化发展空间，从而形成虚实跨界融合的生态环境，通过网络连接全球性社会，连接人们的学习、生活、工作与未来。

习近平总书记在给国际教育信息化大会的贺信中提到："当今世界，科技进步日新月异，互联网、云计算、大数据等现代信息技术深刻改变着人类的思维、生产、生活、学习方式，深刻展示了世界发展的前景。因应信息技术的发展，推动教育变革和创新，构建网络化、数字化、个性化、终身化的教育体系，建设'人人皆学、处处能学、时时可学'的学习型社会，培养大批创新人才，是人类共同面临的重大课题。……人才决定未来，教育成就梦想。中国愿同世界各国一道，开拓更加广阔的国际交流合作平台，积极推动信息技术与教育融合创新发展，共同探索教育可持续发展之路，共同开创人类更加美好的未来！"[①]

7.3.1 技术支持学习的概念界定

技术支持学习是指人们使用技术来促进学习目标的达成，即学习者在使

---

① 习近平致国际教育信息化大会的贺信［EB/OL］.［2015 – 05 – 23］. http：//www. xinhuanet. com/politics/2015 – 05/23/c_1115383959. htm.

用技术的情境下进行学习。技术支持学习的重点是学习情境，如在计算机或互联网的帮助下创建学习经验。现代社会，互联网已经成为学校课程实施的重要场所，也出现了大量线上学习课程、多媒体教学模式，这些都是数字化学习的形式，即通过计算机开展学习。

在一定程度上，几乎所有的学习都会涉及技术支持，那么新技术的改革便成为技术支持学习发展的重中之重。迈耶（Meier）认为，并没有多少可靠的证据可以表明，新技术的改革潜力已经被令人信服的研究所证实。对于这一观点，最明显的例子就是，相比"以学习为中心"的取向，"以技术为中心"的取向并没有受到更多的追随。一个有关人们如何使用技术支持学习的令人信服的理论，应该遵循三个重要的原则：一是个体分别通过听觉和视觉处理信息的双通道原则；二是人一次只能处理少量的声音或图像的有限容量原则；三是有意义的学习依赖于投入适合的认知过程的主动加工原则。在这三大原则基础之上，对技术支持学习的解释以及应用都能够更好地证明使用技术支持学习能够帮助学习者进行认知加工，而不会使他们的认知系统过载，在一定程度上还能够减少多余的处理内容，管理必要的处理程序，促进生成性加工。许多观点认为新技术具有改变世界各地的教育和培训的潜力，但很少有证据来证实这些观点，通过严格的科学研究来证实的就更少了。那么，本节的目的便是介绍技术支持学习的概念，以及探讨技术支持情况下，学习科学和教学科学是如何进行的。

7.3.2 技术支持学习的学习情境及类型

学习情境是指对一个或一系列学习事件或学习活动的综合描述，而综合描述一个学习情境是需要学习时间、学习地点、学习伙伴和学习活动这四个要素的。那么，技术支持学习之下的学习情境，简单来说就是在技术支持下学习活动发生的时间、地点、人物和事件。

首先，学习活动是学习情境的第一个要素，它是指为完成特定学习目标而进行的师生操作的总和。任何学习都是发生在一定的学习情境之中的。对于学习者来说，学习活动即学习内容；而对于教师来说，学习活动就是由学习目标、学习任务、学习方式方法以及教学步骤、组织形式、交互方式、学习成果呈现的形式、学习评价标准等众多成分组成的一个整体。而从学生和教师共同关心的内容来看，学习活动应包含学习任务、学习方法与评价要求这三个最基本的组成要素。在某些特定的语境中学习活动也可以作为学习情境。其次，在学习活动这一概念基础上，对于技术支持的学习活动，其概念界定应该侧重于学习地点和学习时间。对于技术支持下的网络教育，学习者在专门设置的地点进行学习的，其地点以及时间是否固定，在学习情境中都是值得研究的。再次，对于网络教育、远程教育来说，学习者很难找到同类型的学习伙伴，这也是技术支持学习中需要考虑的重要因素之一。

格雷泽（Glazer）和他的同事们提出了十种类型的技术支持学习的学习环境，包括计算机辅助教学、多媒体、互动式模拟、超文本和超媒体、智能教学系统、探究式信息检索、动画教学助手、配备助手的虚拟环境、教学游戏、计算机支持的合作学习等。

7.3.3 技术支持学习的学习方法

技术支持学习主要包括两种学习方法，一是以技术为中心的学习方法，二是以学习者为中心的学习方法，这两种学习方法存在着很大的区别。

以技术为中心的学习方法重点强调的是通过尖端技术，在教育中使用技术，其关注点是技术能够做什么，能够为教学目标的达成起到什么样的作用，其角色就是提供参与教学的机会。在 20 世纪，技术支持学习本具有巨大的发展前景，但是在学校实践中屡试屡败。例如，在 20 世纪三四十年代，尖端的教育技术是无线电，甚至被吹捧为"把世界带到课堂中"的手段，预测"便携式无线电接收机在课堂上将和黑板一样普遍"。但是，在实际教育中，无线电从来没有被广泛接受和发展。20 世纪 50 年代出现的教育电视以及后来的计算机辅助的程序教学等新技术也都没能产生很大的影响。直到 20 世纪晚期，信息技术才作为一种尖端的教育技术，使教育方面产生了巨大的变化。那么，为什么以技术为中心的技术支持学习很难有重大突破呢？原因就在于以技术为中心的技术支持学习没有考虑学习者，而且以技术为中心的学习方法是假定由学习者和教师去适应新技术，而不是新技术去适应学习者和教师。

反之，以学习者为中心的学习方法关注点是人脑是如何运作的，它扮演的角色是辅助人类更好地进行学习，其目标是通过改进技术来促进学习。这一方法是在技术支持的基础上关注人们是如何学习和如何看待技术的，将技术看作人类学习的助手，即认为技术应适应学习者和教师的需求。当我们探索将计算机和信息技术融合于 21 世纪教育的方式时，塞特勒（Saettler）的观点是很值得我们参考的："技术预测专家所犯的最常见的错误是很少或根本没有参考过去就去预测未来。"

7.3.4 技术对个性化学习的支持

《国家中长期教育改革和发展规划纲要（2010—2020 年）》指出："信息技术对教育发展具有革命性影响，必须予以高度重视。""关注学生不同特点和个性差异，发展每一个学生的优势潜能。"随着信息技术的普及以及教育教学的变革，21 世纪的学习变得更加多元化、可视化，随之也呈现出以学习者为中心、以媒体驱动为支点、以设计为导向的特征。随着教育大数据、学习分析技术以及各种形式的移动学习终端及泛在学习环境的出现，个性化学习也愈来愈引人注目，并被提到了一个新的高度。

个性化学习，又称为适应性学习。适应性学习系统是针对学习者个体在学习过程中的差异性而提供适合个体特征的学习支持系统，即一种支持个性化学习的在线学习环境，能够针对个体在学习过程中的差异性而提供适合个体特征的学习支持，包括个性化的学习资源、学习过程和学习策略等。纵观国内外研究者有关个性化学习方面的研究发现，个性化学习的实施以学习者差异为基础，强调学习过程要针对学生的个性特点和发展潜能，将学习目标个性化、学习内容个性化，开展个性化学习活动，提供个性化学习环境、工具、平台及资源支持，同时开展多种形式的个性化学习评价，以实现创新型人才的培养。

技术的发展及其在教育教学领域中的应用，将引起教学方式和学习方式的变革。信息技术的迅速发展及其在教育教学领域中的应用，为个性化学习的实施提供了有效的支持。例如智能终端技术、无线互联技术、云计算技术、人机交互技术、大数据、学习分析技术、物联网技术等新型技术，有助于营造一个师生互动、生生互动、人机互动、资源共享的新型教学和学习环境，可以更好地实现目标、内容、活动（路径）、评价、资源、环境等要素的个性化，并逐步推动个性化学习向常态化学习发展。因此，课堂教学中，教师需要合理选择和使用适当的技术和资源，以为学生提供丰富的学习机会和个性化的学习体验。

近年来随着大数据、云计算、移动互联等信息技术的迅速发展，以及"互联网＋"所倡导的开放、共享、创新、协调、绿色等理念的涌现，教育领域发生了深刻的变革。将"互联网＋"应用于教育，需要构建教育发展的新理念和新环境，推动传统教育向精细化、多样化、个性化的方向发展，以开拓教育发展的新方向。互联网技术为教育的创新发展提供了巨大潜能，教育需要互联网思维，需要尊重每位学生的个性化特点，利用技术支持学生的差异化学习，进而实现每一位学生的全面发展。

英国培生集团于2019年组织了一次"全球学习者调查"，调查覆盖19个国家，10 000余名16~70岁的学习者在线参加了问卷调查。调查发现：世界各地的学习者仍然对教育抱有很大的信心。但是，他们获得教育的方式正在改变，他们不再完全依赖于传统的教育机构，而是更愿意对自身教育采取"DIY"的方式。调查发现以下主要趋势[①]：

（1）"自助式"学习的理念正在重塑教育。

调查发现，一种"自助式"（do-it-yourself）的观念正在重塑教育。人们相信学习将越来越多地成为自助式服务，尤其是当他们走上工作岗位需要知识更新时，这意味着混合式、组合式、多元化和个性化的学习模式将成为越来越多人的选择。

（2）终身学习已成现实。

调查表明，终身学习不再是一种理念，它已成现实。随着知识经济的到来，传统单一的职业路径已经过时。学习者需要的是能够适应不断变化的工

---

① 全球教育变革：皮尔森全球学习者调查［EB/OL］．［2021－01－22］．http：//www.360doc.com/content/21/0122/13/73490330_958308968.shtml.

作环境的教育，这就意味着他们将不断地学习，而且碎片式的学习将成为主流，通常是工作驱动和变革变动下的学习。

（3）数码和虚拟学习将成为新常态。

大多数受访者认为，人工智能（AI）和其他技术创新可以让学习变得更有吸引力。数码和虚拟学习的另一个好处是让学习变得更加经济、便捷、容易，学习的边界得到了进一步拓展和延伸，而不再局限于学校。

因此，在经历全球经济大变局和后疫情时代之后，教育行业和教育机构也不可避免地面临着变革重组，以期适应科技、市场、社会的变化，适应教师、家长、学生的需求。因此，如何构建一个开放式、个性化的在线教育学习环境，并与全球联动，进而连通为一个更为广泛的教育生态系统，以满足全球学习者的学习需求，是教育机构研究者、政府部门、企业等的思考聚焦点。人们通过倾听和关注学习者的声音，帮助全球新经济增长，共同实现进步，实现全球学习者的目标愿景。

7.3.5 如何使用技术支持学习

为了在教育中有效地使用技术，应该立足教育实践，了解人们是如何学习的。在探究如何使用技术支持学习之前，应先了解学习是什么。学习是由学习者的经验引起的学习者知识的长期持久的变化，这一定义包括了三部分内容：首先，学习是学习者长期的变化；其次，学习者的知识发生了变化；最后，变化的原因是学习经验的获得。

在一定程度上，几乎所有的学习都会涉及技术支持，即在技术支持的条件和学习情境下创建学习经验，达成学习目标。使用技术支持学习强调了三大原则：一是双通道原则，人有分别处理语言和视觉材料的单独通道；二是容量受限原则，每个通道在任一实践只能处理少量的材料；三是积极加工原则，当学习者在学习中进行适当的认知加工，如将相关材料组织成一个关联的表征，并将它与先前的知识相整合时，有意义的学习将会发生。在使用技术支持学习时，涉及最多的就是多媒体技术支持下的学习，学习者在学习情境中具有一个认知过程。首先，选择相关的语言或图像，将感觉记忆的信息传递到工作记忆；然后进行组织，选择语言和图像组成连贯的心理表征，这一步是为了操控工作记忆中的信息；最后是整合，将语言、图像以及先前的知识联系起来，整合的这一步是为了使长时记忆向工作记忆进行知识转移。

在使用技术支持学习时一定要遵循技术促进学习的五大定律：①技术支持下数字化学习资源需要满足内容必需、难度适中、结构合理、媒体适当、导航清晰这五个基本条件，只有在这样的基础上，技术促进学习才能够达到学习者主动有效学习以及充分利用数字化资源的目的。②技术支持学习所提供的虚拟学习环境需要满足群体归属感、个体成就感、情感认同感这三个基本条件，这样才能够使学习者即使在一个虚拟学习环境中也能像在教室环境中那样进行交流学习，越贴近现实的学习环境，就越能够更好地提高技术支持学习的效率。③技术支持下的学习管理系统需要满足过程耦合、绩效提升、数据可信、习惯养成这四个基本条件，这样才能对学习过程进行更加有效的管理。④技术支持学习的学习者不能够清晰地理解课程资源、学习支撑平台、管理信息系统等的设计意图的设计通常来说都是失败的，一般可以采用"隐喻"和"常识"、简要明了的文档，以及统一标识和必要的宣传这三条途径来更好地让学习者理解技术支持学习的设计意图。⑤无论是远程的还是现场的，学习者在学习遇到困难时不一定会向老师求教，那么这样的技术支持学习往往达不到有效学习的目标。一般满足适当的外部压力、教师的亲切感、及时有效的反馈这三个必要的条件，就能够使学习者更加信任教师，在遇到学习困难时能够主动向老师求教。

7.3.6　技术支持的碎片化学习

所谓"碎片化"，原指完整的东西分成许多零散的部分。碎片化学习，在移动互联网时代，主要包括两层含义，一是网络媒介的便捷性、网络资源的丰富性以及学习者学习方式的随意性，使学习者获取的知识碎片化；二是指学习者利用零碎的时间，进行短暂的学习，从而导致获取的知识碎片化。目前，关于"碎片化学习"这一概念，学术界尚没有明确的定义，但在网络教育、移动学习等领域的研究中它经常被提及，是当今社会的一种新型学习方式。碎片化的社会生活对学习的影响主要表现在以下三个方面：

（1）学习时间的碎片化。碎片化时间是指日常工作、学习之余闲散的、零碎的，不宜做深度思考的时间。这些时间虽短，但很适合进行手机阅读，浏览、编写微博，玩游戏等。这种碎片化学习时间往往具有随机性、零散性、随意性、个体性和差异性等特征，不具备固定性和时段性，不足以用来进行一次具体的活动或完成一项具体的事情，但很适合使用手机或其他移动电子信息终端进行零散的碎片化学习。

（2）知识的碎片化。知识的碎片化是相对于知识的系统化而言的。在学习过程中，所接触的知识媒介除传统的纸质媒体以外，更多的是以网络数字化信息形式存在的，如一个符号、一张图片、一段视频、一个表情等。网络数字化知识大多具有碎片化、微型化的缺点，很难做到完整、全面；但它具有快捷地、及时地通过移动学习工具、网络搜索等渠道获取知识的明显优势。只要学生对碎片化的知识进行合理、及时、有效的加工，就可以达到完成学习任务的目的。

（3）学习空间的碎片化。碎片化学习具有学习时空泛在化的特点，零散地分布于日常生活和工作中的任何时间里。碎片化学习的学习场所广泛，不受时空的约束，学生的学习场所不再仅仅局限于传统的课堂教学或正规的讲座、报告、培训。他们的学习日益表现为碎片化与非正式化，是一种零散地分布于日常生活与工作中每时每刻、无处不在的学习。

当今，人类已由工业社会迈进信息社会。信息技术已全面渗透到经济社会发展的方方面面，给各行业带来了巨大的改变，对大众的生活和学习方式产生了重大影响。新媒体是在科技信息技术迅猛发展的大背景下，在技术支撑体系下产生的一种新型媒体形态。新媒体环境是相对于传统媒体形成的新的大众传播环境，它以互联网为基础，打破了时间与空间的限制。《国家中长期教育改革和发展规划纲要（2010—2020 年)》指出："信息技术对教育发展具有革命性影响，必须予以高度重视。"教育部发布的《教育信息化十年发展规划（2011—2020 年)》也明确提到："以教育信息化带动教育现代化，破解制约我国教育发展的难题，促进教育的创新与变革，是加快从教育大国向教育强国迈进的重大战略抉择。"技术教育已渗透到教育的各个方面，互联网为教育提供了更丰富的学习资源、更便捷的学习环境。所以，学生学习的方式发生了巨大的改变，学习突破了时间和空间的界限，可以随时随地进行。基于这种改变，"碎片化"学习越来越成为一种趋势。

碎片化现象不仅将信息的接收者进行了细分，也使整个网络传播呈现出碎片化语境，引发受众个性化的信息需求。碎片化学习作为一种新型的学习模式，其优势在于更方便知识重构和知识创新。对于实现自主学习、提升学习效果，有其特殊的作用。随着互联网时代的发展，传统课堂讲授已无法满足更多的学习需求。基于互联网的微型学习正成为一种趋势，微课、MOOC等方式占据了越来越重要的位置，这些学习方式突破了传统学习的系统性，对学习行为以及学习效果产生了重要影响。

碎片化学习有助于提升学习者课程成绩和学习效率，同时也应该注意到，碎片化学习也有其局限性和特殊性。因此，应注意以下几点：

（1）新知识体系的构建。

碎片化时间内获取的知识是零散、无序和互不关联的碎片，单个的碎片知识其自身价值意义并不高，需要学习者对其"再加工"。"再加工"是碎片化知识向新知识体系转变的过程。如何将碎片化知识与已有的知识融合，建构新的知识体系，需要学习者把握碎片知识的整体性。整体性是对新知识体系的建设，新知识体系的建设是系统化思维的应用，只有在新知识体系架构中碎片知识才能体现其客观的价值所在。所以，在碎片化学习过程中，学习者利用新媒体挖掘碎片知识并对其进行整理、剔除、汲取、加工等，实现知识碎片到知识点的有意义的重组，并完成知识点向新知识体系转变的过程。在转化过程中，整理主要是完成对碎片知识的归类与管理，剔除主要是去掉对个体新知识体系建构无意义的知识碎片。在整理与剔除过程中，也要汲取新的知识作为补充。相对于知识碎片，知识点之间具有一定的关联性；但相对于知识体系，知识点之间又具有离散性。对于英语学习而言，这就要求学习者对自身的知识体系有一个较为明确的认知。

（2）内部环境的满足。

要改进课程教学设计和呈现方式。课程教学设计和呈现方式主要是指课程内容难易程度与学生认知水平是否相适应，内容设计是否能够激发学生的学习兴趣，网络学习平台内容资源是否能促进学生自主学习。在新媒体学习环境中，学生的自主学习愿望越强烈，那么学生与学习内容的交互也就更加频繁，这就需要合理的教学设计和呈现方法，利用网络平台学习系统吸引学生主动学习和探究。再加上网络自主学习不受时空的限制，学生的学习也更自由，可以实时进行。因此，教师可以为学生提供丰富的学习情境，充分调动学生的学习兴趣；为学生提供丰富的教学资源和信息，并对其及时进行更新。通过这些措施提升网络自主学习的效果和学生自主学习能力、合作学习能力以及综合实践能力。因此课程教学设计和呈现方式的改进是提升学生网络自主学习效果的有效途径。

要使学生进行有效的自主学习，教师就要进行合理的引导和指导。其中就包括教师引导学生根据自己的情况制定学习目标，并找到实现目标的有效途径。学生通过网络学习系统中的课程内容、辅导资源以及互动交流等，并结合自己的学习情况，选择适合自己的内容。通过系统的帮助，既能促进学习的主动性，又能让学习的信心得到增强。教师根据教学进度以及学生发展的需要，逐步让学生掌握独立学习的技巧，养成良好的学习习惯，可以提升网络自主学习的效率，加强学习的效果。

（3）外部环境的助推。

要加强对学生网络学习的管理，促进良好学习习惯的形成。互联网的不断发展，特别是智能手机的开发与运用，基本上对民众生活形成了全覆盖的局面。学生通过电脑和智能手机的使用，上网的时间更长，所受影响也更深刻。因此，如何规范和引导学生的网络行为非常重要。第一是学校要改善网络环境，为学生学习提供便利，特别是利用校园网或网络学习平台为学生提供有用的学习资源、辅助学生进行网络自主学习。第二是在净化网络环境的同时引入自主学习的资源和途径，把慕课、微课等学习方式介绍给学生，为学生的自主学习拓展渠道。也可以给学生推荐一些网络学习平台，便于大家一起进行专题的讨论和交流。加强对网络的管理，不仅是为了净化网络环境，其根本目的是管理和引导学生有效进行网络自主学习，提升学生学习的效果，并培养学生自主学习的习惯。

现代社会科学技术发展速度快，各领域知识更新快，碎片化学习是随时、随地利用新媒介技术的优势进行学习的一种学习方式。利用碎片时间提高学习效率，能够更好地适应社会与自我发展。移动互联网技术很好地满足了碎片化学习微小化、社会化、协作化、情境化和个性化的学习特点。小而简单的信息单元使得学习内容针对性更强，时间更灵活可控、学习者关注度更高、思考更加深入，也更便于在工作和生活中尝试。学习者可以根据知识内容的多少、重要性、个人掌握情况等灵活地安排学习时间。在轻松愉悦的短时碎片内容学习环境下，知识的吸收率也更高。与此同时也要认识到碎片化学习有其局限性和特殊性。碎片化学习对完成复杂的学习任务仍有困难，碎片化学习内容是分解之后的微型化、碎片化的资源，虽然相对简单且更容易被吸收，但是由于知识之间的联系被切断，缺乏逻辑性，无法形成完整的知识体系，这可能导致学习者思维认知结构的分散化和思考问题的局限性。

对目前的学生而言，碎片化学习更宜作为一种补充学习，最好是在完成系统化学习之后进行。碎片化学习虽然可以在移动端进行，但是学习的整合和回顾还是要通过电脑和笔记共同完成，以达到更好的效果。另外可用碎片化学习方式逐个击破系统学习后尚未消化的知识难点，并进行补充和拓展以巩固完善知识系统。希望随着科学技术的进一步发展，新型媒介技术使得碎片化学习的自主性、定制性更强，学习者通过碎片化时间可以完成系统的学习内容。

7.4 有效学习支持工具：思维导图

7.4.1 思维导图的由来

思维导图是一种能够给人们带来直观感受的工具，又称作"心智图"和"脑图"，同时也是一种比较新颖的思维模式。它是一种以人脑理论知识为基础，针对左右脑的不同能力，结合大脑自身皮层的功能，将发散性思维图示化、形象化的思维工具和学习辅助工具。这一思维工具可应用于信息处理，也可以对复杂问题的深入思考和表征信息的深入分析起到辅助性作用。通过利用词语、语音、图片等多种信息装载和表达的工具，学习者可以对碎片化知识进行有效和系统的整合，进而形成不同概念间的深层次逻辑关系，全面调动左脑的逻辑、文字、数字等的抽象化思维，以及右脑的图像、空间和整体感觉等的形象化思维，进而激发大脑的发散性和灵活性。思维导图这种新奇的学习方法，辅以强烈的视觉冲击效果，可以提高学习者的学习兴趣和学习效率，培养学习者的创新性和自主性思维，有助于深入学习。

思维导图最早由英国著名心理学家托尼·博赞（Tony Buzan）在20世纪60年代首次提出。1993年，托尼·博赞的《唤醒创造天才的10种方法》《思维导图：放射性思维》《大脑使用说明书》等二十本书陆续出版，他也因此获得"大脑先生"（Mr. Brain）的称呼，他创办的"世界记忆冠军协会"致力于帮助有学习障碍的人，因此他也拥有了全世界"最高创造力IQ"的头衔。国外教育界一般将思维导图称为"概念图"。概念图由美国康奈尔大学诺瓦克（Joseph D. Novak）博士发明，诺瓦克博士于20世纪60年代着手研究概念图技术并将其逐步应用于教学中。因此，本书不对思维导图与概念图作区分对待。

7.4.2 思维导图的理论基础

1. 理论基础：图式理论

建构主义认为学习者在学习新的知识或技能时，往往会根据自己日常学习中的相关经验，形成知识体系或知识网络，并在已有的知识体系中接受和储存新的知识。而图示理论是建构主义中的核心概念，它是以表征和储存为核心的方法论，是指学习者会根据某个主题或理论核心建立相应的知识体系，分类和加工信息。

思维导图以一个特定的中心词作为记忆或信息加工的起点和主题，在学习者不断学习的基础上不断扩展延伸形成自己固有的知识结构，它利用可视化的表征方式，形成了对图示理论的外显化。同时，在学习者原有的认知结构和思维模式与新接受的知识矛盾中促进新学知识的内化和转变，并融入固有的知识体系中，形成自身的经验。学习者在运用思维导图进行学习的时候，首先会习得一些基础性的、易于理解和记忆的知识，并形成一定的知识体系，然后学习者会顺应自己的思维模式对新学的知识进行重新编码和加工，将其融入原有的知识体系中。

2. 信息加工理论

学习者的学习过程是一个信息加工的过程，该过程是由不同的阶段组成的。当学习知识点繁多且分散，而且有很多抽象性的内容，不易于学习者记忆和理解的时候，为了避免学习过程中对知识点的混淆，首先，学习者会对所学的知识进行归纳和总结，通过"组块编码"的策略，把接收的信息组合成一个信息单位，从而在短时间内储存更多的信息。然后，学习者需要增加思维导图中的记忆线索，在思维导图绘制过程中，将新知识与旧知识的联系画在思维导图上，形成标志，方便信息提取，在回忆的阶段能增强信息提取的刺激。另外，即使在思维导图的基础上进行二次学习，学习者提取信息的时候也并不都是处于与初次学习时相同的情景，所以，学习者应该学会归纳总结，对所学知识进行概括迁移，把"短时记忆"应用到不同的情景之中，在与反应发生器多次联系后逐渐形成"长时记忆"。

3. 生理科学

（1）左右半脑。

人类的左半脑主要负责逻辑推理和阅读书写等功能，而右半脑主要负责颜色和想象等功能，具有较强的创新和记忆能力。左半脑会通过编码的形式将右半脑中形象的概念转化成抽象的符号。思维导图使用图示和颜色等记录抽象的知识和文字，使左右半脑的作用得到结合，充分发挥大脑整体的思维功能。

（2）视觉器官。

根据美国哈佛大学的资料，在人类接收的信息中，视觉感官接收信息的效率最高，接收效果最好，因此，通过可视化的表征方式进行学习格外重要，它能提高学习者的专注度，更易于学习者的理解和记忆。思维导图是通过图像等视觉刺激强烈的方式建立新旧知识点之间联系的可视化方式，具有重要的现实意义。

在 20 世纪 60 年代末，罗杰·斯佩里（Roger Sperry）教授通过实验证实了"左右脑分工理论"。该理论认为，正常人的大脑有左右两个半球，而两个半球的智力功能似乎有分开的可能：右半脑主要负责节奏、空间感、整体感觉、想象和色彩等功能；左半脑则主要负责逻辑、数字、顺序、分析等理性功能。罗杰·斯佩里教授关于人的大脑在语言、意识和思维等方面的研究，为人们了解大脑的功能提供了新的概念，也为思维导图的发展奠定了理论基础。

7.4.3 思维导图的特点

1. 思维导图的可视化

知识可视化的具体含义在国内翻译为"利用视觉表征改善两个或两个以上人之间知识的创造和传播的过程"。因此，知识的可视化是指通过视觉的表达方式来进行各种知识之间的传播，以及用图示的方式来构建复杂而形象的知识体系，以此研究知识创新和传播的视觉表征作用，以达到知识记忆和联系的效果。另外，视觉表征（visual representation）的含义是利用图像、线段、颜色等形象的符号来传达意象、表达观点、记录事实。汤筠冰指出，视觉表征是通过图片、影像等对各种概念附加意义，具有对符号和文化进行编码、解码的功能，即图像等符号作为信息载体在进行一定的组合和搭配后，可以对知识及知识体系进行重新编码和构建，从而达到知识可视化的作用——对知识的传播和创新。由此看来，知识可视化与视觉表征相辅相成，两者是结果与过程、手段与目标的关系。

通过思维导图，可以清晰、直观地看出知识的层次结构、了解知识的难易程度、理解所学知识的内容与范围，从而更好地建立较为完善的知识体系。在视觉化的冲击下，思维导图可以帮助学习者提高整体的学习效果，从而使学习者快速理解和掌握所学的知识以及进行相应的知识扩展与延伸，同时将个人记忆的效用发挥至更大的程度。学习者在利用思维导图这种工具时，可以将原本庞杂繁多而又枯燥无味的知识转化为更为生动形象的图形结构，使文字表达更加具有吸引力，进而激发自身学习与钻研的兴趣。而且，通过自行制作思维导图，学习者可以充分探索适合自己的学习方法和所学知识的内容和结构，建立有效的学习体系，从而更好地实现学习目标。

2. 思维导图的结构化

思维导图实际上是一种知识可视化的视觉表征手段，它可以效仿大脑的运作模式，将人类左半脑管理的理论、概念等抽象化的知识可视化，通过文字、图像等符号具象化，形成更易于右半脑接收和管理的具有空间感的、多彩的知识，充分调动左右半脑各自的功能，发挥大脑皮层的智能作用，图文并茂地将各类知识及各类知识间的联系呈现在网状的表格中，通过生动的图像刺激大脑皮层，增强学习者的记忆能力。

思维导图是一种从中心词开始的放射性思维结构。它首先将注意点集中在中央图形，尤其是中心词上，然后将主体的主要部分通过各自分支发散出去，同时不断联系各类相关事物，不断丰富主体的枝干，扩大知识广度。在各类分支中，比较重要的内容可以由一个突出的图形表现出来，也可以通过线条上的关键词构成，而相对不重要的内容细分领域则可以附在上一层次的分支上作为补充呈现。各分支通过一系列节点连接而成，最后形成一种有序的表现模式，即树状结构表现形式。

在思维导图的辅助下，学习者可以较好地理解知识间的联系，理清各部分的脉络，构建清晰的知识体系。汉语的相关知识十分庞杂，而且彼此的联系非常密切，需要学习者逐一厘清。而在思维导图的作用下，学习者能够通过思维导图建立起知识体系内部的关联，从宏观上掌握知识框架，又可以细致地认清网状分支上零碎的知识点，增强对学习的理解，对专业知识的可视化起到促进作用。在日常的学习中，思维导图有利于协同摸索知识的内在关联，恰当地构建知识体系。同时，学习者在复习中可以方便、快捷地回顾思维导图中呈现的知识点及知识体系，提高复习效率。

3. 思维导图是高效有序的"笔记"

学生在学习的时候，将所学知识绘制成思维导图，利用生动而有趣的图像分类记录各种知识，方便知识记忆和自我学习，在一定程度上排除了外界的干扰。思维导图符合人类的思维模式，可以有效发挥左右半脑的效用，由浅入深，把枯燥的知识通过形象的表现方式记录下来，以便于构建新知识与旧知识的联系，彼此结合，扩展知识结构，将孤立的知识融入整体的知识体系之中。同时，思维导图还能从客观上提高学习者的专注度，把学习者的注意力集中在重要的节点上，使学习者从宏观上把握知识框架，避免把时间浪费在不重要的知识点上，做到迅速整合新旧知识，促进思维的活跃与创新，从而进一步提高学习效率，提升学习效果。

思维导图还是一种高效的整理笔记的方法。在确定选题和查阅文献的过程中，若内容繁多，研究方向不明确，会导致信息量过大而无从下手。但思维导图具有发散思维的作用，在查阅文献资料时，学习者可以将自己关于该文献的观点与想法记录到思维导图中，明确文献的结构与各个结构的要点内容，加深对文章的理解和记忆，从而在重新阅读时，通过所列的框架更快地找到所需要的要点，有效地利用阅读后的材料，有助于日后的写作。同时，学习者也可以将各文献列在思维导图的枝干上，并将自己对该类问题的思考列在分支上，形成思维惯性，激发自己的联想与灵感，进而慢慢确定研究方向和论文题目。在确定好论文题目与方向后，还可以建立新的思维导图，自上而下对论文框架进行逐一的细分。如果所有细节内容都无法再进行细化，则论文框架建立初步完成。之后，学习者便可以对论文思维导图的内容进行详细的补充，完成论文的写作。

7.4.4　思维导图的教学应用

随着思维导图研究的深入和制作思维导图技法的逐渐完善，思维导图在教育领域中越来越受到重视。在国外，中小学教育改革实践项目中思维导图的应用已经进行得有声有色。在新加坡，思维导图已经广泛应用于各个学科的教学中，极大地提高了学生的理解能力和记忆能力。哈佛大学、伦敦政治经济学院等著名学府也正在使用思维导图进行教学。在新西兰，著名教育学家克里斯蒂·沃德（Christine Ward）在《友善用脑：加速学习新方法》一书中将最新的脑科研究成果应用于教学实践之中，并以人本主义思想为基础，以"教会学习"为理念，强调教师、学生、家长三方的互动，同时介绍了许多不同的制作思维导图的成功案例。将思维导图应用到教育教学中，其兼具两种实用价值。一方面，其可以通过自身特点的展示，让学习变得不再那么单一和枯燥，学习者能够迅速理解图中所展示的内容，并将知识结构与图形等交互联系，更方便学习；另一方面，其所具有的实际教学意义，能够帮助教学者掌握教学规律，在教学实际应用中起着关键的作用。

思维导图概念在 20 世纪 80 年代左右传入中国，之后珍妮特·沃斯（Jeannette Vos）的《学习的革命》中介绍了思维导图与用脑的相关概念，这颠覆了传统的学习观念和方法。后来，作家出版社于 2000 年出版了"大脑先生"托尼·博赞的智力丛书，包括《思维导图》一书，自此，思维导图开始应用于国内教学中，相关研究也逐步出现。

目前，国内关于思维导图的研究集中于教学应用和软件开发，特别是在中小学教育和外语教学中。在理科教学方面，2003 年齐伟老师在河北省唐山市开滦二中任教时撰写的《"思维导图"在物理教学中的应用探讨》一文在介绍思维导图和相关软件的同时，也阐述了其在物理教学中的应用，对思维导图在物理教学中的应用影响较大。南京师范大学的胡廷梅在 2010 年的《"思维导图"在初中化学教学中的应用》一文中将思维导图应用到化学教育中，至此，关于思维导图在理科，尤其是物理和化学等相关科目中运用的论文层出不穷。但是，思维导图应用在文科教学则相对较晚，比较系统的应用主要出现在英语和语文教学中，如：江苏省小学教师费珊琳在《思维导图小学英语教学中的应用》一文中，以译林牛津版英语五年级上册"Unit 4 Hobbies"为例，结合小学英语课堂教学的三大原则从确定知识主体、构建知识框架、细化知识内容、扩充知识网络四个方面阐述思维导图在小学英语教学中的具体应用；一线教师吉桂凤在《思维导图与小学英语教学》一书中，通过教学案例的形式，对思维导图在英语语篇、词句、综合板块及单元整体教学中的应用进行了教学设计；戴菊杰在《思维导图在中学英语阅读类教辅中应用的可行性分析》一文中，分析了图示理论指导下的思维导图在中学英语阅读教学中的作用以及在中学英语阅读类教辅中的应用；刘秋喜在《思维导图在大学英语阅读教学中的应用》中认为思维导图在阅读中的应用能够提高学生的阅读兴趣和阅读效率，强化大学英语课堂的教学成果，从而提高学生的阅读能力。

7.4.5 设计思维导图的注意事项

设计思维导图需要注意以下几个问题：

第一，建构主义认为，在学习中要确立学生的中心地位，老师是学生学习的合作者和促进者，思维导图的设计要建立以学生为主，老师为辅的模式。因此，学生在绘制和设计思维导图的过程中要以自己为主导，根据所学的知识和已有的知识体系对新知识进行加工和建构，补充自身的知识体系，不能过分依赖老师，但是要积极寻求老师的帮助，借助老师丰富的学习和教学经验，对所绘制的思维导图进行纠正和完善，并进一步扩展和延伸自己的知识体系，发挥自己的主观能动性，学会利用思维导图辅助自身的学习。

第二，每个人有不同的思维习惯和思维模式。文理科学生思维方式不同，可能制作出截然不同的思维导图，因此，学生在学习绘制思维导图的时候要结合自己的实际情况，根据自己的理解能力和日常学习习惯制作思维导图。例如，文科学生更注重感性思维，所以在制作过程中要适当加强知识间的逻辑联系；而理科学生更注重逻辑思维，因此在制作过程中应该加强对知识点的理解。

第三，关于学生绘制思维导图差异的问题。思维导图和知识传达的模式各有不同，存在多种差异。学生在刚学习如何画思维导图的时候会有点不知所措，因此可以几个同学一起组成学习小组，互相帮助和修改绘制的思维导图，对存在差异的地方进行整理和总结，求同存异，创造出适合自己的思维导图。此外，学生还可以向熟悉思维导图的老师进行请教，帮助解决自己存在的问题。

7.5 技术支持的应用案例

"有效"最为显著的特点是：最短时间内获得最大效能。要让学习有效，就要让学生在最短时间内在知识、技能、情感、态度、价值观等方面获得最大效能。在信息技术迅速发展的时代，支持工具可以给学习者和教师提供帮助，以便于学习者获得高质高效的学习支持，促成有效学习的实现。随着"互联网＋"、大数据及教育技术的不断发展，有效学习支持工具也不断得到完善和创新。

（1）学习仪表盘。

学习仪表盘又称为数字化学习仪表盘（digital dashboard for learning）、学习分析仪表盘（dashboard of learning analytics）、仪表盘（dashboard）等。它最初起源于车辆仪表盘这一反映车辆运转信息的可视化支持工具，后来逐渐扩大到商业领域，用于分析雇员工作绩效和消费者消费行为等。进入 21 世纪后，仪表盘逐渐进入教育领域。基于信息跟踪技术和镜像技术，学习仪表盘对学习者在线学习行为进行精密追踪，记录并整合大量个体学习信息和学习情境信息，按照使用者的需求进行数据分析，最终以数字和图表等可视化形式呈现出来，从而为在线教育的学习者、教师、研究者以及教育管理者提供学习分析。学习仪表盘已成为大数据时代的新兴学习支持工具。国内外较为成熟的学习仪表盘有：Khan Academy、Duolingo、TUT Circle、Teacher ADVisor、CALM System、Classroom View、Course Vis、GLASS、LOCO Analyst、Moodle、OLI、SAM、Course Signals、SNAPP、Step Up、Student Inspector、Tell Me More、快乐学等。

（2）编程教育。

数字智能时代，计算思维已成为个体面临复杂社会问题应具备的基本素养。编程教育是培养计算思维的主要方式，伴随社会需求与教育供给的不断改革与调整，儿童编程教育已受到各国的高度重视。芬兰自 2016 年起规定所有小学生都要学习编程，欧盟推进编程素养数字化议程，美国计划十年普及中小学编程教育，英国规定 5～16 岁儿童学习编程，日本要求全面实现小学编程教育必修化，我国于 2017 年 7 月发布《新一代人工智能发展规划》，明确提出编程进入中小学课堂。2018 年 1 月，教育部宣布人工智能、机器人课程进入全国高中新课标。同年 8 月，浙江省将信息技术（含编程）列入高考科目。此类政策的发布表明编程教育趋向低龄化，可有力推动儿童编程教育学校化进程，逐步实现由个体层面的自组织学习到学校层面的系统融合式学习，使编程教育像语文、数学等基础性学科一样成为助力儿童发展的基石。

编程教育的分析问题、合理组织问题、解决问题等特征均与学生的计算思维培养存在相关联系，伯斯（Bers）等人在儿童课堂中以实体编程工具 KI-BO 作为编程教育载体，探讨实体编程对儿童编程技能和计算思维的影响，发现学习编程后，学生的沟通、合作和创造力均有提升。编程教育包括分析问题、合理组织问题，以及通过超越现有编程的算法思维与同伴合作解决问题。韩国将编程教育作为培养计算思维技能的有效方法。国际上还有许多国家、地区出台编程教育政策规划，以保障编程教育实践。国家发改委等 13 个部门也提出大力发展 OMO（线下与线上的融合）模式的在线教育，构建线上线下教育常态化融合发展机制，形成校内外联动的良性互动格局。

（3）认知工具支持下的有效学习。

苑雪的研究选择初中地理"东方文明古国——印度"作为学习内容，从学习者的认知起点出发，通过个性化学习促进认知发展的研究以改进地理教学。该研究首先对学习者的认知起点进行测查；其次，将认知起点进行分类，并结合学习者的认知起点有针对地选择了"地图叠加技术"设计个性化学习资源；最后，按照认知起点的不同水平，将学习者分成若干个小组，每组使用不同的学习资源开展个性化学习。研究发现：学生在学习地理学科内容之前，普遍存在认知起点，且可以被测查与区分；通过对课后测验的分数、认知水平、分布状况等的分析，证实了利用合适的技术开展个性化学习能够促进学生的认知发展，提高其学业水平，促进个性化学习和有效学习目标的达成。

（4）云计算支持有效学习时空的拓展。

上海市华东模范中学的"未来智慧"教室运用软件多渠道的资源收集与查询功能使课堂成为无边际的云课堂，满足了学生个体的学习需要。学校制作了交互式多媒体图书，将其发布在学校的 Wiki 云服务平台上，方便学生预习和自学。教师还编制各种交互式习题帮助学生自我诊断学习效果，并反馈学生学习情况，以便进行差别化的教育。上海市静安区青少年活动中心开发了具有个性化色彩的书法课程，配套制作了 181 个多媒体书法教学课件。学生可以在家通过电脑、iPad 等信息终端下载或播放课程资源，既可以在课前自学，也可以在课后用于解决难题，极大地激发了学生学习书法的兴趣。

第 8 章　计算机支持的协作学习（CSCL）

8.1　CSCL 的基本概念

计算机支持的协作学习（Computer Supported Collaborative Learning，CSCL）是 20 世纪 80 年代以来在教育技术学、学习科学领域形成的新兴学科。它结合了计算机和协作学习的优势，专注于探讨计算机对于协作学习过程的支持策略。随着当代学习的社会化视角的演化，计算机支持的协作学习逐步成为教育革新实践中重要的研究领域。

有关 CSCL 的研究最早可追溯至 20 世纪 80 年代初。1983 年，圣地亚哥举行了以"共同问题解决与微型计算机"（Joint Problem Solving and Microcomputer）为主题的专题研讨会。1989 年，首次以"计算机支持的协作学习"术语命名的国际会议在意大利马拉泰阿（Maratea）举行，这被普遍视为 CSCL 学科诞生的标志。此后每两年召开一次 CSCL 主题国际会议。计算机支持的协同工作（CSCW）和协作学习（CL）的发展催生了学习科学的分支领域 CSCL。学者们普遍认为，CSCL 的术语源自 CSCW 的研究思想。CSCL 是 CSCW 在学习领域的应用，关注的是利用计算机支持协作学习的方法。就协作学习而言，CSCL 是协作学习同计算机结合形成的一个全新领域，是协作和思想交流的媒介。①

计算机支持的协作学习是教育技术领域中一种新型的教学模式，在学习、教育、研究的方法和问题上都与前身教学模式有很大不同。此前对于 CSCL

---

① 陈晓慧，艾买尔. CSCL 定义的演变和国际 CSCL 会议的主题变革［J］. 中国电化教育，2009（5）：21 - 24.

的定义强调计算机和网络技术在协作学习中的应用，或将 CSCL 视为 CSCW
的特例，或者关注 CSCL 中技术如何支持小组协作学习。可是这些定义并未
说明个体在协作学习过程中情感投入和交流的情况。也有学者强调 CSCL 工
作的属性或者任务，认为 CSCL 主要应用于概念学习、问题解决和设计领域。
这种定义只是按照协作任务的类型对 CSCL 的应用目的进行了分类，但并未
指出 CSCL 的实质。后来科施曼（Koschmann）指出了 CSCL 对于个体学习的
影响，阐明了 CSCL 的研究范围和研究方向。因此，国内学界通常采用科施
曼等人的定义：计算机支持的协作学习（CSCL）是一种使用计算机技术（尤
其是多媒体和网络技术）来建立协作学习环境的教学技术模式，强调辅助和
支持协作学习的学习方法。CSCL 一般由研究问题驱动，工作目标趋向于学习
过程，而不是学习结果，其关注的核心在于学习过程的观察数据和对研究对
象的充分描述。CSCL 是一种倾向描述性的科学，研究主题取决于研究者对于
学习过程的不同理解。

　　这一研究领域注重协作学习环境中意义形成的过程以及设计作品的实践。
基于互联网的学习交互和学习优化是 CSCL 应用的焦点。

　　科施曼在 2002 年 CSCL 大会上提出了更加丰富的定义，这成为当今最具
有代表性的 CSCL 定义。在这次定义中，他引入了"意义"的概念，将 CSCL
解释为一种主要是关心意义和共同活动环境中意义形成的实践，以及通过构
思事物为媒介的实践方法的研究领域。CSCL 是"意义形成"的中介，正是因
为"意义与意义形成的实践"（即协作学习过程）是一种社会共有的、可观
察、可直接研究的过程，所以协作学习中学习者的想法和行为也可被解释。
计算机支持的协作学习不仅是计算机支持下的课堂学习，还是学习者利用技
术的学习活动，这一定义实现了从计算机技术到学习过程的视角转换。既然
谈到学习过程，那么学习过程中涉及的个体情感、行为意识也就成了新的研
究主题。此后，施塔尔（Stahl）提出了 CSCL 研究的理论框架，即协作知识
建构、小组和个人的观点、以人工制品为中介和交互分析。[①] 这四个主题成为

---

　　① STAHL G . Computer support for collaborative learning：foundation for a CSCL community ［C］//
KOSCHMANN T. Dewey's contribution to the foundations of CSCL research. Hillsdale：Lawrence Erlbaum Asso-
ciates，2002：17－23.

CSCL 研究发展的新范式。当代 CSCL 的研究更侧重于计算机支持技术下个体与环境的交互以及学习者在技术支持下的交互过程。

8.2 CSCL 的理论模型与应用设计

关于计算机支持下协作学习理论模型的研究，有助于凸显 CSCL 研究的特点，使得研究者能够在众多关系中排除非本质的部分，提炼出事物存在的主要矛盾进行研究，通过研究教育和学习的过程发现计算机支持的协作学习中一般的、主要的、本质的部分。

何谓模型？由于学习视角的差异，不同的学科领域对于模型的内涵存在不同的理解。社会科学领域下的模型通常被视为经验和理论之间的知识系统，是"再现现实的理论化的简化形式"[1]，描述了达到某个科学目的的过程手段。学习科学视角下的模型是人类描述自然世界的概念化工具。这种工具试图揭示科学认识和发展的内容与特征，促使学习者对问题的推理和假设进行思维建模。[2] 系统工程学领域的模型是对于现实世界的事物、现象、过程的简化描述和模仿，以便掌握事物本质的发展规律。认知心理学视域中的模型是针对某一对象原型建立相似性的关系，如 SOAR 模型、ACT 模型、认知—记忆信息处理模型等。[3] 无论学科视角有何差异，学界对于模型的解释达成了共识，即"模型是从客观事物的原型抽象到认识论上的一种客观实体中介，它表现了对客观事物原型的更为本质、更为深刻的认识，能使实践活动得到提炼与升华"[4]。

建模是认知科学和科学探究的基础，它帮助学习者将自己的思考、经验和推论实现可视化，并期望得到实践的检验。[5] 一个科学的模型至少应具备五

---

① 赛弗林，坦卡德. 传播学的起源、研究与应用［M］. 陈韵昭，译. 福州：福建人民出版社，1985：14.

② 高文，等. 学习科学的关键词［M］. 上海：华东师范大学出版社，2009：223－227.

③ 史忠植. 认知科学［M］. 合肥：中国科学技术大学出版社，2008：504－508.

④ 杨刚，徐晓东，王英彦. 计算机支持的协作学习模型研究及其启示［J］. 电化教育研究，2010（2）：76－83.

⑤ 乔纳森，摩尔，马尔拉. 学会用技术解决问题：一个建构主义者的视角［M］. 北京：教育科学出版社，2007：13.

个特征：①描述某一自然过程的一组观点；②构成要素包括经验或者理论的客体以及客体参与的过程；③可以用来揭示和预测现象；④可以被实证及概念化的标准所评价；⑤可以指导未来的研究。①

CSCL 模型反映的是计算机支持下协作学习中的本质过程，体现了研究者对协作学习的再认知过程。对于 CSCL 模型，特别是交互模型的探究，有利于剖析学习者群体成员间的协作模式，从而生成有效指导协作学习的策略与方法。CSCL 模型的类型多种多样，下面按照协作学习的表现形式、内容及其过程阐述几种典型的协作学习理论模型。

8.2.1　基于会话形式的 CSCL 模型

基于会话形式的 CSCL 模型的研究依据是对话理论，关注的是会话的质量、会话内容分析、会话工具、会话形式、会话内部结构关系以及会话评价等。这一类研究采用案例研究法、社会网络分析法以及内容分析法，描述会话过程中断言、承诺、宣布、表达、争论、理解与协商的关键特征，其典型的代表有 Interaction 模型②、基于行动的会话模型、会话框架，常以实体关系图（entity relation diagram）和元模型（meta-model）为建模方法。

成员间的交互是协作学习中的基本要素之一。基于语言和动作的交互模型是 CSCL 领域最基本的交互协作模型。基于塞尔（Searle）的会话—操作理论（speech-act theory），温因（Win）研究了协作活动过程的内部交互情况，发现协作可以通过语言/动作（language/actions）来完成。其中，语言/动作具有五个基本的"非语法含义"特征：断言、指令、承诺、宣布和表达，其交互过程为"我要求—我同意—我行动—我满意"的循环圈。图 8-1 所示即基于语言/动作的交互模型范例。

① 高文，等. 学习科学的关键词［M］. 上海：华东师范大学出版社，2009：224.
② INABA A, TAMURA T, OHKUBO R, et al. Design and analysis of learners' interaction based on collaborative learning ontology ［EB/OL］. http：//www. ei. sanken. osaka－u. ac. jp/pub/CSCL/inaba－CSCL01. PDF.

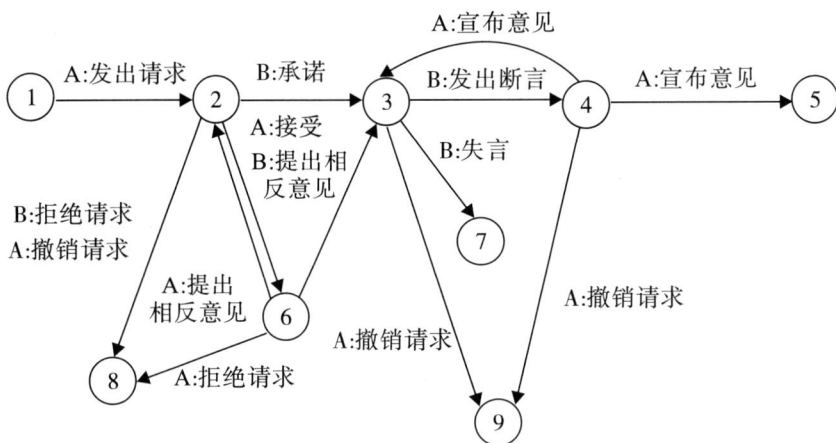

图 8-1　基于语言/动作的交互模型

交互模型提供了基于会话的宏观分析视角，但是在现实研究中还需要了解交互的内在过程。于是，交互分析应运而生，并成了 CSCL 新的研究重点。它从微观视角解释交互学习过程、交互学习结果和评价。

8.2.2　基于过程形式的 CSCL 模型

有关群体协作交互模型的研究也是 CSCL 发展的方向，群体协作过程分析、群体认知特征以及模型构建都是了解群体协作关系的研究关键。

基于过程形式的 CSCL 模型的研究依据是协同理论，关注的是工作流的生成与解析、协作意愿、协作目标的共同构建、协作群体的形成、协作群体的行为和结果评估。这一类研究通过运用脚本（script）分析法、基于设计的研究法、归纳法和演绎法，描述协作学习过程中表示、分析、任务、操作流、动作规范和时间序列的关键特征，其典型代表模型有 WINCOL[①]、协作知识构建过程模型和 DPs 等，常采用 UML 状态图（state diagram）、顺序关系图（precedence relationship）以及基于一般自动机的状态转换图（state transition diagram）等建模方法。

---

① 赵建华. CSCL 研究现状及发展趋势［J］. 中国电化教育，2009（5）：7-14.

CSCL 的研究目的是提高群体成员在社会文化背景中的协调能力，使得成员在与他人交互协作的过程中主动建构自己的认识。施塔尔以认知心理学、协作学习理论和社会实践理论为基础，创建了协作知识建构过程模型（见图 8-2）。这一模型在协作学习过程中融合了个人知识和社会知识的要素，明确解释了 CSCL 历程，以及个人心理要素和社会化要素之间的关系。在这一模型中，计算机支持下的协作学习是一个连续的过程，个人理解模块展示了个人的自我对话过程，社会知识建构模块展示了小组的认知性和社会性的对话过程，个人意义构建和小组群体的协作意义构建形成了互相依存的循环圈。

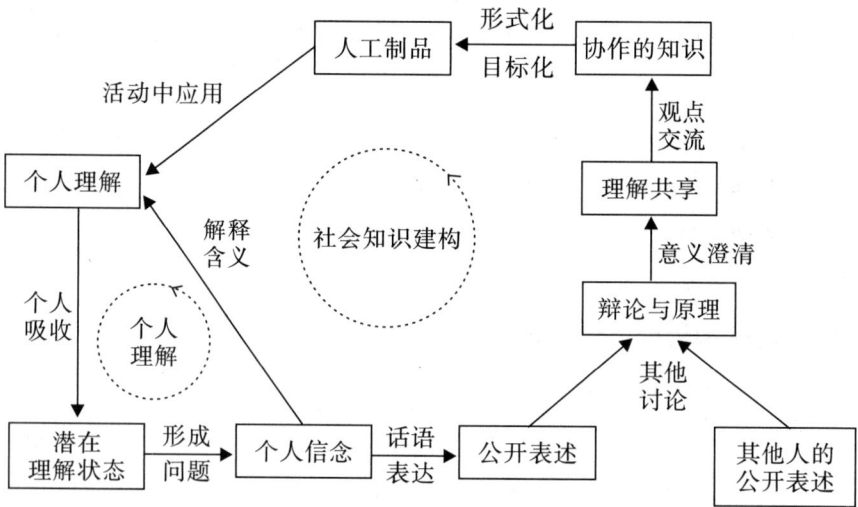

图 8-2　协作知识建构过程模型

值得注意的是，协作学习中意义的建构和知识的生成是一个复杂的系统，这需要适当的技术支持。因此，要将意义建构过程中群体成员传递知识、吸收知识、生成知识的隐形过程显性化，就需要实现 CSCL 模型的可视化。

8.2.3　基于活动形式的 CSCL 模型

活动理论强调从行动到操作的发展过程的重要性，而 CSCL 中人机交互就是这个过程，因此其对 CSCL 领域的影响巨大。依据活动理论，基于活动形式的 CSCL 模型研究通过行动研究法、基于设计的研究法、结构化观察法和社会网络分析法对协作学习的主体、客体、共同体、工具、规则、事件、分工和结果进行深入描述，其代表性模型有 TPA2、COLA、ActAD 和 Active Model，常采用 UML 活动图（UML activity diagram）、角色活动图（role activity diagram）、动态活动网（dynamic task net）等方法建模。

基于活动理论的活动模型由活动理论家恩格斯托姆（Engeström）及其同事提出，他们从活动的共享意义出发，在系统观的指导下对早期的活动理论框架进行重新构建，将"活动系统"作为分析单元，增加了规则、共同体等因素。① 该活动系统包括主体、客体和共同体三个核心成分以及工具、规则和分工三个次要成分（见图 8 - 3）。其中，主体指的是活动的实施者，客体是活动的对象，共同体是具有共同目标的活动主体的群体集合；工具是主体作用于客体的中介，规则是调节主客体之间活动和交往关系的纽带，分工是目标完成过程中共同体成员承担的责任和任务。这种活动理论模型以工作目标为导向、工具为中介，把协作学习任务划分成若干具有明确目标的子活动，使各个子活动通过"活动"的执行完成协作任务，进而形成具备层次结构的协作系统。这种基于活动理论的活动模型强调以下特征：①活动需要具备一个掌握该活动动机的主动的主体；②活动需要具备变化期待的一个客体；③这种集体的或者个别的活动需要存在于一个具体的环境中并能够改变环境；④活动通过参与者有意识和有目的的行动来实现。

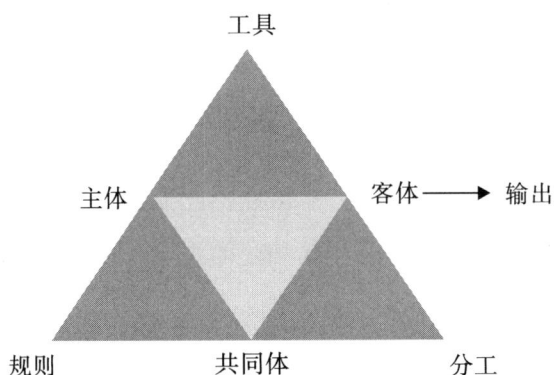

图 8 - 3　基于活动理论（AT）的活动模型

---

① 郑太年. 从活动理论看学校学习［J］. 开放教育研究，2005（11）：64 - 69.

尽管活动模型综合考虑了活动系统中的各种分工，但在实际的协作学习过程中，仍会遇到很多不确定因素，这些因素有可能会阻碍协作学习的有效实施。这就需要通过设计脚本给学习者的协作学习提供优化的交互环境，以支持和促进学习者之间的生产性互动（productive interaction），保证 CSCL 活动的顺利展开。面向 CSCL 的脚本研究将为计算机支持的协作学习提供全新的视角。

8.2.4　基于本体形式的 CSCL 模型

基于本体形式的 CSCL 模型源于建构主义理论，常采用基于设计的研究法、社会网络分析法、案例研究法、解释结构模型法重点描述协作学习中的概念及其间关系、规则、概念聚类、域实体、实例等要素，关注的是活动资源的共享、重用与互相操作，分布式和异质资源的集成与检索，非文本资源的管理等。代表性模型有 iQA、SRL、MI-EDNA、Collaborative Learning Ontology 等，常采用的建模方法有 TOVE 法、ENTERPRISE 法、KACTUS 工程法、SENSUS 法和 IDEF5 法。

日本大阪大学的稻叶（Akiko Inaba）教授及其团队基于本体视角，提出协作学习模型。该模型采用本体工程学的方法，建构了协作学习过程的设计、分析和评估三个阶段，开发了以支持角色认证（role identification）为特征的协作学习系统。模型中的协作学习本体是一个系统概念，分为八个顶级本体概念，即触发（trigger）、工具（tool）、学习资料（learning material）、学习情景（learning scenario）、学习过程（learning process）、学习小组（learning group）、学习者之间交互（learner to learner interaction）和学习目标（learning goal）。这些概念中，学习目标是本体构建的主要基础，它从学习情景、学习者之间交互以及学习理论等抽取共同概念作为本体建立资源库。学习目标可分为三个领域本体：I-goal、Y≤I-goal 和 W-goal。I-goal 本体意指学习者所期望的目标，描述为学习者的认知或知识改变的状态程度；Y≤I-goal 本体指的是学习者通过交互所期望达到的目标，其中同样包括 I-goal 的实现，描述为学习者经验的增长程度；W-goal 本体指代协作学习共同体的总体目标，它由上述两个领域本体构成。为了提取协作学习的共同特征，稻叶教授团队还开发出两个模型支持系统：TGF（Theory-based Group Formation，基于学习理论的小组形成支持系统）和 TIA（Theory-based Interaction Analysis，基于学习理论的交互分析系统）。前者帮助没有协作学习经验的学习者和代理形式的计算机系统组成协作学习小组；后者帮助学习者分析复杂的协作交互过程。支持系统的加入使得描述交互类型和判别协作学习的有效发生成为可能。

基于本体开发的支持平台通过设置学习目标、系统地提供学习工具和资源来帮助学习者完成学习任务，通常可以实现良构领域的学习目标。因为在良构领域的学习过程中，设置的问题一般都有一定的答案或者解决办法。然而，在非良构领域中，如校园环境治理的解决方案、师生关系的有效提升等问题，并没有固定的解决办法，不同角色和经验的人群在不同的社会情境下会考虑不同的解决方案。因此，开展非良构场域下的 CSCL 研究很有必要。

8.3 CSCL 的研究进展

近年来，计算机支持的协作学习研究聚焦于数字化学习环境的构建以及协作学习的交互设计等课题。本部分从纵向和横向两方面分析 CSCL 的研究进展。

8.3.1 研究成果的纵向分布

1. 时间序列上的分布

国外学术界中有关计算机支持的协作学习研究早期发端于 1990 年针对远程教育中的问题解决方案的调查与探讨。[①] 研究者首先采用问卷调查了解大学生在远程教育课程学习过程中的参与程度及偏好，其后通过对暑期学校小组活动的观察以及不同接口支持同步协作问题的比较研究，讨论计算机支持下

---

① OMALLEY C E, SCANLONL E. Computer-supported collaborative learning-problem-solving and distance education [J]. Computers & education, 1990, 15 (1): 127 – 136.

的协作学习策略。在此之后的 5 年间，研究者初步探索了电子邮箱、统计处理软件以及情景认知理论等信息技术在在线协作学习中的运用。其后，研究者自 1997 — 2011 年对在线协作学习的知识建构和分析方法进行了深入的研究。2011 年，计算机协作学习领域的研究迅猛发展，当年呈现出历史最高发文量，并因在线开放课程的大规模投入使用在 2013 年迎来新一轮发展契机。

2. 空间序列上的分布

（1）发文国家。

国际视野中，美国对于计算机协作学习领域的研究处于世界领先地位，其研究成果的发文总量稳居世界第一。西班牙、荷兰、英国等国家的研究者在过去 30 年间也贡献了丰硕的研究成果。就研究成果的被引用频率来看，荷兰、德国、美国的研究成果位列全球前三名，其研究成果的国际影响力被学术界广泛认可。需要说明的是，我国在 CSCL 领域的研究总量和被引率均排名世界第十位，在此领域的研究成果数量和质量亦处于世界前列。①

（2）研究机构。

从研究机构来看，新加坡南洋理工大学和荷兰乌特列支大学荣居发文量榜首，是国际重要的 CSCL 研究机构。智利卡托利卡大学、西班牙巴利亚多利德大学、英国开放大学、比利时根特大学等研究机构也是研究 CSCL 的主力军。荷兰的开放大学、特温特大学以及乌特列支大学为荷兰的 CSCL 研究作出了杰出贡献。德国慕尼黑大学和德国知识传媒研究中心成为德国具有雄厚研究实力的两个研究机构，这两个机构的研究成果的国际认可度位居世界前两名。就中国而言，北京师范大学和清华大学是国内该领域发文较多的研究机构，但在国际高质量期刊上的发文量与世界顶尖水平相比还存在广泛的进步空间。（李海峰、王炜，2019）

（3）载文期刊。

自 1990 年至今的 30 多年间，已有 292 种国际期刊发表过有关 CSCL 主题的研究。《计算机与教育》期刊以近 200 篇的发文量独占鳌头，成为研究者交流 CSCL 研究的主要场域。《计算机在人类行为中的研究》的影响力及国际认

---

① 李海峰，王炜. 计算机支持的协作学习的研究谱系与发展动态 [J]. 中国远程教育，2019（3）：23 – 33.

可度较高，而国际学习科学学会（ISLS）的官方出版物《计算机支持的协作学习》（*International Journal of Computer-Supported Collaborative Learning*，ijC-SCL）则是国际唯一以 CSCL 为主题的专业期刊。

（4）研究作者。

来自智利天主教大学的努斯鲍姆（Nussbaum）教授是学界 CSCL 研究的领军人物，其《基于无线方式的手持电脑的计算机支持的协作学习》《基于无线手持网络的建构主义移动学习环境》《通过无线手持设备支持的协作学习动态分组》等研究成果得到了国际社会的广泛关注。荷兰开放大学科学与技术学院的克什纳（Kirschner）教授也是这个领域的高产出学者，其在《面向 CSCL 研究的框架》一文中提出了包括学习的三维水平、学习单位和教学法测量的 CSCL 研究框架，为后续 CSCL 的研究提供了理论支撑。德国慕尼黑大学心理学专业菲舍尔（Fischer）教授也是 CSCL 学科的代表人物，他从心理学视角提出了计算机支持的协作学习中的认知脚本，揭示了学习者与指定任务以及学习者之间交互的建构方式。[①]

8.3.2　研究成果的横向分布

根据 CSCL 国际会议的主题，可以洞见国际社会对 CSCL 研究方向的转变。CSCL 研究是一个非常宽泛的跨学科领域，它融合了计算机科学、心理学、教育学、学习科学等多种学科的知识，其研究方向涵盖基础理论、策略、脚本设计、学习方法、支持工具、环境、角色、模型、交互以及评价等一系列研究。归纳起来，CSCL 研究的范畴主要包括以下三个方面：①CSCL 的理论研究；②CSCL 的研究范式；③CSCL 开发设计研究。

（1）CSCL 的理论研究。

迄今为止，CSCL 研究在国内外持续稳步推进。1990—1995 年是 CSCL 研究的发端时期。这一时期强调协作学习结果是共同理解的分享，多样性的社会交互构建了 CSCL 的环境。1995—2005 年的十年间，CSCL 经历了逐步探索

---

① FISCHER F, KOLLAR I, STEGMANN K, et al. Toward a script theory of guidance in computer-supported collaborative learning [J]. Educational psychology, 2013, 48（1）：56 – 66.

的阶段。在这段时期，多学科领域的专家协同促进，成立了 CSCL 研究学术机构、发行了专业学术期刊（ijCSCL），定期举行了国际 CSCL 会议。2005 年至今，CSCL 的发展趋于成熟，研究主题更加强调协作学习整合与学习环境，注重使计算机支持的效益成为背景环境，隐性地影响和促进学习。

CSCL 的理论与方法、原理与基本结构、教学评价等一直是 2005 年以前国内的主要研究主题。2005 年主题为"CSCL：未来十年"（CSCL：The Next Ten Years）的新一届 CSCL 国际大会在台湾举行。这次盛会强调了 CSCL 中技术的应用，大会围绕如何利用新技术促进有效的协作交互过程展开探讨。2005 年之后，我国对于 CSCL 的研究主题从理论研究逐步转向应用研究。例如，刘黄玲子等人研究了 CSCL 中的交互；章宗标等人以"Visual Basic 程序设计"为例，在基于 CSCL 的任务型数据上分析了网络教学平台的设计与实现；林书兵等人提出了基于知识觉知的 CSCL 交互活动工具设计。同时，国内研究者也在继续 CSCL 的理论研究。如，赵建华研究了 Web 环境下的协作学习，构建了一个 CSCL 的基础理论模型[1]；任剑锋针对 CSCL 的性质、基本概念、相关概念的关系、主要特点和功效等基本问题展开了论述[2]；裴新宁访问了国际学习科学协会前主席狄隆伯格（Pierre Dillenbourg），明确阐述了 CSCL 研究与发展的十个主题。

（2）CSCL 的研究范式。

CSCL 研究可以采用多种范式，包括描述性研究、实验性研究和基于设计的研究。描述性研究是 CSCL 领域常用的研究范式。这类研究以研究者本人为研究工具，在真实的情境下，使用归纳法分析资料和形成理论，通过与研究对象交流互动，对其行为进行意义建构以获得解释性[3]。描述性研究范式的理论基础是扎根理论，其更多关注丰富多彩的"人类活动的世界"。如，兰茨-安德松（Lantz-Andersson）利用描述性话轮分析法来分析视频观察材料，这些材料主要记录了多个小组（2～3 人/组）如何使用软件来解决数学问题的交互过程，其目的是分析学生在会话过程中的交互角色及交互过程来获知学生

---

[1] 赵建华. CSCL 的基础理论模型［J］. 电化教育研究，2005（10）：11－17.
[2] 任剑锋. CSCL 研究的几个基本问题述评［J］. 电化教育研究，2005（11）：3－6.
[3] 陈向明. 质的研究方法与社会科学研究［M］. 北京：教育科学出版社，2001：5.

架构学习情境的方法。① 此外，米伦布鲁赫（Mühlenbrock）和霍普（Hoppe）提出的 CARDBOARD 分析方法② 以及康斯坦丁诺 - 冈萨雷斯（Constantino-González）等人提出的 COLER 方法③ 都属于描述性研究。描述性研究范式在分析问题时，有收集的数据量大、分析过程相当耗时、描述语言不够准确、有产生歧义的可能等缺陷。

实验性研究范式主要是在控制变量条件的前提下，通过人为控制与创造条件，促使研究现象产生，并对控制变量加以操纵来确定实验条件与结果之间的"函数"关系。如，索列尔（Soller）和莱斯戈尔德（Lesgold）利用隐马尔可夫计算方法（EPSILON 工具)④，厄俄斯（Avouris）等人使用 OCAF（面向对象协作分析框架法)⑤，贝克（Baker）和伦德（Lund）利用 C - CHENE 工具⑥对学习者交互的内容或日志进行分类和计数，通过统计方法分析控制变量与学习小组和学习者的学习绩效的函数关系，并在此基础上得出控制变量如何影响学习行为或结果的结论。这类实验方法对实验环境的要求较高，对研究者的要求严格，需花费大量的人力、物力和时间去控制对象和环境，很难做到对实验过程的有效控制。

在计算机支持的协作学习领域，典型的研究范式是基于设计的研究（Design-Based Research，DBR）。这是由柯林斯（Collins）和布朗（Brown）提出的新范式⑦，DBR 整合了实验性研究方法和描述性研究方法特点，强调在实

① LANTZ-ANDERSSON A. The power of natural frameworks: technology and the question of agency in CSCL settings [J]. Computer supported collaborative learning, 2009 (4): 93 – 107.

② MÜHLENBROCK M, HOPPE U. Computer supported interaction analysis of group problem solving [C] //Computer support for collaborative learning (CSCL' 1999). Palo Alto: [s. n.], 1999: 398 – 405.

③ CONSTANTINO-GONZÁLEZ M A, SUTHERS D D, ICZA J I. Coaching web-based collaborative learning based on problem solution differences and participation [J]. International journal of artificial intelligence in education, 2003 (13): 263 – 299.

④ BRAVO C. A framework for process-solution analysis in collaborative learning environments [J]. Human-computer studies, 2008 (66): 812 – 832.

⑤ AVOURIS N M, DIMITRACOPOULOU A, KOMIS V, et al. OCAF: an object-oriented model of analysis of collaborative problem solving [C] //Computer-supported collaborative learning (CSCL' 2002), Boulder: [s. n.], 2002: 92 – 101.

⑥ BAKER M, LUND K. Promoting active interactions in a CSCL environment [J]. Journal of computer-assisted learning, 1997, 3 (13): 175 – 193.

⑦ 杨南昌. 基于设计的研究：正在兴起的学习研究新范式 [J]. 中国电化教育, 2007 (5): 6 – 10.

际 CSCL 的协作学习情境中，通过设计的变量来不断优化学习环境和学习干预手段，以更好地理解和促进学习者的学习和教育。所以，DBR 具有"准实验研究法"的特点。基于此，许多学者在实践中开展了基于设计的研究。如，纳尔逊（Nelson）等利用多用户虚拟环境（简称 MUVEs）在"河流城市"项目中开展基于设计的研究。[①] 美国范德堡大学认知与技术小组（CTGV）应用视频光盘来提高小学生应用数学知识解决问题的能力。[②] 对于基于设计实验的研究方法，我们需要注意的是在对结果进行讨论、作出解释和概括以及推论结果时，必须保持谨慎。

（3）CSCL 开发设计研究。

基于设计的研究是探索、完善和创新学习模式的主要研究方法，其强调真实自然的在线协作学习环境，运用多种研究方法，不断对预设方案进行排除、改进和完善，以达成实践与理论的发展。如，在线协作知识建构的会话模式、在线协作学习的群组实践方式和基于混合学习的职业培训模式等。视频分析也为协作学习模式的完善和发展提供了有力的支撑。通过视频分析能够实现对协作学习行为的深描和学习过程结构的刻画，进一步完善和发展学习模式。

计算机支持的协作学习分析是 CSCL 的新热点。研究者针对在线协作学习过程中的会话内容、学习绩效以及技术效能进行分析与评价。常见的协作学习分析包括针对在线协作学习的交互分析。如，得名于七条原则性策略的彩虹原则采用对在线协作交互分析的独特视角，分析学生在 CSCL 环境中何时、如何、以何种方式从事一个具体形式的交互性知识合作，拓展并加深人们关于辩论空间的理解。[③] 此外，研究者还对在线协作学习内容进行分析。诺曼·弗里森（Norm Friesen）运用内容分析法分析了网上信息发布的形式和修辞，

---

① NELSON B, KETELHUT D J, CLARKE J, et al. Design-based research strategies for developing a scientific inquiry curriculum in a multi-user virtual environment [J]. Educational technology, 2005, XLV (1): 21－27.

② 倪小鹏. 基于设计的研究方法、实例和应用 [J]. 中国电化教育, 2007 (8): 13－16.

③ BAKER M, ANDRIESSEN J, LUND K, et al. Rainbow: a framework for analysing computer-mediated pedagogical debate [J]. International journal of computer-supported collaborative learning, 2007, 2 (3): 315－357.

发现一系列修辞标记的案例以书信体动力学为特征。① Lu 等人通过描述教师和学生之间的语篇模式和功能特点，探讨了以 CSCL 工具为脚手架的基于问题的学习，通过分析师生应用传统白板和交互白板学习时的言语，探讨了学习脚手架、环境设计及其作用。② 克拉拉（Marc Clarà）等人探讨了理论、方法论与复杂知识表达的关系，CSCL 理论和方法的多样性使知识的清晰表达显得更为复杂，他们运用内容分析法从分析单元、相关关系和分析维度等进行了辩证讨论。③ 另外，研究者还可以对在线协作学习的过程进行分析。视频分析法是协作学习过程的主要分析方法之一，通过视频分析法观察协作学习过程中成员的会话信息、面部表情、动作方式和交互协作，记录视频不同时段的协作交互行为，有助于探索促进和组织学生协作学习的方式。视频分析主要聚焦于技术和工具在协作学习环境和协作交互过程中的重要作用。特劳桑-马图（Trausan-Matu）等人对聊天室、论坛等协作学习过程运用了复调分析（polyphonic analysis）。复调分析是基于复调音乐的思想，对聊天室内多人交流的话题、回答和表现等进行动态跟踪，根据它们的变化分析和评价协作学习的进度和效果。④

在后疫情时代，随着大规模在线协作学习的全面展开，未来 CSCL 的研究领域将不断扩展，并将与各个学科领域形成跨学科研究与合作。传统的静态在线学习效果评测已经不能满足现代大范围、大数据、多样化的在线学习任务。因此，需要设计与开发动态的、生成性的 CSCL 评价范式。基于设计的研究范式必须继续深入在线学习策略、学习模式、学习规律的各个环节，为协作学习提供有力的支撑。

---

① FRIESEN N. Genre and CSCL: the form and rhetoric of the online posting [J]. International journal of computer-supported collaborative learning, 2009, 4 (2): 171 – 185.

② LU J, LAJOIE S P, WISEMAN J. Scaffolding problem-based learning with CSCL tools [J]. International journal of computer-supported collaborative learning, 2010, 5 (3): 283 – 298.

③ CLARÀ M, MAURI T. Toward a dialectic relation between the results in CSCL: three critical methodological aspects of content analysis schemes [J]. International journal of computer-supported collaborative learning, 2010, 5 (1): 117 – 136.

④ TRAUSAN-MATU S, DASCALU M, REBEDEA T. PolyCAFe-automatic support for the polyphonic analysis of CSCL chats [J]. International journal of computer-supported collaborative learning, 2014, 9 (2): 127 – 156.

8.4 CSCL 的应用案例

8.4.1 CSCL 平台工具开发及应用举例

案例:"学习村庄 2"在协作探究学习中的应用[①]

研究目的:此研究是一个为期四周的跨校合作学习计划,探究主题来自香港三年制高中通识教育课,主题为"香港特区政府是否应增加塑料袋收费?"设计游戏化 CSCL 平台"学习村庄 2"(Learning Village 2,LV2)学习计划,并通过对参与学习计划的学生进行问卷调查,分析学生在使用 LV2 前后的认识程度和探究技能的变化情况。

理论模型:根据探究学习理论,以"Stripling 探究模式"(Stripling Model)为理论基础设计 LV2 平台。"Stripling 探究模式"是一个循环,有时甚至会出现几个探究学习过程同时发生的情景。该模式包括六个探究学习过程:关联、好奇、研习、建构、表达和反思(见图 8-4)。探究过程具体如下:①关联:通过提供一些初始数据让学生联系已有知识,了解探究主题的相关背景知识。②好奇:根据已经掌握的知识和背景知识,学生提出自己的问题,并给出猜想或者观点。③研习:学生对收集到的信息进行解释,由此验证自己的猜想或观点,而后尝试深入探究,提出新的问题,进一步收集相关证据进行解释和验证。④建构:学生结合已有知识和探究内容给问题下结论,并在这个过程中建构新的知识。⑤表达:学生将获得的新知识与他人分享,尝试将新知识应用到新的学习环境或新的情景中。⑥反思:贯穿整个学习过程,学生不断地进行学习反思,并提出新的问题。

---

① 庄绍勇,耿洁,蒋宇."学习村庄 2"在协作探究学习中的应用 [J]. 中国电化教育,2014 (1):119-124.

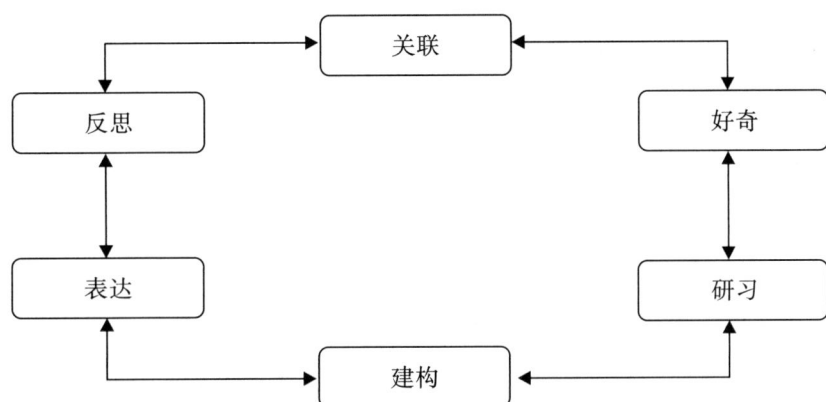

图 8-4　Stripling 探究模式

研究对象：香港 4 所高中一年级各一个班级，共 96 名同学组成 24 个特定的"村庄"。每个"村庄"都包含 4 种角色，各种角色的扮演者均来自不同的学校。在为期四周的探究学习期间，每个学生利用课下时间在 LV2 平台进行主题探究，平均课下学时为每周 6 小时。此外，教师也会每周组织一次 40 分钟的课上交流。在学习结束后，对参与研究的 96 名学生进行问卷调查。

研究设计：该研究包括 LV2 平台设计以及 LV2 平台的探究学习两部分。

（1）LV2 平台设计。

LV2 以"大型多人在线角色扮演游戏"（massively multi-player online role-play game）的模式让同学有趣地进行主题探究。每一个进入 LV2 的玩家都会被赋予一个"角色"来代表玩家进行学习、交流与游戏。

LV2 主要由两个部分组成：交互部分与教学部分。在交互部分中，每个用户可以通过若干种交互功能更改游戏角色的形象，与 LV2 平台中的其他用户进行交流，进入 LV2 世界中的各个场景进行学习与游戏；在教学部分中，根据"Stripling 探究模式"，LV2 从学生对探究过程的认识和对探究技能的掌握两个方面进行设计，分别体现在"村庄层讨论"和"房屋层讨论"之中。

"村庄层讨论"着重强调学生对探究过程的认知。一个"村庄"就是一个探究主题，学生可以通过创建"村庄"成为"村长"，号召同学加入，成为"村民"。"村民"通过建设不同时期的、不同类型的"房屋"，在"房屋"之间搭建"道路"，以完成探究主题的活动。整个建设"村庄"的过程，即认识六个探究学习过程。"房屋层讨论"着重强调学生对探究技能的掌握。"村庄"里的"房屋"是可以进入的,每一个"房屋"都是一个独立的论坛,"村民"通过在特定"房屋"中张贴不同类型的文章("资源""问题""说明""证据""解释""反证""反驳"和"反思"),对特定"房屋"的内容进行深入探究。

（2）LV2 平台的探究学习。

一个主题的探究学习,在 LV2 中将持续 4 周时间。第一周是"Stripling 探究模式"的关联与好奇阶段。①关联阶段:在主题开始时,学生需要各种各样的信息支持,对探究主题的背景有一个整体的了解。通过阅读初始信息,学生会从中抓取一些相关的概念去思考自己的探究主题,并提出自己的问题。②好奇阶段:学生在这一阶段被鼓励针对探究主题提出自己的问题,还需要理解他们自己提出的问题与探究主题之间的关系,帮助自己理清探究思路和探究框架。第二周和第三周是"Stripling 探究模式"的研习阶段。③研习阶段:在本阶段,学生从收集到的信息中找到证据以支持观点,继而解释并验证自己对于某个问题的猜想或观点。第四周是"Stripling 探究模式"的建构与表达阶段。④建构阶段:学生总结研习的内容,从中建构自己的理解,以获得新的知识。⑤表达阶段:学生可以通过创建最终的成品,如个人报告、模型等成果,与他人分享,并尝试将新知识应用到新的学习环境中。每一周都有"Stripling 探究模式"的反思阶段。⑥反思阶段:在每一个阶段的开始、中间或结束,学生都可以将学习的心得和思考,通过张贴"反思"类文章记录在"反思堂"中。该阶段涉及的探究技能是反思、评估过程和成果。

研究结果:通过对学生在六个探究学习过程中提到的探究技能进行语义分析后发现:①学生参与 LV2 学习计划后（后测结果）,对于探究过程的认知度普遍高于参与 LV2 学习计划前（前测）。②学生的探究技能显著提升。学生的"主题关注""提出问题""相关性思考""批判性思考""信息整合""讨论分析"和"发展结论"这些探究技能与参与 LV2 学习计划前相比,均有显著提高。

基于协作学习分析模型的交互式可视化工具开发及应用举例

案例：计算机支持的协作学习分析模型及可视化研究[①]

研究目的：基于学习分析的视角，从知识加工、社交关系、行为模式三
个维度构建面向计算机支持的协作学习分析模型，自动测量协作过程中知识
水平与知识发展阶段，深入挖掘协作过程中交互模式的序列与规律，有效识
别群组成员的交互结构。基于该模型，设计开发了支持在线协作学习过程分
析的交互式可视化工具，并在在线课堂中开展实践研究。

理论模型：设计针对协作学习分析的 KBS 模型，探讨协作学习讨论活动
中的学生知识建构情况。模型包括知识加工（K）、行为模式（B）和社交关
系（S）三个分析维度，并面向个人、小组、社区三个不同层次的研究对象。
在这个模型中内部阴影区域表示分析模型的三大分析维度，知识加工反映了
问题的解决，社交关系反映了成员的交互结构，行为模式反映了协作和交互
的策略。同时，根据施塔尔的研究，认知发生在三个层次上：个体、小组及
社群。这些层次之间互相影响，构成一个综合的、复杂的整体（见图 8 - 5）。

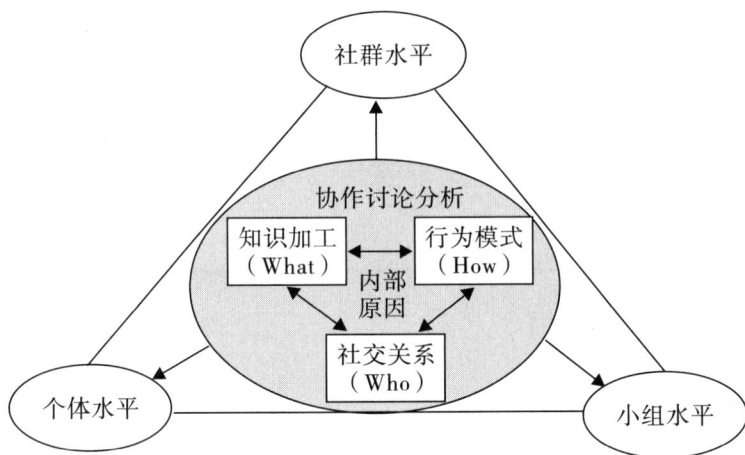

图 8 - 5 KBS 模型

研究对象：参与北京师范大学 Moodle 远程教育学习平台的学生发帖情况。

研究设计：以在真实环境下参与分组协作学习活动的学生发帖的情况为数据来源，从三个维度抽取并设计实时可视化的呈现，帮助教师更好地分析和监控协作学习过程。在知识加工方面，实时监测学生讨论过程中关键知识点的发展变化。在知识加工的可操作化分析中，主要利用自然语言分词处理技术，采用中国科学院中文分词系统对协作过程中的讨论文本进行关键词切分，识别学生讨论过程中的关键词，并与专家提供的关于协作讨论问题的知识概念图谱进行匹配，从群组或学生知识结构形成的角度测量协作过程中的认知参与。更进一步，利用行为模式的可视化呈现探究在协作知识建构过程中学生行为交互的策略和规律。基于在线协作学习的特征讨论，将协作行为编码为陈述（C1）、协商（C2）、提问（C3）、管理（C4）、情感交流（C5）五个一级分类，并进一步将每个一级分类细化到 14 个二级分类。将这些编码嵌入 Moodle 平台的发帖区，在学生提交发帖时进行行为分类的选择，从而为分析工具的自动化处理提供支持。最后，经由分析系统采用学习分析中数据挖掘的关联规则方法，计算每种行为伴随下一个行为出现的概率及强度，抽取高频发生的行为转换，最终形成行为序列转换模式（见图 8-6）。

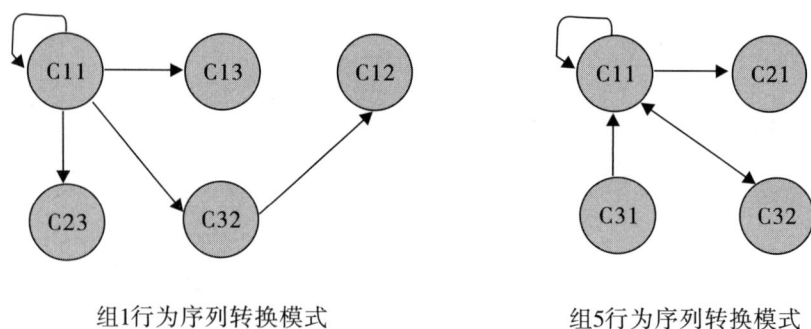

组1行为序列转换模式　　　　　组5行为序列转换模式

图 8-6　行为序列转换模式

研究结果：通过对模型中三个重要维度的分析及基于工具支持的可视化结果呈现发现：

（1）利用学习分析技术，克服了原有协作学习过程分析中主流的基于人工编码的主观性弊端，改善了人工分析费时费力且仅能用于协作后分析的不足，能够对协作过程提供实时反馈，从而增强了协作学习的评价、反馈、感知和适应性。

（2）基于工具分析的可视化的呈现，将协作过程生成的数据转化为一个友好的可视化形式，使一些重要的特征、规律、异常值得到了凸显。因此，分析工具支持的可视化呈现可以作为一个关键的功能，用来获得学习过程的深入洞察以及提供监控、反馈和评价的基础支持。

8.4.3　CSCL 在学科课程领域的应用举例

案例：通过计算机支持的协同知识构建培养学生的科学探究能力[①]

研究目的：调查计算机支持的协作知识构建环境能否以及如何帮助学生获得更复杂的科学探究方法。研究旨在创建一个开放式的探究环境，使用计算机支持的知识构建环境"知识论坛"（knowledge forum）。该环境在过去 30 年中已成功应用于各个领域和文化背景，这种方法使学生能够模仿真正的科学家进行科学研究和理论发展。本研究考察了在此过程中知识构建活动的要素对学生学习结果的影响。

理论模型：科学探究和知识建构理论。科学探究可以被看作是发展知识和了解自然世界的过程。这个过程具有以下要素：定义问题、生成假设、进行调查、分析证据、制作模型和评估结果。在知识构建中，可改进想法的原则认为，知识是由知识工作者（如科学家和工程师）创造的，他们将想法视为可以不断改进的概念人工制品。这一原则鼓励学生将想法视为概念对象，原有的概念对象可以用更好的概念对象来替代。通过持续的想法改进过程，学生对他们所探究的特定主题会产生更深的理解。

研究对象：52 名参与通识教育课程的本科生（39 名一年级学生，13 名二年级学生），他们参加了为期 18 周的"自然科学入门"课程，该课程要求他们利用知识论坛开展科学探究，并通过在线协作构建科学概念。

---

① LI P J，HONG H Y，CHAI C S，et al. Fostering students' scientific inquiry through computer-supported collaborative knowledge building［J］． Research in science education，2020，50：2035－2053.

研究设计：

（1）课程设计。

该课程旨在为这些未来的教师教授自然科学做好准备，以及帮助他们发展更复杂的科学探究方法，以便他们成为教师后，能够让学生参与建构主义科学探究。由于本课程是为非理科专业学生开设的自然科学入门课程，且本课程未提供实验室，因此在这门课上没有进行真实环境的实验。

（2）"知识论坛"中的知识建构环境。

研究采用知识建构教学法设计了一个协作环境，在这个环境中，学生可以就自己的想法而工作，并在一个社区中共同建构科学知识。课程设计采用知识论坛的形式，方便学生提问。具体而言，在知识论坛上开展了以下活动：①问题识别和活动定义：课程开始时，学生被邀请识别尽可能多的现实科学问题（例如：为什么塑料袋不会分解）。这种识别问题的方法基于真实问题的知识构建原则，强调的是学习者对周围世界的努力探索。这种方法与经典的科学教学方法大不相同，过去的科学教学方法要求所有学生都要思考老师布置的或课本上的相同问题。②想法多样化和交流活动：根据想法多样化的知识构建原则，鼓励学生产生尽可能多的想法。思想的多样性对知识创造至关重要。这也与典型的课堂实践大不相同，典型的课堂实践将知识获取放在首位，同时剥夺了学生利用创意创造知识的价值。③想法阐述和反思活动：根据可改进想法的知识构建原则，鼓励学生改进他们在论坛中提出的所有想法；鼓励他们相互协作和反思，以提高社区中所有想法的质量和有效性。④想法整合和问题解决活动：根据知识的构建原则，鼓励学生提出更高层次的概念化问题，以促进其对概念的理解。与此同时，还鼓励他们发现知识构建过程中出现的新问题，并在随后的探究活动中解决问题。

研究结果： 研究分析了学生的在线讨论内容和学生的在线活动日志，并对数据进行了定性和定量分析。结果表明：①在使用知识论坛进行科学探究后，学生能够形成更复杂的科学概念；②虽然学生科学探究的质量与他们在线活动的数量有关，但研究发现并非所有类型的知识构建活动都有助于科学探究的有效性。只有当学生的在线活动的重点放在持续的想法改进上时，科学探究的质量才会提高。

第9章　信息技术支持下的学习发展

从 "技术导向" 到 "学习导向" 的发展

　　进入信息时代以来，国内以电子计算机和多媒体教学产品为代表的信息化教学技术对教育界的影响愈来愈明显。吕晓娟等人指出，自 20 世纪中叶以来，以电子计算机和通信技术为代表的现代信息技术的出现带来了 "信息技术革命"，使当今世界发生了人类有史以来最为迅速、广泛、深刻的改变。我国信息化教学的百年发展历程，大致可以划分为视听教学、计算机教学、网络教学、智能教学四个阶段。视听教学阶段为 1920—1986 年，主要将幻灯片、录像、投影等应用于教育教学领域，以电视和录像作为传播信息的主要媒介工具。于翠翠论述，"早期的信息化教学以视听理论为基础，关注教学媒体的使用。教学辅助工具的初步应用，主要是利用技术增量为教师的教学服务，通过教学手段的丰富，弥补传统教学趣味性不足等问题，也间接地增进了教学方式与方法的灵活性。"

　　但在第一轮的信息化建设发展过程中，由于大部分教师对信息化教学缺乏整体的认识，过于专注信息技术在课堂中的应用，而忽略了技术与课堂、技术与学生之间的关系，导致他们容易形成以 "技术为导向" 的教学思维。周晓清等阐述到："从技术的角度去解构整个教学系统，这是我国第一轮教育信息化建设中大部分实践者和研究者所具有的思维方式……'技术导向思维'指的是从技术的角度去考虑学与教变革的问题，片面夸大技术的教学作用忽略了技术与教学的融合。"

　　虽然在信息化教学初期发展阶段，以技术为导向的信息化教学有利于信息化基础建设在教育领域中的发展与普及，也能在一定程度上帮助教师解决教学中存在的若干问题。但为了将技术融入教学而"硬融"的做法，则会出现"教"与"学"分离的情况。蔡旻君指出，片面夸大技术的教学作用，对学习能力和教学能力认识不足将导致信息技术环境下"学"与"教"分离的现象。因此，尽管初始阶段的信息技术为信息化基础教学的普及与应用打下了坚实的基础，但也潜藏了诸多即将被暴露出来的问题。其中教学分离将会是未来信息技术辅助教学发展过程中最令人担忧的问题之一。作为教育教学工作者中的一员，必须时刻关注信息化建设的最新动向。

1987—1997年为计算机教学阶段，十年间多媒体技术的极大发展，以及若干教育教学理论对信息化教学的理论发展和实践作出了巨大的贡献，其中影响力最大的莫过于行为主义学习理论，这一理论在作为教学辅助工具的同时也使信息化教学在中国的发展发生了质的飞跃。与此同时，随着信息化基础设施建设的不断优化发展，信息技术在课堂中使用的频率不断增高，教师对信息技术的课堂依赖性也越来越强。

为了使课堂内容更丰富有趣，课堂形式更丰富多彩，大量的老师将绚丽的图片、有趣的视频应用于自己的教学内容中。但于翠翠指出："绚丽的图像、趣味的视频的确给人以感官的愉悦，却也明显存在繁复、内耗、不匹配等诸多问题。一些新的技术产品既没有充分考虑新旧学习方式之间的转换与衔接，也没有深入研究教学系统的特殊规律，只是想当然地以技术的逻辑介入教学，并企图以俯视的姿态改造教学，结果只会加剧信息技术与教学之间的隔阂。"因此，第一轮信息化建设过程中遗留下来的潜在问题，在此阶段暴露得越发明显。以"技术为导向"的教学趋势也越来越严重，导致教师在教学过程中容易背离教学的本质。

张铭凯等人指出："在具体的应用过程中，教学易被技术'裹挟'，未从学科立场出发过分推崇技术的使用将导致教学自身价值的异化。"随后，管珏琪等人也同样表明，学生未能正确认识技术的价值及其在学习过程中的定位，"忽视学习特性""配合老师为使用而使用"的技术异化现象也常出现。教学自身价值的异化与师生技术使用的异化，将致使课堂应用实践的深度难以达到或难以长久维持。

为了缓解"以技术为导向"的信息化教学趋势，尹恩山和邱婷早已提出信息技术支持的教学"生态观",以使社会更加深刻认识到信息技术支持的教学系统各要素的全新关系。"生态观"指的是技术作为一种环境要素,已经对教学系统各要素都产生了结构性的影响,因此我们需要从整体的角度重新思考教与学的变革。何克抗也对尹恩山等提出的"生态观"表示支持,并进一步提出了"环境论"的观点。他在此基础上进一步表明在以往的教育信息化实践中,信息技术的教育应用局限于改进教与学的过程的某个环节,而在信息技术与教育深度融合的背景下,应该逐步从"工具论"转向"环境论"。这里的"环境论"即"生态观"。

至此,我国信息化技术之下的学习发展开始从"技术导向"向"学习导向"变革,变革历程主要分为两个层面,即"学的变革"与"教的变革"。首先从"学的变革"层面而言,1998—2013 年,在建构主义思潮的推动下,网络教学阶段以学为导向的教学模式逐渐走进大众的视野,譬如慕课、微课、翻转课堂等新型教学模式在此阶段的教育教学发展中也得到了较为广泛的应用与支持。周晓清等指出,在"学的变革"层面,教学理念正逐渐从"行为主义"向"建构主义"的范式转变,学生的主体地位逐步凸显,越来越多体现"以学为中心"的学习方式正在出现。例如,个性化学习、小组合作学习、探究性学习、基于问题的学习、基于任务的学习等。

另外,"教"的层面在这一阶段经历了从计算机教学到多媒体教学,再到网络探究学习的发展历程,整体突出了学习者从被动学习到主动学习的改变,也从侧面反映出信息教学开始出现从"技术导向"过渡到"学习导向"的发展趋势。周晓清等谈到,在"教的变革"层面,通过浏览历年相关文献发现,信息技术支持的教学模式发展历程可以分为三个阶段:基于计算机的辅助教学、基于多媒体的辅助教学、基于 Web 的网络探究学习。这三个阶段的变化反映出信息技术的地位正在发生转变,从计算机到多媒体再到互联网,从"辅助教学"到"支撑学习",不仅体现着学习者地位从被动到主动的转变,预示着"以学习者为中心"的发展趋向,也预示着信息技术的地位也逐渐从"工具"走向"环境"。

尽管这一阶段我国的许多信息化教育工作者已经意识到"技术导向"的巨大潜在威胁,并在观念上已经作出了改变,即将技术作为一种环境而不是必备的工具运用在教学过程中。遗憾的是，在实践层面上，仍然有大量的教育者依旧坚持使用"技术导向"思维进行教学。王国中和谢百治通过整理2000—2010年间发表过的关于信息技术支持下的学习导向的文章，得出"研究者在实践层面上的'技术导向'的变革思维是我国信息技术支持的学与教变革面临的主要问题"这一结论。

但从整体来看，不能质疑的是网络教学阶段下的信息技术的发展确实改变了传统教学模式的教学形态，让20—21世纪的教学课堂处处彰显出技术带来的革新力量。可更不容忽视的是，教师对信息技术过于功利化的理解导致技术主导课堂的现象频频发生。信息技术、多媒体技术更新发展速度再快，也应始终秉持服务于教学、促进教学的宗旨，而非本末倒置。

作为教育者，将需要更多思考：当信息技术作为一种学习环境而非工具时，学习者的学习导向应该如何发展？这也是下一个信息化建设发展中重中之重的问题。

2019年初，教育部发布《关于实施全国中小学教师信息技术应用能力提升工程2.0的意见》，提出到2022年基本实现"三提升一全面"的总体发展目标，要求校长信息化领导力、教师信息化教学能力、培训团队信息化指导能力得到显著的提升，全面促进信息技术与教育教学的融合创新发展。这一政策的颁布，一方面标志着最新的教育改革更加注重"以学为中心"的教育理念，主要是为了满足学习者的学习需求，让信息化技术成为辅助学生学习的工具，使技术环境更好地服务于老师的教与学生的学，注重对学生自主、合作、探究学习能力的培养；另一方面也意味着未来的信息化教学发展变革从"技术导向"转向"学习导向"是必然的发展走向。

十九大之后，中共中央、国务院印发的《中国教育现代化2035》对教育现代化提出了"加快信息时代教育变革"的战略目标。实现这一目标要求利用现代技术加快推动人才培养改革，实现规模化教育与个性化培养的有机结合。而人才培养改革的落脚点是促进信息技术支持下"学习导向"中信息技术与学科教学的深度融合与创新，使教师与学生成为一个真正的学习共同体。赵枫和刘海长指出，根据《教育信息化中长期发展规划（2021—2035年）》，学校需要将信息技术与学科教学的关系由"应用"层次向"深度融合"层次，再向"融合创新"层次推进，引导学生开展自主、合作、探究式学习，使学生形成终身发展的素养。这种融合与创新既能发挥教师在课堂中的主导作用，也能突显以学生为主体的新型教学结构，从而促成"人—机"共生的共同体局面。吕晓娟等人提出，未来人机共生的教学生态必将形成，借助信息技术，学生具身的、沉浸式的课堂体验，泛在的、智能的教学环境，一体化的、共享的教学资源，网络化、个性化的教学生态，将共同形成"人—机"协同共生共享的教学共同体。

综上所述，信息技术支持下的学习发展经历了从最初的普及与运用，到"以技术为导向"的信息化时代，再到最后"以学习为导向"的现代化智能教育时代；从之前技术导向下的被动学习发展演变到现在的主动学习；从传统教学模式中"以教师为中心"的教学模式，到"以学生为中心"的教学模式，再到现在以教师为主导，学生为主体，突出"以学为中心"的教育模式。整个蜕变过程也见证了教育者们对技术的心理从一开始的恐惧、排斥到现在的接纳与信赖。未来信息技术支持下的学习发展任重道远，但在当下，目前最需要解决的是促使信息技术支持下的教学从"技术导向"完整地向"学习导向"转变。

9.2 信息技术支持下的教与学模式

从投影、录音、广播等新媒体产品被应用于教育领域中的视听教学阶段开始，信息技术支持下的教与学模式经历了从媒体应用范式，到课程整合研究范式，再到现在学习技术研究范式的发展。董玉琦、包正委等（2013）指出，随着"电化教育"思想的提出，利用新技术、新媒体的教育技术学研究大量涌现，形成了"媒体应用"研究范式；但随着研究的深入和技术的不断发展，研究者们提出在关注技术应用效果的同时，更应关注技术与课程整合的策略和方式，形成了"课程整合"研究范式；之后教育者意识到"课程整合"研究范式存在重方式轻基础的倾向，其效果并不理想，真正好的技术应用方法与策略应当是基于学习者的，尤其是基于"学习者如何学习"的。因此，在现代教育技术环境下，关注学习者发展的学习技术范式成为越来越多的教育技术学研究者的新追求。在教与学模式三个阶段的完善与推动之下，信息技术支持下的学习者也经历了从数字化学习，到混合式学习，再到融合型学习的蜕变。

因此，本节将从三个范式的发展历程，即"媒体应用"范式、"课程整合"范式和"学习技术"范式，论述信息技术支持下的学习发展进程。

1. "媒体应用"范式下的学习发展——数字化学习模式

"媒体应用"范式指的是随着新媒体技术为学习带来越来越多的便利，为了发挥新媒体技术在教学过程以及学习过程中最大的优势与作用，通过图片、视频等形式有目的地向学习者传递知识，使学习者不仅可以接收更有趣味性的知识，还可以调动身体感觉器官的学习功能，从而优化学习过程的一种研究范式。董玉琦等人论述到："媒体应用"范式实质上是一种追求优化的研究范式，即研究如何通过媒体技术的应用实现教育的优化。计算机多媒体技术的出现，为学习者带来了全新的视听体验和更为丰富的信息获取通道，将多媒体技术用于教育领域以促进学习者学习成为教育技术学的研究重点。在"媒体应用"研究范式下，学习者主要是通过计算机的学习软件功能和互联网的搜索引擎功能开展学习。

伴随着多媒体产品的日新月异，新媒体技术对学习者的影响不再简单拘泥于感官上的刺激以及信息传播方式的多样化，而是可以为他们的学习带来更为丰富的数字化学习资源。至此，数字化的学习模式开始进入大众视野。董玉琦、高子男等（2021）认为，数字化学习（digital learning）从表象上看是"在数字技术驱动下，学习样态从以软件或课件辅助教学为特征的学习转向以多样的数字化学习资源互补教学为特征的学习"。

然而，由于学习者过多地关注新媒体技术的功能，忽视学习内容和学习主题，他们的学习效果并没有得到显著提高，"媒体应用"范式下的数字化学习优势也因此没有得到充分的发挥。董玉琦、王靖等（2012）认为，在多媒体学习研究中，虽然研究者将技术与学习者等因素相整合的思想已经有所体现，但他们并未对具体的学习内容和学习者给予足够的关注，因此多媒体技术对学习者的影响也大打折扣。

在经历多年"媒体应用"范式下的学习之后，学习者逐渐意识到"媒体应用"范式下的数字化学习模式并没有使他们获得预期的学习效果。在这一阶段，技术对学习的促进也只是停留在表面阶段，处于设施资源建设期。董玉琦、高子男等（2021）指出，基础设施资源建设旨在提高学习媒体的可用性和学习资源的品质，是支撑教育信息化发挥作用的基础。这一时期的技术促进学习研究似乎是在默认了要应用技术的前提下，从以媒体为代表的物化技术自身特性出发，探讨技术与教育相结合的可能性，比较不同媒体技术在教学中的应用效果。然而，随着信息技术的快速更替，教育技术有效性受到诸多质疑，问题逐渐暴露出来。基础设施资源建设固然是必要的，但以此为目标的研究终究是短视的，解决的是技术的问题而非教育问题。为此，对"媒体应用"范式的批判思考——"课程整合"范式研究进入大众的视野。

2. "课程整合"范式下的学习发展——混合式学习模式、移动学习模式

"从 20 世纪 90 年代初开始，美国就有学者提出了'课程整合'的理念。大致在 20 世纪末 21 世纪初，西方的'课程整合'范式研究进入高潮。"课程整合范式强调的是以课程目标为研究主体，而非技术。其本质是希望学习者能够关注并思考技术如何更好地提高学习效率，在学习的过程中懂得如何选择合适的技术手段去辅助自身的学习，而不是过度关注技术本身，避免生硬地使用技术，甚至为了迎合技术而牺牲学习目标。董玉琦、包正委等（2013）指出，在以往的媒体应用研究范式中更加强调媒体应用与策略改变，但是由于强调课程整合，所以在实际应用过程中，人们逐渐从传统的单一教授式教学方式中解脱出来，试图打造出一个新型的、技术支持下的教与学策略。

因而，在课程整合范式的研究下，以混合式学习展开的自主学习、探究学习、合作学习等多元化学习方式得到了迅速的发展。混合式学习指的是线上、线下两种学习模式共同进行的状态，是以学生为主体，老师为主导的一种新型学习模式。两种学习模式各自发挥其优势和价值，互相弥补各自的不足从而提高学习者的学习效果。李克东和赵建华解释到，混合式学习从形式上看是在线学习和面对面学习的混合，更深层次是包括建构主义、行为主义和认知心理学等不同教学原则下的教与学两种模式的混合，课堂教学与在线学习中不同学习环境的混合，不同教学媒体的混合，实体课堂与虚拟教师或虚拟社区的混合等。

打破了对学习者学习时间和空间的限制后，基于网络学习资源和学习平台的支持，学习者们更倾向于自主学习以及协作互动学习模式，这种可以打破时间、空间壁垒的学习模式也称为"移动学习"。熊才平和汪学均指出："移动学习被称为下一代的学习方式，已获得广泛认可，这种新型学习方式正在向泛在学习发展，为学习者提供无缝的动态学习体验，学习的时空特性和状态已经发生了根本的转变。"目前关于移动学习的理论研究主要体现在非正式学习、情境学习、境脉学习、活动学习、经验学习等方面。相关实践研究主要聚焦在：移动设备应用于教育的可行性研究、移动学习资源的开发、短信息服务、WAP 教育站点的建设、终身学习、PBL 及协作学习等研究。（刘豫钧、鬲淑芳，2004）

然而，不管是哪一种学习范式，学习者的学习都未真正摆脱技术环境的干扰，始终存在依赖技术、强调技术而忽略学习者本身与学习内容的现象。即便"课程整合"研究范式对"媒体应用"范式提出了质疑，但其本身也仍有重方式轻基础的倾向。何克抗等人开展了若干"基础教育跨越式发展创新试验"，先后在 700 多所实验学校开展了广泛的实践研究，从改善学习的效果、效益、效率三个方面考量国内外信息技术与课程整合的研究。数据表明学习者的学习成绩、学习态度、学习积极性等方面都有显著提高，但从改善学习的效益和效率看似乎并不乐观。董玉琦等提出："如果说教育技术学是为了促进人的发展，归根结底是为了促进学习者的发展，那么教育技术研究倘若重在关注媒体应用，或者重方式轻基础，而不去深层次地、充分地关注学习者，是否便缺失了其立足于教育的根本？换言之，到底谁在学习？在教育技术学研究中，如果忽视了学习的主体——学习者，研究是不是可能会陷入只见技术不见人、投入产出不成正比的尴尬境地？"基于此，她提出了"学习技术"范式的概念。

3. "学习技术"范式下的学习发展——融合型学习

基于改善学习者学习效果的初衷，突出学习者在学习过程中的主体地位，教育技术研究者进一步提出了 CTCL 范式，即研究者在文化（culture，C）视野下，将技术（technology，T）、学习内容（content，C）、学习者（learner，L）相结合的教育技术学研究新范式，亦可简称为"学习技术"范式。这种范式侧重以文化环境的大背景为前提，关注技术、学习内容和学习者三要素之间的联系，从多层次视角出发，深入关注个体的个性化学习，以及群体的共同体学习。董玉琦等指出，"此处的'技术'既包括媒体技术等在内的物化技术，也包括方法等在内的智化技术"。

在 CTCL 学习范式的发展下，学习者的学习发展也有了不少突破。融合型学习是 CTCL 范式下最具有代表性的学习模式。祝智庭和胡姣解释到："融合型学习（online-merge-offline learning）是尚属探索阶段的一种学习样态，但其未来发展趋势值得期待。"这一学习样态可以通过对学习者学习数据的收集和分析来了解他们的学习风格和学习兴趣。此外，也可以通过一些软件对学习者的学习能力、操作技能进行评估。

董玉琦等进一步论述，一方面，随着云计算、大数据、人工智能、虚拟仿真等技术在教育中的应用，智能化学习支持系统能够记录并分析学习者在阅读、写作、操练等学习过程中形成的数据；能够洞察学习者遇到的学习困难，并根据数据分析推送学习资源，为其定制个性化学习方案。随着人工智能技术的发展，学习者在学习过程中的兴奋、喜悦、犹豫、懊恼等情绪化表现，在合作、探究中的倾听、对话、协助等社会化表现，都能被记录与分析，并作为促进学习的依据。另一方面，随着技术在教学中的渗透，虚实结合的学习环境成为当前学校教育教学中较为常见的学习场景。学习发生的条件在物理空间上得到扩展、延伸和开放，同时在时间维度上也得到延伸。

王靖和陈卫东（2016）也提到，在融合学习中，发生在线上与线下的教学活动在时间维度上是"并行"的，数据采集、分析、学习反馈等技术工作与人的学习活动在时间上是连续、完整且同步的。线上与线下的融合为技术稳定地运行提供了可能，使其较好地发挥了对学习的优化功能，包括提高教与学信息处理的效率；实现非入侵式的、即时的、准确的个性化支持；推动技术从"可见"向"隐形"转变。因此，融合学习是技术与学习深入交融后衍生出来的一种智慧化学习模式，具有个性化、生态化、数据多样化的特点。它关注的是学习者的学习与发展，特别是个性化学习研究。董玉琦和林琳也进一步证实了，"学习技术"范式下的研究聚焦学习者与学习内容的关系的复杂性和多样性，探讨的是"技术支持的基于认知发展的个性化学习"。孔晶等对国内外的研究进行了综述，也提出技术支持的个性化学习是促进学生发展的新趋势。

综上所述，信息技术下的学习发展在三个范式的不断完善推动下，经历了从数字化学习模式，到混合式学习模式、移动学习模式，最后走向融合型学习模式的历程。今后信息技术下的学习发展将聚焦于探索技术如何促进综合素质的改善，提高学习者批判性思维、学习能力和创造力等方面。譬如：探讨如何将有效的学习技术运用到发展学生批判性思维之中；探讨学业情绪干预视角下技术如何促进学业成绩的提升；等等。这些研究对学习者的学习成就等方面都会带来积极的影响。

9.3 开放式教学平台与资源

随着信息技术的飞速发展，移动互联网和大数据技术在国内外得以普及，网络不再是一堆相互连接的计算机，数据也不再是事物运行的客观数字化呈现，而成了人们交流沟通、协同工作、获取信息、开展决策的重要工具。与此同时，教育事业也随之变化，教育理念与教学模式正在不断地更新变化，国家也致力于将教育发展与信息技术进行充分融合，在线开放式学习平台应运而生。

开放式教学平台是一个基于开放 API（Application Programming Interface，应用程序编程接口）的数据分享平台，教师可以直接提交结构化的数据到开放式学习平台中，使学习者获得更好的体验。国外教学应用较成功的开放式学习平台主要有：Moodle、WebCT、BlackBoard、LearningSpace、Sakai、WISH、Olat 等；国内开放式学习平台主要有：MOOC 中国、学堂在线、中国大学 MOOC、Vclass 等。开放式学习平台是信息化发展的产物，为现代教育提供了新的发展平台和发展思路。自 2013 年以来，大规模的在线开放式课程和混合式教学在我国迅猛发展，成为当前我国高等教育的搜索关键词。特别是随着教学实践的不断深入，基于在线开放式教学平台的混合教学模式在多所高校得以广泛应用。（王帅国，2017）

依托于互联网和现代计算机技术在教育领域应用的日益普及，慕课作为一种新型的教学模式迅速崛起，凭借"规模大、共享开放、资源丰富"等优势深刻冲击着传统教学模式，引发知识教育学界关于教育观念、教学方式和教育体制等的思考和探索。国内教育领域各部门也相继加入"慕课"这股热潮，在教育部"高校主体、政府支持、社会参与"方针的指导下，众多高校纷纷基于相关学术理论研究来积极构建慕课平台，大力开展慕课建设，探索新型知识教育学习模式。

9.3.1　慕课

慕课（Massive Open Online Course，MOOC），表示"大规模网络开放课程"。关于慕课的概念一直没有明确的界定，各学者说法不一。如王圣祥和张玲认为慕课是具有分享和协助精神的个人或组织为传播知识在互联网发布的开放课程。陈冰冰也提出相似的观点，认为慕课是以开放访问和大规模参与为目的的在线课程，是远程教育的新发展。麦考利（McAuley）则提出了更为具体详细的定义，认为慕课为基于共同学习目标、学习兴趣和先备知识而组织起来为学习者提供学习资源的交互性论坛，是一种可实现大规模互动参与的在线课程。综合各学者的要点，笔者认为"慕课"是一种基于互联网技术开放共享课程资源，允许大规模用户访问、交互和获取知识的在线课程。

通过总结发现，慕课的概念一直围绕着"大规模、开放、在线、课程"四个关键词展开，而这也是慕课的主要特征，即：①Massive（大规模），慕课平台没有人数注册的限制，允许任何人成为使用者进行知识共享和学习交流，因而具备大规模的用户群体和课程资源。②Open（开放），课程向学习者完全开放，不论其年龄、性别、地域、文化水平等方面的差异，可以最大限度满足每个人的学习意愿，体现出平等、自由、民主的学术精神。③Online（在线），慕课完全打破了学习的时空限制，学习者能依托线上学习环境来灵活地安排自己的学习活动，体现了互联网时代知识经济的发展。④Course（课程），慕课平台汇集极其丰富且高质的精品微课课程资源，以满足用户的学习需求。

根据理论依据、适用对象和教学目标侧重等标准的不同，慕课具有多种分类结果，其中最常见的是 cMOOC、xMOOC 和 tMOOC 三类。cMOOC 基于联结主义和建构主义理论，注重联结的建立和知识系统的构建和再创造。xMOOC 强调认知—行为主义教学法，以斯金纳（Skinner）的操作性条件反射理论为核心指导，侧重于在学生的学习过程中对知识的复制和传播。而 tMOOC 以建构主义为理论基础，关注学生在解决学习案例的过程中获得复杂技术技能和知识应用能力。其中，xMOOC 保留了常见规范性课程的基本要素，如学习大纲、知识讲授、章节练习、练习反馈等环节，比较符合主流的课堂教学的行为模式，所以 xMOOC 是目前全球普遍采用的慕课形式。

1. 慕课的发展概况

2008 年，加拿大教育学家乔治·西门（George Siemens）和斯蒂芬·道恩斯（Stephen Downes）开设了第一门慕课课程，允许学生通过社会性软件如 YouTube、博客、Moodle、Twitter 参与学习和探讨，慕课授课由此开始进入人们的视野。2011 年斯坦福大学教授瑟伦（Sebastian Thrun）推出"人工智能导论"（An Introduction to Artificial-intelligence）免费课程，全球有 16 万学生共同注册学习，至此慕课实现真正突破，进入井喷式发展期。2012 年，Udacity、Coursera 和 edX 三大慕课网站平台相继成立并投入运营，此后慕课建设如火如荼，影响着世界各国的教育模式变革。

为发展我国教育事业，建设社会主义教育强国，教育部于 2012 年 3 月 13 日通过了《教育信息化十年发展规划（2011—2020 年）》。其中强调通过教育信息化建设来促进优质教育资源的普及共享，在促进教育公平的同时实现教育思想理念和教学方式的全方位创新，以构建学习型社会和人力资源强国。同时期蓬勃发展的慕课进入中国并得到重视。2013 年清华大学、北京大学加入美国慕课平台 edX，复旦大学、上海交通大学加盟全球最大慕课平台 Coursera，开启了国内慕课建设的进程。2013 年 10 月，清华大学正式推出国内首个中文版 MOOC 平台——"学堂在线"，这意味着我国开始自主研发中文慕课平台。随后国内网络慕课平台大力发展，为众多学习者提供了丰富的教学资源。

2. 现代学习模式的转变呼唤慕课教学的加入

科学技术的发展给社会生活带来广泛而深刻的变化和影响。随着信息技术的飞速发展和互联网技术的应用深化，社会迈进强调知识创造和创新精神的信息时代。便捷高速的信息分享和交流极大地拓宽了学习者的学习渠道，也让学习更为自由灵活，学习者可以"随时学、随处学、想学能学"。牵一发而动全身，学习行为习惯和方式的改变需要传统知识模仿和复制的教学模式的变革，取而代之以关照学生个性发展、自主创新和知识建构的新型教学模式，与建构主义学习理论相契合。

建构主义学习理论认为，学习是学习者利用感觉在感知外部世界时吸收并且建构意义的活动过程。在这个过程中认知者在原有知识经验的基础上，在一定的社会文化环境中，主动对新信息进行加工处理、建构知识表征。建构主义学习理论注重学生在知识构建过程中的主体地位，强调提供丰富的教学情境的同时关注合作协商原则以促进问题的全面理解和知识的系统构建。将慕课平台和传统课堂相结合可以使学习者的主体地位更为显著，学习者依靠线上网络环境在时限前可以自主安排学习时间以及掌控学习进度。更为纯粹的慕课教学还能让学习者自主选择学习内容和制定自我学习目标，在激发学习者学习热情的同时培养终身学习的能力，从而促进个人能力素质的提升，促进社会的发展。

3. 政府政策的推进和慕课平台的发展为高校慕课教学提供条件

"《教育信息化十年发展规划（2011—2020 年)》"的出台，要求推出满足不同教学需要、不同学习需求的新型国家级精品资源共享课，推动先进信息技术在教学领域的广泛应用，促进教学模式、教学方法、教学手段的变革和教学质量的提高。"（刘畅、曹峰梅，2016）目前我国由高校参与建设的主要慕课平台有"学堂在线""好大学在线""中国大学 MOOC""优课联盟"等。其中"中国大学 MOOC"是 2014 年由"爱课程网"和网易云课堂合作推出的在线慕课平台，向大众提供中国知名高校的 MOOC 课程。因为"爱课程网"是我国高等教育课程资源共享平台，在承担国家精品开放课程项目的过程中积累了一定的在线课程建设基础，同时具备与众高校良好的合作基础，因此"中国大学 MOOC"可供国内众多高校进行相应的慕课建设和应用。2014 年 9月，"中国大学 MOOC"平台上线 SPOC（Small Private Online Course，小规模限制性在线课程）功能，为高校的慕课教学提供平台。

基于数理统计和数据挖掘的知识对慕课平台中的大数据进行分析，可以为后继个性化和定制化学习模式的发展提供有效的数据支撑。通过收集分析学习者使用过程中产生的数据，慕课建设者可以了解到学习者们多样的学习需求，并基于此开发调整慕课的课程内容，以提供个性化的学习资源和互动体系，让慕课建设更好地适应学习者的需求，实现因材施教。

9.3.2 微课

微课（Micro-lecture）的雏形最早见于美国北爱荷华大学麦格鲁（LeRoy A. McGrew）教授所提出的 60 秒课程（60-Second Course），以及英国纳皮尔大学学者基（T. P. Kee）提出的一分钟演讲（One Minute Lecture，OML）。2008年，美国新墨西哥州圣胡安学院的高级教学设计师、学院在线服务经理戴维·彭罗斯（David Penrose）正式提出"微课"这一概念，并称之为"知识脉冲"（knowledge burst），意为一种更加聚焦的学习体验。而美国高等教育信息化协会则将微课定义为一节短小的视音频，呈现一个单一的、严格定义的主题。微课出现后迅速被应用于在线课程平台，如可汗学院、TED 等微课视频网站。微课呈现出多样化、多学科、富媒体的特点，不仅具有较好的技术支持，在课后训练、效果反馈、在线解答和交流方面也逐渐完善，整个教学环节基本完备，纯线上模式也简化了学习的流程，微课已经逐渐走向成熟。

随着翻转课堂等新概念的普及，微课近几年发展迅猛，备受学界关注。微课作为翻转课堂的课前预习环节之重要载体，受到教育机构和师生群体的重视。传统授课模式下，由于学生普遍视觉驻留时间为 5~8 分钟，时间过长注意力易涣散，易影响教学效果。同时为了适应碎片化时代快节奏的生活，微课应运而生。它能集中展示教学内容中的重点、难点，取其精髓、删繁就简。并且在当下，微课可以通过电子终端轻松获取并保存以随时学习、重复使用，利用率高，效果好，可以满足各类学生的个性化学习需求。

在我国，胡铁生先生在 2011 年首次将微课定义为："微课是根据新课程标准和课堂教学实际，以教学视频为主要载体，记录教师在课堂教学中针对某个知识点或教学环节，而开展的教与学活动中所需各种教学资源的有机结合体。"他将人们对微课的研究分为三个阶段，从基础性、概念性的"微资源"认识，到深层次的"微教学"活动的实践，再到现在更多人关注的"微课程"及应用方面的实际问题，直观展现了国内微课的总体发展历程和阶段性成果。至此，微课正式作为一种新型教学模式走进大众的视野。

后来学者在研究中，又提出了与之相关的"微课程"以及"微课堂"[①]等概念，虽只有一字之差，内涵却不尽相同。课程更倾向于长时间的、静态的、由一系列教学环节所组成的有机整体；课堂指的是教师对学生知识传授的教学实践，是短暂的、动态的。由于各个概念之间既有区别也存在相似的地方，并没有严格意义上的区分，且国内在此方面有诸多讨论，学说众多，这里仅为更贴近研究微课交互性而选取其中一个概念，而"微课堂"在形式和内涵上更符合"微课"的实质，范围较"微课程"略小。

微课组成要素分析

对于教学过程基本要素的界定，学术界众说纷纭，其中包括三要素说、四要素说、五要素说、六要素说、七要素说和三三构成说等。笔者主要采用三三构成说，即教学过程由三个构成要素和三个影响要素整合而成，其中三个构成要素是学生、教师和内容，三个影响要素是目的、方法和环境，如图9－1所示。在这些观点之间，有一定的继承和递进关系，因此，在分析教学要素时，要全面进行静态要素分析和动态要素分析。

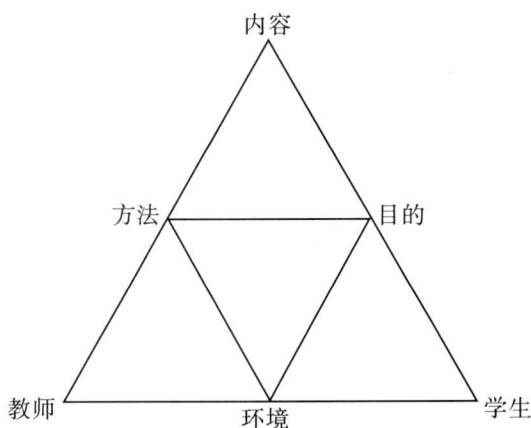

图 9－1 三三构成说的相关要素关系图

教师、内容、学生是教学过程的三个基本环节，教师通过多种方法，将内容传递给学生，从而达到教学的目的，环境影响师生之间的互动和传递效率。笔者以第三届中国微课大赛的作品为主体，兼顾往届优秀作品，选取了50件微课作品为实例，讨论各要素的作用。

1. 静态要素分析

（1）学生要素。

由于该要素是微课整个学习过程的主导，学习的主动权在于学生，因此放在首位论述。如何调动学生的积极性是该要素的核心内容，微课的有效前提是激发学生的学习动机，而 ARCS 动机模型分析了动机的生成机制，并据此提出可操作的干预策略。该模型认为，学习动机的生成依赖于注意（attention）、相关（relevance）、自信（confidence）和满意（satisfaction）这四个既具有层次递进性又高度相关的动机过程（见图 9 - 2）。"注意"是指学习内容和学习目标能够引起学习者选择性关注，动机得以激发；"相关"是指学习内容和学习目标与学习者的生活经验相联系，对未来的发展有一定的价值，动机得以维持；"自信"是指学习者有信心完成学习任务，并得到适当的支持，动机继续维持；"满意"是指学习结果符合预期目标，体验到成功的满足感，动机长期维持。由此可见该模型的核心任务是激发学习者的动机并使之长久保持下去，而如何保持则是微课设计者需要考虑的问题。

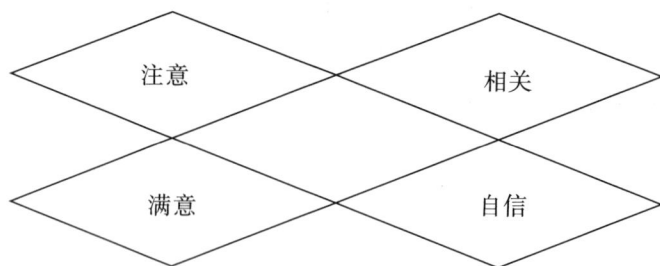

图 9 - 2　ARCS 动机模型图

另外，马斯洛的需求分析理论也指出人的需求是从身到心、从低级到高级的，这对微课的交互设计又提出了新的要求。一方面要激发学习者的学习动机，另一方面要满足学习者的身心需求。反映在交互上，表现为减少无效信息、拉近师生距离、提高教学互动体验。

（2）教师要素。

在传统的教学模式中，教师无疑是课堂的主导，而在微课堂这一特殊的教学模式中，教师的作用显得不那么重要，学习主导权更多地掌握在学生手中，教师以口述、演示等方式参与知识传递，但由于主导权在接收方，所以教师更应该以传授知识为第一要务。如何更好、更快地达到知识传递的效果，需要考虑以下一些因素（如表9-1所示）。

表9-1　微课作品教师教学效果影响因素

影响因素	人像	语速	指示	风格
教师	真人	可调	鼠标	朗诵
	画外音	不可调	动画	日常口语
	二者兼有	—	二者兼有	—

在50件参赛作品中：人像方面，出现真人的有11件，出现画外音的有33件，二者兼有的有6件；语速全部不可调；指示方面，鼠标指示的有31件，动画指示的有9件，二者兼有的有10件；话语风格上，朗诵风格的有16件，日常口语风格的有34件。而获奖作品以画外音、鼠标和动画结合指示、日常口语风格居多，这类作品在网站发布后点击率和得票率也较高。

（3）内容要素。

以教育部发布的"微课"最新评审标准为纲，内容要素包括四个方面：选题、内容、规范、效果。即针对特定的人群和教学目的选取适当的题目，根据题目编排内容，内容要符合一定的结构和要求，最后作品要达到一定的教学效果。以往年优秀获奖微课作品"神奇的'7'"为例：

在选题上，不同于其他微课，该作品以数字"7"为标题，不直接点出所要讲述的内容，有策略地提升了微课的吸引力；在内容上，是唯一一个采用发散性思维的作品，以一连串的问句（如看到"7"你会想到什么?）作为引导，随机引出跟"7"有关的知识点，包括文学、天文、历史等方面的一些简单常识，学习者仿佛身处一辆知识的过山车，不知道在下一段会遇到怎样的知识点；在规范上，该作品没有使用课件，而是应用了 Prezi 软件制作的动画短片，每个知识点是一段动画，包括图片、文字、场景的交换，制作精美，夺人眼球；在效果上，该作品在相关平台发布后是唯一点击率过万的作品。同时，学习者对其评价也非常高。在观看该作品时学生就可以轻松记忆其中的知识点，美中不足的是缺少课后的反馈环节，但单就一个微课作品来说已经十分优秀了。

该作品彻底打破了人们对微课的传统观念。首先，该作品全程没有出现教师讲解知识点的画面，全程采用画外音模式；其次，该作品没有采用 PPT 来制作课件，而是将知识点、图片组合后制作成动画短片，启发了人们对制作软件的选择；最后，该作品没有直接套用传统课堂的课件，没有将知识点用大纲的形式展示在画面中，而是穿插在图片、动画、话语之间，行云流水，顺势而出，引人入胜，让学习者潜移默化地接受。

2. 动态要素分析

（1）目的要素。

微课的兴起依托于碎片化学习时代人们的学习需求，满足人们的这种需求是微课的核心目标。但人们的学习需求各不相同，不同身份、不同年龄段、不同教育背景的人对微课有不同的要求。而在目前，微课的资源还不是十分充足，制作水平也还在起步阶段，所以微课有必要对自身进行定位，同时制定中短期目标和长期目标。

中短期目标应以满足微课自身发展需求为主。现如今，微课虽然没有在广大学生中产生重要影响，但在教师之间的学术交流中已经具有重要地位。胡铁生先生的研究中提到，80% 的青年教师对微课有一定的了解，30% 的教师参与过微课的制作，且微课在教师群体中广泛传播，影响力与日俱增。但其存在的问题也很突出：第一，微课制作技术培训迫在眉睫；第二，微课制作"形式大于内容"现象普遍；第三，微课制作没有突破传统课堂模式。这三点是中短期内微课需要解决的主要问题。

长期目标则需以满足不同层次学习者多种多样的学习需求为目的，在理论基础、技术设备、实践经验等各方面条件均具备的情况下，借助多种信息发布平台和电子设备终端，打造大型微课学习平台，供学习者观看、学习、交流。为此，还需要对学习者的学习需求进行考察，有针对性地制作人们迫切需要的微课作品。

（2）方法要素。

在选取的 50 件参赛作品中，制作方法大同小异，主要以 PPT 课件为主，有的录制讲述视频，有的在 PPT 中插入了动画、音频、自制视频等元素。动画主要体现在教学内容的展示上，例如文字的闪烁、进入、退出，图片的进入、退出，知识点之间的衔接等。音频、视频主要是对课件的美化和充实，视频内容包括日常课堂实录、课文内容演示（小品形式、朗诵形式等）。对比往届作品，这些参赛作品在技术上相对丰富，但仍没有突破传统课堂模式，没有深入理解微课的本质，仅仅是将传统课堂片段化、浓缩化，变成了片段课、表演课、精品课、公开课，没有从根本上作出改变，做出来的东西也就没有实质意义。

（3）环境要素。

过去人们仅讨论了微课作品中出现的环境即内环境，而完整的环境要素应该包括内环境（微课展现的环境）和外环境（微课存在的环境）。这里仅讨论微课的外环境。

微课由于容量小、内存占用率低，在互联网时代能够轻松获取。因此非常适合移动环境下学习者自主学习，这就要求它的设计必须符合移动环境的各种要求。首先，它的交互一定要操作简单并且尽可能少。由于人们需要在碎片化的时间里来进行学习，所以微课不可能要求学习者投入高度的集中力。其次，移动环境包括户外环境，4G/5G 流量是获取微课的主要方式，而由于网络流量有限，微课文件就不能太大，并且要能够储存在终端中。最后，微课要能够发布于各大信息交流平台，例如现在使用率较高的微信，以及各大视频 App 等，只有让人们看到，才能提升它的影响力，否则就会步国家精品课的后尘。对微课的总体要求是要易获取、易储存、易操作、易传播。

（4）反馈环节。

该环节在目前国内的微课平台还比较少见，但在国外的微课网站已经基本具备。例如可汗学院，全自主在线学习的教学效果就是通过课后的反馈环节来评判。反馈有两个目的，一是学习者通过反馈来了解自己学习的程度和效果；二是微课制作者通过反馈的信息了解微课与学习者之间的契合程度，观察微课的教学效果。学习者反馈不仅包括学习者对微课的评价，而且需要学习者先完成根据微课设计的相关训练，以成绩作为微课教学效果的凭证。完成训练之后，学习者如果还有疑问，可以通过学习互助交流平台提出自己的问题，甚至可以预约有关教师来远程解答。因此，微课只是整个教学环节的起点，完备的课后反馈环节才是激发学习者学习动机并保持学习者学习热情的关键。

微课作为一种学习方式，具有无限的可能性，需要研究者去不断挖掘、开发，改变现有的学习模式，为学习者提供更多的资源，提升学习效果。微课制作要制定中短期和长期目标，中短期目标要尽可能满足微课本身的发展需求，提高技术、内容、制作者整体水平；长期目标要对准微课学习者，针对不同层次学习者的不同学习需求，制作多样化、多学科、富媒体的微课作品。

9.4 AR 与人工智能技术

增强现实是一种通过电脑技术将虚拟世界的信息应用在现实中的技术。AR 产业从产生之初就应用在教育领域当中。AR 技术被应用于不同的学科中，建构出直观和真实的环境，让同学们能即时体验其情境，增强交互和沉浸感。2014—2016 年，教育领域中的著名国际组织新媒体联盟发布《地平线报告》，认为 AR 技术是未来教育重大发展技术之一。以下为 AR 在国内外教育领域中的典型应用研究案例。

9.4.1 国外应用研究案例

相对于国内，国外的 AR 应用研究案例发展历史较长，因此应用研究案例的数量较多，并且应用在不同的学科中。典型的应用案例包括：故事书、地理知识、数学几何学和语言领域。教育领域的先驱案例是比林赫斯特（Billinghurst）的"魔法书"（MagicBook）。他将书里的场景以动画形式和3D形式呈现，读者使用特殊的眼镜才能看见虚拟场景。

2002 年，赫德利（Hedley）和谢尔恒（Shelton）提出使用 AR 技术作为地理知识的教授方式之一，并尝试使用 AR 技术，讲授太阳和地球的相关知识。30 多名学生在接受 AR 技术教学后，提高了理解能力，减少了误解，改善效果显著。

2003 年，考夫曼（Kaufmann）和斯马尔斯逊克（Schmalstieg）使用 AR 技术开发了 Construct 3D 应用程序。这是一个 3D 几何构造工具，专门应用于数学和几何学的教育。Construct 3D 具有构造的基本功能，如构造平面、点、球体、线、立方体、圆柱体、圆锥体等。构造功能包括几何学中的交点、对称、计算等。另外，Construct 3D 具有布尔运算工具，可以直观地将几何体的相关变化和相切、相交的相关知识展示出来。Construct 3D 的初步评估是正面的，并且是一种灵活的教学方法，增强了师生的互动性，能有效地帮助学习者理解复杂、抽象的几何概念。

2007 年，道尼尔（Dunser）和霍内克（Hornecker）研究调查幼儿与增强现实故事书的互动。主要让 6 到 7 岁的小孩阅读并与融合了 AR 技术的故事书互动。AR 故事书中加入了虚拟角色、有标签的互动虚拟道具和声音，能够让孩子们阅读并完成故事书里面设置的任务。研究中有两种实验：由一个孩子单独完成阅读和挑战任务，以及由两个孩子一起完成阅读和挑战任务。研究结果发现，比起两个孩子，一个孩子对故事情节发展的掌握能力和完成多个任务的能力较差，但是在挑战任务的时候策略性较强，娱乐性较弱。两个孩子在阅读的时候会在遇到困难的部分互相帮助，并且找出多种可能性。最后研究结果显示，故事的互动性似乎不太吸引孩子们，但是挑战任务中的动态活动和角色互动增强了他们的兴趣，有可能帮助他们记住故事的情节。

在语言学习领域方面，巴雷拉（Barreira）等人开发了一款游戏，用于学习墨西哥北部的方言（Mayo language），有 85 名墨西哥大学生参与研究实验。每局游戏提供 16 张单词图卡，这些图卡融合了 AR 技术并建立了一个数据库，每当手机捕捉到图卡时就会出现相应的图片、发音和词汇的解释。游戏中需要学生把新学的单词准确地拼出，并把其标记对齐到指定的位置。研究结果表明，使用该游戏的大学生能更有效地学习、理解和吸收新知识。伯纳德塔·佩里（Bernadette Perry）等人融合 AR 技术开发了一款学习应用程序

Explorez，以真实的校园为基础，结合虚拟的资讯、情境等，将其改造成一个虚拟的法语校园。在校园里，人们能与虚拟的物品、人物和媒体进行互动，从而提升法语水平并深入了解校园。普累玛·梅达（Prema Meda）等人提出利用 AR 技术来学习印度的官方语言泰卢固语（Telugu）。移动软件作为一种即时翻译的手段，可帮助使用者学习泰卢固语。当使用者利用手机捕捉所需要翻译的英语文本时，软件随即对其进行检测和提取，并且即时将文本翻译成泰卢固语显示在手机屏幕上。研究结果证明这种方式对泰卢固语的学习有明显帮助。

9.4.2 国内应用研究案例

虽然国内的应用研究案例没有国外的多，但是国内的研究也取得了丰硕的成果。典型的例子包括"未来之书"、"快乐记单词" AR 软件、"泡泡星球" AR 游戏。北京师范大学蔡苏团队从 2009 年开始研究增强现实教育应用，取得了丰硕的成果。蔡苏、宋倩和唐瑶提出了增强现实学习环境的架构，并基于此成功开发了一个增强现实概念演示书——"未来之书"，即通过计算机设备，就能在课本上展示三维的图形效果。蔡苏等还通过实证发现，大部分学生的学习态度和学习兴趣与增强现实的应用有极大关系，呈正相关，越是应用增强现实技术的教学方式，教学就越具有交互性和情境性。

2014 年，北京师范大学针对学龄前儿童的教学特点，研发设计了一款叫作"快乐记单词"的儿童学习英语词汇的应用软件，其原理是结合 AR 技术，用虚拟现实的方式，将儿童需要掌握的词汇的意思生动形象地展示出来。华东师范大学的陈向东和万悦开发了以"泡泡星球"为例的小学生英语单词 AR 教育类游戏。增强现实技术使学习者仿佛置身在真实的情境当中，模拟进行情景问答和角色互动，从而进行英语单词的学习。金兰和曾丹等人从对外汉语融合 AR 技术的应用优势进行深入分析，发现 AR 技术能在对外汉语教学中增强学习者的学习效果，满足他们的学习需要，增强教学的趣味性和灵活性。因为 AR 技术能拓展学习空间，实现深度学习和混合式学习，并且融合学习者的学习分析和其个性化学习特点。曾丹等人提出了 AR 技术应用在汉语教学中的建议。在听说教学方面，提出突破地域的局限，建立与生活主题相关的 AR 资源，让学习者能在生活里训练听说技能。在汉字教学方面，提出基于董子龙等人构建的 AR 汉字标志系统制作汉字卡，即学习者用手机摄像头捕捉对应的标志后，手机屏幕就会显示 3D 图形并发出读音。此外，他们推测基于增强现实的立体化汉语课本和虚拟汉语情境学习等将成为一种常态。因此，AR 技术融合在汉语教材中，可以作为一个课前、课后的辅助学习手段，符合现时的主流教学理论。学习者通过老师课堂上的讲解，学习了传统教材里的知识，课后便可再运用 AR 教材温习，从而更全面地掌握课上所学的知识。

9.5 "后人类" 的网络化学习

"后人类主义"的著名代表人物哈拉维（Haraway）于 1991 年将"电子人"正式定义为"机器与有机体的杂交物，既是社会实在的，也是虚构的"。很快"后人类"就被视为"人体—机器"的复合体，既包括对人类进行部分的人工设计、人工改造和美化，也包括以生物和电子技术为基础的人工模拟，它们都是"人工人"。本质上，"后人类"不只是一个实体概念，更是一种隐喻，我们常以"后人类"这一隐喻来感知和思维、认识和想象、体验和生活。

9.5.1 "后人类" 是什么

1983 年 1 月 3 日《时代》周刊的封面，以"年度风云机器：电脑进入我们的生活"（MACHINE OF THE YEAR：The Computer Moves In）为封面主题，封面上印有一台电脑，左边坐着一个人，很显然封面所折射出的含义是人与机的截然分离；然而，2006 年 12 月 25 日《时代》周刊的封面又出现了另一幅有趣的图画，它以"年度人物：你"（PERSON OF THE YEAR：You）作为封面主题，整个封面只有一台电脑（见图 9 - 3）。

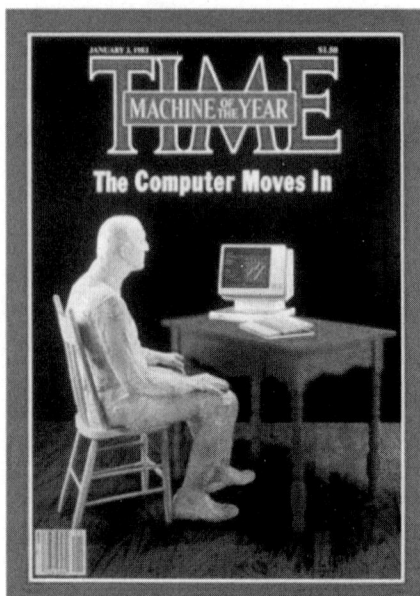

1983 年 1 月 3 日   2006 年 12 月 25 日

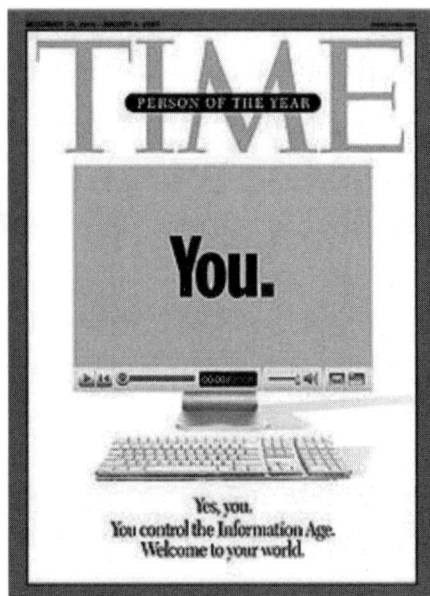

图 9 - 3   《时代》周刊封面

这样一幅简单的图画却传递出一种全新的观念：人与机不再分离。电脑屏幕中显示的"你"就是传统意义上的"人类"。但是当"你"走进电脑后，"你"就不再是"你"了，而是人机合一的新生物。这种新生物就是"后人类"。

"后人类"社会鼓励思想开放，鼓励科学知识面向大众开放。因此，"后人类"社会鼓励"学习"（或者说网络化学习）。通过网络化学习的中介，人类自身的发展、人类文化的发展和生存环境的发展有望重新联结，进而推动"后人类"社会永恒发展。

9.5.2　"后人类"与网络化学习

1. 相关理论基础

"后人类"学习是以网络化共同体的形式存在的。在微观层面，加拿大学者西蒙斯从知识的角度切入，专门研究了网络时代的学习，提出了联通主义学习理论（Connectionism）；在中观层面，梅森（Mason）对"后人类主义"课堂进行了探讨，并以视频游戏为例，阐释了在"后人类"学习中实现个体网络化认知的可能性；在宏观层面，拉图尔的事物为本哲学提供了哲学认识论的基础。

2. 学习的发生

在"后人类"课堂中，虚拟在线学习加上社会性网络工具（如 Blog、Wiki、在线影音等）在课堂上的广泛使用，使得课堂环境突破了传统的物理空间，走向三维甚至多维的时空。学习是如何发生的呢？梅森就此专门研究了写作课堂中的视频游戏。如果将视频游戏视为写作内容的传播，那么就会完全忽略游戏者的经验。然而正如吉（Gee）所言，"后人类"学习者（玩家）是镶嵌在物质与社会世界中的。视频游戏不仅能提供设计经验，而且参与者能通过操作（doing）与存在（being）来开展学习。在此意义上，学习绝不是外在于个体的活动，更不是由外力强加给学习者的内容，而是一种内在的生命存在。梅森指出，"后人类"学习并不意味着一定包含虚拟世界的课室，更重要的是关注当我们置身于交流与协作的网络中时，学习是如何通过我们与他人的联结而发生的。

因此，"后人类"为网络化学习、教育实践与研究带来了新的希望。从人与科技的关系出发，安格斯（Angus）等人的《后人类教育学宣言》（*A Manifesto for Cyborg Pedagogy*）表明，建构以"后人类"为基础的新教育学是可能的，而且在促进学习者的批判思维能力和提升责任感方面都是有效的。作为由诸多异质的行动者（人与非人的）共同形成网络的过程，"后人类"学习对传统的师生关系、教师角色也提出了新的挑战，并为课程创新提供了新的发展路径。

"后人类"的网络化学习在具体实践中表现出以下特性：第一，基于"后人类"的网络化本体观，网络化学习的主体将走向彻底的民主化；第二，基于网络化认知与联通主义学习理论，网络化学习的过程已不再是个体认知加工过程或者某一社群的集体建构过程，实质就是各种异质行动者不断展开协商、抗争的过程；第三，学习的效果并非取决于个体的努力程度，也不是由知识灌输的多少来决定，而是靠联结的关系数量和强度来决定。

3. 师生角色的影响

在网络化学习中，教师面临着更大的挑战。"教师"不再是一个独立于其活动之外的实体，主要表现在以下两个方面：第一，网络化学习将挑战教师在学习中的权威角色。长期以来，教师在教学中扮演着知识和学术权威的角色。然而，当教学双方获得信息的机会相对均等时，教师的这一法定权威便会消解。同时，网络化学习中师生主体的去中心化特质与网络化的人际交往，打破了面对面学习活动中以身份地位为主导的社会分层结构，促使师生角色出现互换现象。第二，网络化学习的动态发展性使得教师角色具有流动性。一方面，由于学习的建构过程是动态变化的，有时会成功建构，有时又会遭到破坏而解构，因此教师的角色也是变化发展的；另一方面，教师与学生在网络化学习中的关系也是动态变化的，从启动学习到展开学习再到评价学习，教师的角色并不是一成不变的，而是时而为辅导者，时而为引导者，时而为组织者的。因此，教师角色在网络化学习中是动态变化的。

4. 课程的改革创新

"后人类"的思维形式体现为"具身认知"，反映到网络化学习中，个体与网络技术的融合、自身情感与理智的和谐将成为网络化学习最具潜力的资源，而学习者也只有通过参与才能实现发展。因此，基于"后人类"或"后人类主义"的网络化学习，在课程创新方面主要表现出两大趋势：一方面，由于"后人类"与生俱来的反传统性和反二元论思维模式，使得课程创新将逐步走向批判性课程的建构与发展；另一方面，由于"后人类"学习更加强调情景性、具身性和过程性，因而课程创新也将逐步具体化到个人，并逐步转向个性化。

第 10 章 信息社会与学习型组织

10.1 信息社会与学习型社会

10.1.1 什么是信息社会

从人类社会形态的发展时间轴来看，社会核心价值理念的形成和变革从根本上受制于生产方式的变革。"物质生活的生产方式制约着整个社会生活、政治生活和精神生活的过程。不是人们的意识决定人们的存在，相反，是人们的社会存在决定人们的意识。"这是马克思在《政治经济学批判·导言》中对其所创造的唯物主义历史观的基本表述。简言之，我们用不同的"生产工具"来生产所需的物质或精神产品，我们的社会形态就会随之发生变化。从纵向的角度来看，人们生产工具的革新依次经历了"石器磨""手推磨""蒸汽磨"和"网络磨"四个阶段发展时期。因此从生产力的角度来看，人类社会的生产力大概可以划分为自然生产力、手工生产力、机器生产力、信息生产力四个发展阶段。从生产方式的变革引起社会形态的变化角度来看，人类社会的形态可以划分为渔猎社会、农业社会、工业社会和信息社会。可见随着科学技术的进步、生产力的发展，人类社会的形态处于一个持续变化且不断升级的过程。进入 21 世纪，信息技术以惊人的速度向社会各个领域以及各领域的不同层面渗透，并引发了全球范围的信息革命，人类社会也以不可逆转的前进步伐迈进了一个新的阶段——信息社会。信息社会就是以信息为主要生产力，是信息、知识起主导作用的知识经济社会。不同于农业社会和工业社会对物质生产资源的高度需求，在信息社会中，无形的信息和知识成为比物质资源更重要的资源。从信息生产力的构成要素来看，脑力劳动者、智能工具和数字化信息是信息社会区别于其他社会形态的本质特征。

信息社会的概念可以追溯到 1959 年，美国哈佛大学社会学家丹尼尔·贝尔（Daniel Bell）首次探讨信息社会问题，当时他用的术语是"后工业社会"。1963 年日本社会学家梅棹忠夫在《信息与产业论》中首次提出了"信息社会"的概念，随后又有很多学者跟着提出了"信息社会"的概念，如"后工业社会""网络社会""虚拟社会"等。目前较为普遍接受的信息社会的定义是 2003 年日内瓦信息社会世界峰会《原则宣言》中提出的，即"以人为本、具有包容性和面向全面发展的信息社会。在此信息社会中，人人可以创造、获取、使用和分享信息和知识，使个人、社会和各国人民均能充分发挥各自的潜力，促进实现可持续发展并提高生活质量"。

对于信息社会的研究，我们大致可以把它分为两个阶段。第一个阶段是 20 世纪 70 年代之前，这一阶段的背景是在"二战"以后，工业社会的发展遇到了瓶颈，社会经济增长从物质产品的生产逐渐转为知识生产，知识生产成为新的增长点。因此这一阶段关于信息社会的研究主要是讨论工业社会自身的优化问题，即如何使知识和信息在社会中的地位得到提升。第二个阶段从 20 世纪 80 年代开始，互联网的应用和发展在加速改变社会。当时以互联网技术为代表的信息技术，确实是一场重大的技术革命。这一阶段的信息社会研究主题可以大致确定为网络社会的崛起。因此从不同时代背景和社会环境的视角来看，信息社会在本质上是一个高度复杂、涵盖广泛的大系统，它是政治、经济、文化、技术、社会和生活等多种因素综合作用的结果，其内涵也是不断发展的。

10.1.2　信息社会与知识型经济

信息社会与知识型经济是高度关联的，很多学者研究信息社会时会将它与知识型经济作为一个整体来研究。2010 年，国家主席胡锦涛在中国科学院第十五次院士大会上指出："知识是发展永恒的重要资源，知识创新成为国家竞争力的核心要素，知识生产和消费成为经济发展、社会进步乃至人的全面发展的重要方式。"随着社会的高速发展,"知识就是力量"的口号已经发展为"知识就是力量,知识就是经济,知识就是资源"等具有丰富内涵的口号。知识经济成为信息社会下的新经济形态。与传统农业经济和工业经济相比,知识经济具有人力资源知识化、发展方式可持续化、产业结构软化、经济水平提高等特征。

10.1.3 什么是学习型社会

"学习型社会"这个概念来源于西方,它的出现主要得力于在 20 世纪 60 年代和 70 年代两位西方作家的推动。赫钦斯(Hutchins)认为学习型社会确保每个人都拥有学习机会,并且通过非全日制教育取得个人发展。胡森认为赫钦斯倡导的学习型社会是可能的,因为信息技术革命保证每个人都能获得信息并依此学习。赫钦斯的观点被我国许多学者进行了深入解读。有学者认为学习型社会有四个要点:在教育时间观上,学习型社会要求人人都终身学习;在教育对象观上,每个人都有接受教育的权利;在教育目的观上,学习型社会以培育人性为目标;在教育社会观上,学习型社会的教育要超越社会并引导社会。除此之外很多国外的研究成果不断被国内研究者吸收、再理解,在国内形成了一定的研究群体,并取得了一定的研究成果。吴遵民梳理了学习型社会发展以来的种种现象,结合其发展状况,提出学习型社会蕴含一定的哲学理念,不应该带有功利性的目的去发展,应该思考教育带来的成长意义。他延续了赫钦斯、托因比等人的观点,批判当前教育的价值被夸大,教育真正的内涵被忽视。深圳大学成人教育研究所的李兴敏整理了有关我国学习型城市研究的期刊论文题目信息,从学习型社会研究机构、关键期刊、关键学者、关键词共现与聚类、政策引领、影响因素等多维度多角度分析我国学习型社会的研究现状,提出我国学习型社会研究正逐渐从沿海向内陆渗透,基金支持程度与采用实证研究方法的文献数量一致。华东师范大学张创伟教授运用历史和比较的研究方法,简要评述了墨西哥全球学习型城市大会,从全球视角系统梳理了终身教育、终身学习、学习型社会三者的联系,提出学习型社会概念遍及全球,要以可持续发展为目标,全民终身学习,最终实现自我价值和幸福生活。

2015年5月，习近平总书记指出："构建网络化、数字化、个性化、终身化的教育体系，建设'人人皆学、处处能学、时时可学'的学习型社会，培养大批创新人才，是人类共同面临的重大课题。"党的十六大报告提出："形成全民学习、终身学习的学习型社会，促进人的全面发展。"这从传统文化、马克思主义教育思想、社会主义继续教育理论和新时代中国特色社会主义教育实践的角度对学习型社会的内涵进一步深层化。习近平总书记指出，把握全球人工智能发展态势，找准突破口和主攻方向，培养大批具有创新能力和合作精神的人工智能高端人才，是教育的重要使命。① 可见每一种观点或者论述都是与同时期的政治经济文化背景紧密联系的。

参考以上多种视角和看法，笔者认为学习型社会大致可以归纳为：一种以信息社会和知识经济为生存背景和发展空间的社会，是社会发展形态层次上更高级的社会形态。

10.1.4 学习型社会与终身学习、终身教育

在阐述这一小节之前，笔者认为对学习型社会、终身学习和终身教育三者关系的厘清是尤为重要的。"终身教育"这一术语自1965年在联合国教科文组织主持召开的成人教育促进国际会议期间，由联合国教科文组织成人教育局局长法国的保罗·朗格朗（Paul Lengrand）正式提出以来，短短数年，已经在世界各国广泛传播。近30年来关于终身教育概念的讨论，可谓众说纷纭，甚至迄今为止也没有统一的权威性定论。近年来，国内外许多专家学者对它提出了不同的见解。戴维认为终身教育应该是个人或诸集团为了自身生活水平的提高，而经历的一种人性的、社会的、职业的发展过程。捷尔比（Gelpi）认为："终身教育应该是学校教育和学校毕业以后教育及训练的统合；它不仅是正规教育和非正规教育之间关系的发展，而且也是个人（包括儿童、青年、成人）通过社区生活实现其最大限度文化及教育方面的目的，

---

① 创新教育和学习方式开启建设学习型社会新征程［EB/OL］.（2020－02－27）. http：//gz. people. com. cn/n2/2020/0227/c358161－33832499. html.

而构成的以教育政策为中心的要素。"尽管不同学者在表达和侧重上有所不同，但是我们仍可以看出他们的统一点：终身教育是人一生中所受的各种教育的总和。

终身学习则是指社会每个成员为适应社会发展和实现个体发展的需要，贯穿于人的一生的、持续的学习过程。学习型社会与终身教育、终身学习三者紧密联系，都共同主张教与学过程的延续性和终身性。但从不同角度来看，三者也有相异之处。首先，从教育的目标来看，终身教育的教育目标倾向于建立持续的、全面的、开放的教育体系，这是对以往"一次教育"的批判；终身学习的目的倾向于对传统教育范畴的超越，学习不再仅仅属于教育范畴，也属于生存范畴和社会范畴；学习型社会的目标是实现一种社会形态的超越，人人享有学习的权利，人人参与学习的活动。其次，从教育的实践活动来看，终身教育关注的是改革传统的教育制度；终身学习则更关注学习者的主体性和学习的意愿及需要；学习型社会在关注以上两方面的同时，还尤其关注学习者的权利落实，促进各方面共同参与的问题。

信息社会与学习型社会是紧密融合、相辅相成的。信息技术的快速发展不仅深刻影响和改变着人们的生产生活方式，也为构建服务全民终身学习的教育体系提供了新引擎。新时代，我们要充分利用信息技术来激发学习兴趣、满足学习需求、整合教育资源，加快完善面向每个人、适合每个人、更加开放灵活的教育体系，建设学习型社会。

10.2　学习型组织与共同体

10.2.1　组织与共同体

本节主要介绍学习型组织与共同体（后指学习共同体），在了解这两个概念之前，我们首先要明确另一个问题，即什么是组织，什么是共同体？提到组织和共同体，很多人会将二者混为一谈，认为组织与共同体是同义词或近义词，可以互相替代，这样错误的理解就会使人陷入第二个误区：为什么学习型组织不能称作学习型共同体？因此为了更全面、多视角地对学习型组织与共同体进行理解，我们应先从这两个概念的本源进行区分。

我们在生活中经常会用到"组织"这个词，但对"组织"的定义不是那么清晰。"组织"的含义，可以从词源考证上略知一二。在古代汉语中，"角丝"的意思是"丝绳"，"且"的意思是"使劲"，全意就是"用力编织丝绳"。所以"组织"的意思是"经纬相交，织做布帛"。在古代汉语中，组织还有一种意思，即"织成的织物"，这是具有一定结构的实物。而英文"organization"在《牛津词典》中主要有两种含义：一是指一群人为了实现一个特定的目标而组成一个企业或俱乐部；一是指为了完成某个目标，而准备安排某事的行为。因此我们可以从中得出两种"组织"的概念。根据这两种概念我们可以得出"组织"的特征是：①有共同的目标；②有明确的组织结构。"共同体"一词的英文"community"是由拉丁文前缀"com"（"一起""共同"之意）和伊特鲁亚单词"munis"（"承担"之意）组成的。共同体作为一个社会学概念，最早可以追溯到滕尼斯（Tönnies）的《共同体与社会》，在他看来，用忠诚的关系和稳定的社会结构来界定"共同体"是最恰当的。共同体主要是以血缘、感情和伦理团结为纽带成长起来的，它的基本形态是血缘共同体、地缘共同体以及精神共同体。涂尔干（Durlchrim）曾对共同体和社会关系进行总结，认为两者是"机械关联"和"有机关联"的区别。共同体注重的是"彼此相似"与"共同要素"，社会则在"和谐统一"中表现出"分化"的特征。波普兰（Popland）则认为共同体就是社区社群在行动上和思想上遵照普遍道德标准聚合在一起的团体。因此共同体被社会学家赋予了"为了特定目的而聚合在一起生活的群体、组织或团队"的含义。可见当时对于"共同体"这个概念始终没有一个让人满意的阐释。近年来随着社会建构主义、社会文化认知观和后现代主义等思潮的兴起，"共同体"又重新出现在了大众的视野中，且带着更为丰富的内涵。全球化的扩展和通信交通的日益便利，人与人、人与群体之间的联系和交往不再受到地域的局限，共同体的意义已经不再局限于血缘、社区或者城市。吉登斯（Giddens）在《现代性后果》以及《第三条道路》中阐述了"脱域的共同体"的概念。原始意义上的共同体概念不断瓦解，共同体的概念被嵌入不同的新语境中获得重组，如政治共同体、经济共同体、学习共同体、职业共同体等又纷纷进入了大众的视野中。因此，要根据概念所置身的不同语境，对当代共同体的概念进行考察和理解。

在共同体与组织的关系方面，张庆东认为它们之间是包含关系，即一个组织、地区乃至国家或人类社会都可以分别看作一个共同体。也有学者认为，共同体区别于社会、社区和组织，他们分别代表着不同的联结方式。从目标的角度来看，张旭坤则认为组织一定具有自己的共同目标，但共同目标只是形成组织的必要非充分条件。组织的特征是明确的目标与结构，有了目标就会产生目的达成的倾向，有明确的结构就有合理的分工，从而达到理想的状态。从这个角度来看，共同体也属于组织范畴，但又区别于一般意义上作为"功能体"的组织。在共同体中也存在着目的，但这些目的多是满足成员的内在需求，或者是以成员之间个体的内在发展与提升作为主的，而组织则是为了达到一些外在的目的如利润、行政上面的优势而形成的。因此我们可以得出，共同体的极端典型案例是民族、国家；组织的极端典型案例是企业和军队。

从这些案例中我们不难得出，尽管对于共同体的概念不同的学者有着不同的界定，但是这些界定都含有"归属"的意味。因此共同体可以称为一种组织，但不是所有的组织都是共同体，除非成员都体验到一种归属感、对他人的信任和安全感，否则不能称其为共同体。

10.2.2　学习共同体

传统共同体向现代共同体转变的过程为我们厘清学习共同体的概念提供了较好的基础。"学习共同体"一词是基于"共同体"的概念引入教育领域而慢慢发展起来的。这一引入受到了心理学和社会建构主义相关理论的影响。杜威在《民主主义与教育》中提到了"共同体中的共同了解"，以及达到这些共同性的沟通过程，本身就具有教育性。杜威认为学校即社会，学习即生活，因此学习要融入个人生活社交的方方面面。因此杜威理想中的"学习共同体"是使所有成员都能参与到学校的教育中来。虽然杜威没有直接提出

"学习共同体"的概念，但他有关于共同体和学校的表述已经体现在学习共同体的重要理念中。20 世纪后期，学习共同体的概念发展受到了学习型组织理论的影响和推动，同时国内的学者们对其概念进行了深度推敲和思考。张红峰认为学习共同体可以看作由学习的参与者建构而成的群体。郑葳和李芒认为学习共同体是一种学习环境，因为每一个学习共同体中的成员都要在特定的学习环境中进行自我的提升。在他们面对各种具有挑战性的任务时，获得教师、同伴、专家的帮助和支持，通过适应性学习达成学习目标、形成主体的身份从而获得个人的成长。钟志贤则认为学习共同体是为了完成真实任务或问题，学习者与其他人相互帮助、探究、交流和协作的一种学习方式。赵健则认为学习共同体是一种社会安排。纵然我们不能直接断定哪个概念的界定更为贴切，但是我们可以从这些观点的共同点中窥见一二。在认知层面上，学习共同体需要学习者形成共同目标、共同意识或共同理解；在情感层面上，学习者需对共同体形成归属感、身份认同和意义感知；在行为层面上，学习者可通过对话、协商、合作、参与等方式融入共同体；在意志层面上，参与者的主动性、自发性、反思性是学习共同体产生的根本动力。这些层面的内容分别在共同体生成过程中占据不同地位、发挥不同作用。

10.2.3 学习型组织与学习共同体

自从美国麻省理工学院教授彼得·圣吉的《第五项修炼》译介到我国后，在企业管理领域有关学习型组织、系统思考、第五项修炼的研究和实践成为一个持续的热点，由此可见建立学习型组织俨然已经成为人们优化企业组织环境的一种美好愿景。

与此同时，一个与学习型组织在字面意义上极为接近的概念——"学习共同体"也越来越多地出现在国内学者的视野中。那么学习型组织与学习共同体是不是可以互相替代呢？二者之间又存在怎样的联系？

有的学者认为学习型组织和学习共同体是同一概念，认为学习共同体，其实就是学习型组织的术语改换。有学者认为学习型组织与学习共同体是相互解释、相互循环的关系，学习型组织为学习共同体提供了理论依据，"学习共同体就是一种学习型组织，是学习型组织在教育中的应用"。毋庸置疑的是，无论是学习型组织还是学习共同体的盛行都从另一个角度告诉我们：学习已经成为组织发展的主旋律。从社会学的角度来看，共同体和组织是两种不同的社会结构。学习型组织和学习共同体所指向的组织变革，有着不同的理论研究视角和实践策略，启发了组织创新的不同路径。从社会学的角度来看，学习型组织和学习共同体之间存在着诸多联系。学习型组织和学习共同体都是以学习为核心构成的集合体，但是侧重点有所不同。学习共同体侧重于学习要与社会文化相结合，要置身于社会系统中，参与社会实践，是异质共同体成员集体建构知识的过程，不仅是脑力活动，更是利用工具和身体的行动本身。学习型组织中的学习更强调心灵的转变，涉及做人的意义的问题。学习型组织与学习共同体之间的区别有以下几点：第一，学习共同体属于共同体范畴，学习型组织属于社会范畴，二者是平行概念，不存在谁包含谁的关系。马克斯·韦伯（Max Weber）曾在《社会学的基本概念》中区分了共同体和社会之间的差异，共同体侧重于参与者在社会行为取向的基础上主观感受到自身属于一个整体，从制度环境角度来说属于非正式情景。而社会是由理性驱动的利益联系，是相对意义上的专业联合体，组织是其典型的表现形式之一。第二，二者的运行机制不同，学习共同体的运行机制是把学习根植于共同体中，学习型组织的运行机制是依托五项修炼的相互作用关系将组织成员培养为终身学习者，打造具有超强学习力的组织。总的来说，学习型组织是面向系统本身（主要是正式的组织结构）的优化，以更好地适应环境；学习共同体是为了创造一个基于知识的社会结构（不一定存在于正式的结构内），以培育组织的知识创新能力。

10.3 学习型组织的要素与内涵

10.3.1 学习型组织基本理论的提出

学习型组织理论起源于西方。1965 年，美国哈佛大学的佛睿思（Florisi）

出版了《一种新型的公司设计》一书。他深入解读未来企业的组织形态，表示未来企业将会是扁平化、信息化和开放化的，组织成员互相之间将构建平等的工作伙伴关系、合作互助关系，组织成员不断学习，组织运行不断优化。"学习型组织"的概念由此被首次提出。随后，关于学习型组织的论著相继出版。1968年，美国芝加哥大学校长罗伯特·赫钦斯出版了《学习型社会》一书，学习化社会被首次提出，书中提到："每个成员在未来社会都会成为学习者，每个社会组织也都将是学习型组织。"1972年，法国教育思想家埃德加·富尔（Fdgar Faure）将报告《学会生存：教育世界的今天和明天》提交给联合国教科文组织，这一著名报告进一步发展了赫钦斯的思想，明确指出，"未来文盲的定义与现在不同，现在的文盲是不识字的人，未来的文盲是不会学习的人"，并特别强调了学习型社会与终身教育两个基本观点。报告还预测随着社会经济不断发展，将会产生一种新型的学习型组织。1990年，美国管理学家彼得·圣吉出版了《第五项修炼》一书，首次对学习型组织进行了全面深入的阐述。学习型组织逐渐更大范围地为人所知并迅速扩散推广。彼得·圣吉的学习型组织理论被广泛应用于西方国家众多企业管理实践。

笔者利用中国知网期刊数据库统计调查，以"学习型组织"为关键词，共检索到学术论文4 734条，相关研究集中在企业经济、各级组织、工业经济、教育、党建、管理等领域，占总数的62.9%。其中，2000年至今的检索记录为4 659条，占总记录的98.4%。这反映出学习型组织研究是当前受到广泛关注的一个重要课题。

10.3.2　学习型组织的内涵与发展

彼得·圣吉在《第五项修炼》一书中提到了构建学习型组织的必要性与其真正内涵。他强调，学习型组织是以全体成员共同学习、发展组织创新能力为目标，在共同愿景下持续进行的工作团队学习。从长远来看，一个组织唯一可持续的竞争优势，就是拥有比对手更快更好的学习能力，为此，一个团队、组织有必要采取学习型组织的战略对策，进行五项修炼。

哈佛商学院的加尔文（David A. Garvin）教授认为："学习型组织是不断

修正行为方式，通过获取、创造并转化知识成为绩效的组织。"佩德勒认为："学习型组织是每一个成员都热爱学习，不断提升自我能力并不断优化整体的组织。"加尔文认为，学习型组织是将组织学习与知识管理融合起来，并且在学习的基础上推进工作方式变化的组织，是乐于和善于获取、创造、传播和储存知识，并能以新思想、新知识为指导，勇于修正、提升自身行为的现代组织。现代管理学之父彼得·德鲁克（Pefer Drucler）指出：学习型组织是一个能熟练地创造、获得和传递知识的组织，同时也善于修正自身的行为，以适应新的知识和见解。学习型组织是指能够持续地进行组织学习，并将学习的成果转化为组织创新能力的组织。国内很多学者对学习型组织的内涵和特征也有一些研究成果，知名学习型组织专家张声雄提出了"工作学习化、学习工作化"模式的学习型组织，并提出学习型组织的六个要素：终身学习的理念与机制、多元反馈与开放的交流系统、乐于共享与充分互动的学习氛围、持续提高的学习力、工作学习化促使组织成员充分的自我实现、学习工作化推动组织不断创新优化。

万事万物总是变化发展的。不同的社会发展时期、不同的文化背景下，人们对学习型组织的理解会有些许差异，正如被誉为学习型组织理论之父的彼得·圣吉所说，没有任何一个组织说自己已经是一个学习型组织了，因为学习型组织及其构建过程没有固定模式，也没有固定标准。国内外虽然有很多专家学者根据自己的理论或实证研究发表对学习型组织的理解，但其中很大一部分是在彼得·圣吉的五项修炼的基础上展开的，也就是说五项修炼对很多学习型组织的理论研究和实证研究产生了深远影响。

综合分析以上多种视角和看法，笔者认为，学习型组织是一个理想的、动态的组织模型，学习型组织的概念与具体时间形式也是不断发展变化的。在这种组织中，学习是永恒不变的"中心轴"，是组织行为的最根本特征。个人的学习成长、能力提升、绩效改善是通过学习完成的，组织的使命愿景、发展目标也是通过学习实现的。学习是组织运行的方式，也是组织实现目标的方法；学习是个人工作的方式，也是个人在工作中不断提升自己、发挥潜能和创造性的途径。学习型组织通过学习让个人与组织实现五项修炼，并在学习过程中发挥个体与群体的价值。学习型组织具体的实践形式没有统一标准可言，只有"学习"这一核心不变，具体实施形式因时因地因人制宜。

同时，笔者认为，学习型组织是一个概念性组织，指的是学习习惯和行为的变化以及思维方式的提升，而不是说实体性结构的构建。盖一栋实体的学习大厦不一定就成为学习型组织，建立企业大学也不一定是学习型组织，只有当整个组织以学习为工作手段、用学习促进组织发展时才可称为学习型组织。学习型组织的真谛是不断提升并发挥每个组织个体的作用，让组织和个人活出生命的意义。

10.3.3　学习型组织的要素

沃特金斯（Watlcins）和马席克（Marsick）认为，学习型组织是通过不断学习来改革自身的组织，而学习在个人、团体、组织或组织相互作用的共同体中产生，是一种可以持续地与工作相结合的过程。学习的结果不仅能导致知识、信念、行为的变化，而且可以增强组织的成长和创新能力。因此，学习型组织是把学习共享系统组合起来的组织。由此可见，该定义明确了学习型组织的组成因素，构建了组织学习的系统，强调了学习与工作的紧密结合。

从国内研究来看，有学者认为所谓学习型组织，就是充分发挥组织成员的创造性思维能力而建立起来的，具有高度融合、符合人性、富有团体精神的可持续发展的组织。学习型组织理论有一个公式：$L < C = D$。其意思是：学习（learning）的速度如果小于社会发展（change）的速度，就会死亡（die）。学习型组织是基于组织共同目标，通过树立先进的学习理念，建立长效学习机制，营造组织的学习气氛，充分发挥组织成员的创造性思维能力而建立起来的，具有高度融合、符合人性、富有团体精神的，适应未来发展需要的可持续发展的组织模式。

从国外研究来看，沃特金斯和马席克在《塑造学习型组织》中以"7C"表示学习型组织的组成要素，即 collective（共享的观念）、continuous（持续的学习）、collaborative（合作的关系）、connected（联系的网络）、capacity-building（建立能力的目的）、captured and codified（存取的方法）、creative

（创新的精神）。佩德勒（Pedler）在《学习型企业》一书中指出，学习型企业应该具备以下几个要素：以学习的途径制定策略，成员可公开参与决策过程、高度信息化、正式的命令及控制制度、内部交易机制、弹性的奖酬制度、有效的组织结构、以第一线人员作为外部环境的监测者、跨企业的学习、良好的学习氛围、全体组织成员皆有自我发展的机会。盖瑞特（Garratt）在《反思第五项修炼》一书中描述了学习型组织的元素组成：①组织分为三个等级层次，即政策、战略和操作。②组织中存在双环学习，从而使得多回路反馈成为可能。③组织中拥有处理和整合所有这些信息流所必需的工具。要达到这一点，组织学习的核心要素就要放在提供导向方面。沃尔顿则认为，学习型组织代表的是第四种战略变革模式。作为一种战略变革模式，学习型组织有四个主要特征元素，即共同意愿、持续性计划、即时实施以及行动学习。

张声雄结合我国的国情，提出了学习型组织的六大要素：拥有终身学习的理念和机制；建有多元回馈和开放的学习系统；形成学习共享与互动的组织氛围；具有实现共同愿景的不断增长的学习力；工作学习化使成员活出生命的意义；学习工作化使组织不断创新。傅宗科、彭志军、袁东明总结了学习型组织的三个基本特征：层次扁平化、组织咨询化、系统开放化。还有研究者综合分析后指出，学习型组织有六个方面的特征：组织成员拥有一个共同的愿景；组织由多个创造性团体组成；善于不断学习；地方为主的扁平式结构；自主管理；员工家庭与事业的平衡。周德浮认为学习型组织具有成员拥有共同愿景、能实现家庭与工作的平衡、能够实行自主管理和持续不断地学习、拥有创造性团体和扁平的结构、组织边界将被重新界定、领导者具有新的角色等要素。也有研究认为学习型组织是一种扁平性组织并有五个方面的基本构成要素：组织目标共同愿景驱动；决策向某层移动；组织与个人是不可分割的整体；组织员工追求精神层面的工作观；组织员工有奉献。

综上所述，可将学习型组织的特征和要素归纳总结为组织和成员持续学习、创新发展；用系统辩证的眼光看问题；成员之间拥有共同愿景；能够平衡好工作和生活的关系；组织管理扁平化、自主化；在组织中形成团体学习、高效学习、终身学习的机制，以实现每位成员的生命价值。

10.4　学习型组织的构建

10.4.1　学习型组织的作用与意义

学习型组织在中国具有非常悠久的历史，古代帝王将相与大臣谋事的过程就是组织学习的过程。中国共产党自创立以来就形成了学习型组织，并一直坚持着这种优良传统，一边学习一边革命，一边学习一边建设。中国共产党取得了如今的辉煌成就，与其一开始就建立了一个好的学习组织形式是密不可分的，这种组织形式在适应政治、经济与文化建设的需要中发挥了重要的作用。

1993 年，加尔文教授在《哈佛商业评论》（*Harvard Business Review*）上发表了一篇文章，指出学习型组织拥有两项突出技能，一是能创造、获取、理解、转化和保有知识才能；二是根据新的知识和信息启发、实施或者改进自身行为。胡君辰认为学习型组织的作用在于最大限度地整合组织内部和外部环境及每个成员的学习力，从而使组织及其成员学习得更好、更快，以及更多地将知识转化为创新能力，促进组织的不断提升和发展，从而使组织具有长期的竞争优势和持续发展的潜力。寇北辰等论证了建立学习型组织对企业发展的作用及意义，指出学习型组织是现代企业发展的根本保障，也是企业与时俱进、提高竞争力的重要基础。朱冠华等指出促进学习型、知识型组织的高水平发展是推动终身学习体系高质量构建的基础。

目前，国内外相关学者就学习型组织的作用与意义展开了广泛研究与讨论，笔者在大量调研和分析文献的基础上，总结出学习型组织的作用与意义，具体如下：

第一，学习型组织能够弥补传统组织的缺陷。传统组织中常见的主要问题是效率低下，其原因可能包括分工不明确、组织成员互相竞争、工作团队内外部冲突以及个体独立等。这些因素大大降低了组织的整体力量，出现了"1＋1＜2"的现象，组织需要花费大量的时间和精力来解决这些细枝末节的问题，导致组织没有更多的时间和精力关注那些更为重要的、长远的、影响组织长期发展的结构性问题，这会使得组织在未来发展和市场竞争中手忙脚乱、顾首不顾尾。学习型组织提出的五项修炼可以弥补传统组织的这些致命缺陷。

第二，学习型组织为团队的长期可持续发展提供了方向和方法。学习本身就是一个团队或组织长期可持续发展的一种明确方向，只有不断学习，才能使得组织基业长青。同时，学习型组织还拥有许多具体的方法和技巧，以此帮助团队、集体提升学习能力，改进现有机制。

第三，学习型组织理论为组织成员指明了价值方向。学习型组织解决了集体和个体成员正确理解生命活力的问题。在学习型组织中，人们能够自由挖掘自身潜意识、充分发挥自身潜能，丰富并延展生命的意义和价值，创造体现个人价值的工作成果，在学习中体悟工作的意义乃至生命的意义，追求心灵的成长与自我价值实现。由个体组成的组织，也会因为组织成员通过学习展现的生命活力而活跃起来，成为有血有肉、能够有机发展的动态组织。

第四，学习型组织能够帮助团队获得持久的竞争力。传统意义的企业竞争力是指市场的竞争、资金的竞争以及人才的竞争，而学习型组织理论讲的企业竞争力就是企业的学习力。在社会飞速发展的知识经济时代，能力的竞争才是关键，而学习是保持能力不断更新、不断提升的一种方式。具备学习能力的学习型组织，能够使组织在市场竞争中保持长久的竞争优势。

10.4.2　学习型组织构建途径与障碍

彼得·圣吉指出，创造学习型组织首先需要有效的领导，它不是建立在传统的等级制基础上的，而是来自系统所有层级的人们的混合体，他们以不同的方式来领导。在一些加拿大学者归纳出的创建学习型组织的公式中，首要因素就是具备远见卓识的领导者，可见领导者的重要性。除了领导者，组织中的其他成员应当学会进行系统思考，这样他们才能认识到自己所在的组织系统是如何运作的，并且能够实施那些将对结果产生影响的变革。英国学者卡普（Karp）指出协作与沟通是学习型组织的核心，所以学习型组织应在团队表现的基础上建立一种奖励机制。美国学者迪克森（Dickson）认为构建学习型组织，成员们需要积极参与组织对话，不断探索其价值和目的；将获得的知识给予组织；共同参与创造、维护和改造组织；创造与其他成员进行知识分享的系统；从日常经验中学习，做负责任的成员；能分担组织管理的责任。

博伊德尔（Boydell）等美国学者认为，一个组织具备了需要战略的学习方法、参与决策、内部交流、奖励灵活性、有利于学习的组织结构、员工成为环境的观察者、组织内部的学习、学习氛围、每个人的自由发展等 11 个条件，就能实现向学习型组织的转型。

英国学者贝内特（Bennetl）、奥布莱恩（O'Brein）认为在学习型组织创建中影响组织学习和变革能力的关键因素包括：战略愿景、执行实践和合适的管理实践；开放和信任的氛围；支持不断学习的组织结构；鼓励不断学习的信息流动、个人和团队实践以及工作流程；满足客户需要的业绩评价系统；发展有助于人们从自己和他人的经验当中学习、提高问题解决能力的培训项目；个人和团队发展；支持和鼓励个人和组织的学习的激励机制。

在创建学习型组织的过程中难免会遇到很多障碍，彼得·圣吉在《第五项修炼》中列举了创建学习型组织的七种障碍："我就是我的职位"、"对手在外部"、主动积极的幻觉、执着于短期事件、煮蛙寓言、试错法的错觉、管理团体的迷思。

马来西亚学者马利克·沙阿斌通过本国的个案研究，分析学习型组织建设面临的障碍，首先是根深蒂固的观念和态度，其次是过多地关注传统功能、系统和程序而排除其他，还有不愿意投资培训项目对员工进行培训，另外缺乏真正的放权，更多的是自上而下的管理。伊顿·劳伦斯（Eoden Laurence）在其一篇文章中从员工和企业两个方面概括了构建学习型组织的障碍。解决障碍的办法就组织层面而言，需要建立引导委员会来领导变革并把变革放在优先位置；建立培养成员适应性并给予他们培训物质条件的教学组织；建立培训师或教师网络；建立领导创新的研发组织。就思想方面而言，需要树立起团队观念并积极鼓励成员创新。就管理氛围而言，需要一个以清晰的命令和愿景为前提的，能领导变革、敢于试验冒险并具有全球视野的领导者去进行管理。他可以实事求是地决策，容纳新的想法和范式，积极推动创新。还有一些学者结合个体、团队与组织分别存在的结构障碍提出了对应的单环、双环和三环的学习方法。中国学者陈涛把企业构建学习型组织存在的问题归纳为：认为构建学习型组织仅是一场思想运动，存在学习认识的不足；学习内容不能结合企业和员工的实际情况、层次来展开；学习方式单一，通常是以专家讲座、培训和自学的形式进行；对学习效果急功近利，忽略过程的持续渐变。纵观这些学者对于创建途径与障碍的研究，不难发现，基本都是从文化、意识、共同愿景、环境、领导、授权和学习等方面出发来进行的思考。

10.4.3 如何构建学习型组织

如何构建有效的学习型组织，学者们的看法也不尽相同。在《从行动中学习：使学习型组织发挥作用的指南》一书中，哈佛商学院教授加尔文指出，学习过程应当是一个精心设计和管理的过程，而不是在某些幸运的组织中无意间出现的事情。他认为，要创建学习型组织，就要考虑到营造组织文化氛围所必需的条件，考虑到管理者在实施其所预想的变革过程中将遇到的潜在难题。因此，在他看来，"成功的关键就是要掌握细节，同时还要把握那些能够影响行为的关键环节"。

此外，他还强调要保持下述两者之间的平衡，确保员工的安全感及对员工的支持，同时又使他们保持警觉和富有成效。从加尔文所提出的技巧我们不难看出：创建学习型组织是一个长期的工程，而不是某项可以在短时间内独立完成的任务；学习过程必须成为组织日常活动中的一部分。随着外部环境的变化，组织要作出相应的调整，调整的目的不仅是要维持生存，更重要的是要保持自身的竞争能力、营利能力以及在其所处的行业中的领先地位。

有研究认为，理论结合实践才能鲜活。学习型组织不单单是一种理论，更重要的是作为应用的指南，是"盖房子的方法"。肖迢认为，创建有效的学习型组织，应重点做好以下几个方面的基础工作：建立知识的转化机制、建立组织的知识存储与转化规则、知识的存储、知识的管理、知识的创造、组织知识体系的建设、组织的知识运用等。

　　另外，有研究指出，行动学习是构建学习型组织建设的有力工具。如学者马奎特（Michael J. Marquarolt）、顾增旺等指出在建立学习型组织时，行动学习更加有效。由于行动学习奠定了组织整体持续学习的内在基础，使组织能够更好地适应不断变化的外在环境，因而，行动学习成为学习型组织的基因，其中行动学习团队是学习型组织的缩微模型。彼得·圣吉指出，要成为学习型组织，组织需要具备将日常工作和学习合二为一的能力。学者汪寅也在研究中指出行动学习是学习型组织建设的有力工具。以行动学习为主线，整合内外部资源和各方力量，将学习型组织理论、工具与方法融入具体工作实践之中的行动学习整合策略能够有效推动学习型组织建设，在解决组织实际问题的同时，促进学习型组织发展。

参考文献

［1］曾文婕．学习哲学论：学习型社会建设的深化路径研究［M］．北京：人民教育出版社，2017.

［2］吴刚，黄健．社会性学习理论渊源及发展的研究综述［J］．远程教育杂志，2018（5）．

［3］郭亦荣．深度学习的本质、困境及策略［J］．教学与管理，2018（34）．

［4］毛齐明．教师有效学习的机制研究：基于社会文化—活动理论的视角［M］．武汉：华中师范大学出版社，2013.

［5］柴少明，李克东．话语分析：研究 CSCL 中协作意义建构的新方法［J］．现代教育技术，2009（6）．

［6］李玉斌，苏丹蕊，李秋雨，等．面向混合学习环境的大学生深度学习量表编制［J］．电化教育研究，2018（12）．

［7］吴影，郑晓凤．基于建构主义的混合式外语学习环境设计［J］．中国教育学刊，2020（S1）．

［8］李志河，李鹏媛，周娜娜，等．具身认知学习环境设计：特征、要素、应用及发展趋势［J］．远程教育杂志，2018，248（5）．

［9］武法提．基于 WEB 的学习环境设计［J］．电化教育研究，2000（4）．

［10］高媛，黄真真，李冀红，等．智慧学习环境中的认知负荷问题［J］．开放教育研究，2017（125）．

［11］赵瑞斌，范文翔，杨现民，等．具身型混合现实学习环境（EMR-LE）的构建与学习活动设计［J］．远程教育杂志，2020，38（5）．

［12］钟志贤．论学习环境设计［J］．电化教育研究，2005（7）．

［13］张书钦，王金洋，白光耀，等．高校智慧学习环境技术架构研究［J］．中国教育信息化，2021（21）．

［14］刘永娜，张树玲，孙波．社会性交互及其在三维虚拟学习环境中的实现［J］．现代远程教育研究，2015（4）．

［15］WAN MOHD ISA W A R, HAKIM SUHAIMI A I, NOORDIN N, et al. 3D virtual learning environment［J］．International journal of engineering and advanced technology, 2019, 8（6S3）．

［16］赵瑞斌，张燕玲，范文翔，等．智能技术支持下具身学习的特征、形态及应用［J］．现代远程教育研究，2021，33（6）．

［17］张传鹏．为学生创设支持性的学习环境［N］．中国教师报，2021－10－13.

［18］柳瑞雪，万昆，王美．面向空间推理技能发展的沉浸式学习环境设计及实证研究［J］．中国电化教育，2021（12）．

［19］陈伦菊，金琦钦，盛群力．设计创新性学习环境：OECD"7＋3"学习环境框架及启示［J］．开放教育研究，2018，24（5）．

［20］KIM J H. Finding the intersection of the learning organization and learning transfer: the significance of leadership［J］．Callahan European journal of training and development, 2019（5）．

［21］QAWASMEH F M. The learning organization dimensions and their impact on organizational performance: orange jordan as a case study［J］．The arab economics and business journal, 2019（6）．

［22］彼得·圣吉．第五项修炼［M］．郭进隆，译．上海：上海三联书店，2009.

［23］RUS C L. Learning organization and social responsibility in Romanian Higher Education Institutions［J］．Procedia-social and behavioral sciences, 2020（3）．

［24］习近平．领导干部要爱读书读好书善读书：在中央党校 2009 年春季学期第二批进修班暨专题研讨班开学典礼上的讲话［N］．学习时报，2009－05－18（1）．

［25］邓小平．邓小平文选：第二卷［M］．北京：人民出版社，1983.

［26］胡锦涛．高举中国特色社会主义伟大旗帜 为夺取全面建设小康社会新胜利而奋斗：在中国共产党第十七次全国代表大会上的报告［M］．北京．人民出版社，2009.

［27］周德孚，殷建平，蔡桂其．学习型组织［M］．上海：上海财经大学出版社，1998.

［28］节文广．基于学习型组织理论视野下高校学习型党组织的构建［J］．南方论刊，2011（8）.

［29］张声雄．学习型组织的创建［M］．上海：上海科学普及出版社，2000.

［30］张声雄．第五项修炼导读［M］．上海：上海三联书店，2001.

［31］温恒福．学习型组织理论反思与中国当代教育组织的发展方向［J］．教育理论与实践，2005（12）.

［32］沃特金斯，马席克．21世纪学习型组织：企业领导的管理艺术［M］．沈德汉，张声雄，译．上海世界图书出版公司，2000.

［33］陈江，曾楚宏，吴能全．组织学习与学习型组织的比较研究［J］．现代管理科学，2010（3）.

［34］张祖华．高校学习型组织的特征分析与构建途径［J］．陕西教育，2010（4）.

［35］姜伟东，叶宏伟．学习型组织：提升组织的学习力［M］．南京：东南大学出版社，2003.

［36］钟建林．学习型组织视野下教师专业发展共同体建设研究［J］．教育理论与实践，2020，40（20）.

［37］弗勒德．第五项修炼的反思［M］．赵恒，译．北京：中信出版社，2004.

［38］傅宗科，彭志军，袁东明．第五项修炼300问［M］．上海：上海三联书店，2002.

［39］郝英奇，曾靖岚，留惠芳．学习型组织是怎么炼成的：基于加特可（广州）的扎根研究［J］．当代经济管理，2021，43（6）.

［40］朱顺明，李文娟．基于三阶测试诊断高中生曲线运动中的迷思概念

［J］．物理教师，2021（5）．

　　［41］叶华涛，许招会，李瑜珏．关于选择性必修 1《化学反应原理》热化学迷思概念的探讨［J］．化学教学，2021（4）．

　　［42］李娟．基于概念转变的教学活动设计和实践：以"牛顿运动定律"为例［J］．物理教师，2021（4）．

　　［43］李思婷，徐志军，王存宽．基于本体分类法的化学键迷思概念转变研究［J］．化学教育，2020（15）．

　　［44］吴燕妮，谢恩奇．基于迷思概念促进学生深度学习的教学策略研究：以湘教版"天气系统"为例［J］．地理教学，2020（15）．

　　［45］周礼，鲁春梅，闫春更，等．基于概念转变模型和认知冲突图的课例研究："化学平衡的动态性"为例［J］．化学教育，2020（9）．

　　［46］蒋凤丹，张琦．基于 Rasch 模型的"月球"主题迷思概念诊断［J］．地理教学，2019（20）．

　　［47］付亦宁．深度（层）学习：内涵、流变与展望［J］．南京师大学报（社会科学版），2021（2）．

　　［48］龚静，侯长林，张新婷．深度学习的生发逻辑、教学模型与实践路径［J］．现代远程教育研究，2020（5）．

　　［49］罗生全，杨柳．深度学习的发生学原理及实践路向［J］．教育科学．2020（6）．

　　［50］刘建伟，刘俊文，罗雄麟．深度学习中注意力机制研究进展［J］．工程科学学报，2021（11）．

　　［51］段金菊，余胜泉．学习科学视域下的 e-Learning 深度学习研究［J］．远程教育杂志，2013（4）．

　　［52］张浩，吴秀娟．深度学习的内涵及认知理论基础探析［J］．中国电化教育，2012（10）．

　　［53］陈观业，侯进，张姬．基于瞬时幅度和相位的深度学习调制识别［J］．计算机应用与软件，2021（11）．

　　［54］李小涛，陈川，吴新全，等．关于深度学习的误解与澄清［J］．电化教育研究，2019（10）．

［55］古若雷，徐鹏飞，徐蕊，等．焦虑情绪对奖赏学习的影响［J］．心理科学进展，2016（4）.

［56］王天平，杨玥莹，张娇，等．教师视野中的学生深度学习三维状态表征体系构建［J］．现代远程教育研究，2021（5）.

［57］周序．"深度学习"与知识的深度认识［J］．四川师范大学学报（社会科学版），2021（5）.

［58］王纪学，王向锋，张莹，等．高中生与化学热力学有关的迷思概念研究［J］．化学教育，2019（19）.

［59］郭华．深度学习及其意义［J］．课程・教材・教法，2016（11）.

［60］钟启泉．深度学习：课堂转型的标识［J］．全球教育展望，2021（1）.

［61］吴忭，杜丰丰．教师引导风格对非良构问题领域的 PBL 学习影响研究：基于认知网络分析方法［J］．中国远程教育，2019（9）.

［62］江峰．教学中知识与思维的惰化及其排除机制［J］．学校党建与思想教育，2009（27）.

［63］杨恒建，贝伟浩．深度学习视角下的高三化学实验复习教学［J］．中学教学参考，2021（32）.

［64］王晓丹，张荣伟．佐藤学的学习观及其实践启示［J］．福建教育学院学报，2021（9）.

［65］王明娣．深度学习发生机制及实现策略：知识的定位与价值转向视角［J］．西北师大学报（社会科学版），2021（2）.

［66］邹霞，丛小玲，杨艺，等．在线开放课程助学群组对学生深度学习的影响［J］．护理实践与研究，2021（21）.

［67］马元婧．基于深度学习的大气环境监测系统关键技术研究［D］．沈阳：中国科学院大学，2021.

［68］柯子文．基于深度学习的磁共振动态成像［D］．深圳：中国科学院大学，2021.

［69］冯琛琛．群体动力学视角下深度对话教学的实践策略研究［D］．成都：四川师范大学，2014.

［70］苏聪聪.马丁·布伯"对话哲学"对当代教育的启示［J］.文化产业，2020（34）.

［71］余胜泉，王琦，汪凡淙，等.泛在学习资源组织和描述框架国际标准研究：暨学习元的国际标准化研究［J］.中国远程教育，2021（7）.

［72］李帮魁，谷英.增强思维互动，促进认知精制：认知精制理论下的有效互学策略［J］.教学月刊小学版（数学），2016（Z2）.

［73］杨青.大学英语教学领域混合学习理论应用研究综述［J］.广西教育，2012（39）.

［74］卢丹.批判性思维导向的混合学习环境设计与应用研究［D］.长春：东北师范大学，2018.

［75］马向南.以微博为平台的混合学习模式在大学英语写作教学中的应用研究［D］.喀什：喀什大学，2021.

［76］陈爱菊.基于主体间性哲学理论的大学英语教学研究［J］.上海商业，2021（4）.

［77］张环.SPOC混合模式下听障学生深度学习模型研究［J］.绥化学院学报，2021（7）.

［78］孔晶.基于认知深度模型的STEM课程设计路径研究［J］.现代教育技术，2021（9）.

［79］任蓓蓓.SPOC平台下翻译课程深度教学模式建构［J］.作家天地，2021（29）.

［80］唐举.认知精制理论在变式教学中的应用实践［J］.教师博览（科研版），2017（7）.

［81］王靖，王琦，邓雯心.协作知识建构中认知冲突消解支架设计与实证［J］.电化教育研究，2021（9）.

［82］周琼，任树怀，蔡迎春.基于建构主义的学术训练营在信息素养教育中的创新实践［J］.图书馆杂志，2021（8）.

［83］刘娜，傅岩.大学生网络学习共同体：内涵、功能与建构策略［J］.传播力研究，2017（8）.

［84］常燕燕，王一伊，韩英军.基于复杂特性的科研合作知识协同效应

与模型建构［J］. 信息系统工程，2020（5）.

［85］王中，汪国新. 共同学习理论在社区场域的本土化创新：基于《社区学习共同体》与《第五项修炼》的比较［J］. 成人教育，2020（7）.

［86］王芳. 基于核心素养培养背景构建初中科学深度学习模式的方法［J］. 天天爱科学（教育前沿），2021（11）.

［87］朱立新，陈谊强. 命题视阈中良构与非良构情境的比较研究［J］. 江苏教育研究，2021（16）.

［88］郑旭东，王美倩. 从静态预设到动态生成：具身认知视角下学习环境构建的新系统观［J］. 电化教育研究，2016（1）.

［89］崔向平，李东辉. 促进深度学习的校际协作学习活动设计：理论框架与个案研究［J］. 高等理科教育，2017（4）.

［90］李人. 教育辩论：历史、内涵、价值与实践［J］. 泰山学院学报，2021（4）.

［91］许桂清. 学生迷思概念与科学概念比对图模型的建构与应用［J］. 课程·教材·教法，2021（6）.

［92］边家胜，董玉琦. 学科学习中的"概念转变"策略探析：基于日本概念转变研究的综述［J］. 外国教育研究，2016（3）.

［93］侯丹. 通过"以问题为引导的物理探究实验"策略测量和转变未来物理教师的迷思概念：以几何光学为例［J］. 物理教师，2015（8）.

［94］赵国敏，孙可平. 概念转变理论指导下的高中电化学教学设计研究与实践［J］. 化学教育，2014（13）.

［95］叶静怡. 初三学生"溶液"迷思概念的调查与研究［J］. 化学教学，2013（8）.

［96］裘志平. 促进概念转变的科学课堂教学研究：以"化学式"概念教学为例［J］. 化学教育，2013（7）.

［97］刘婷. 利用认知冲突进行化学迷思概念转变的研究与实践［D］. 长沙：湖南师范大学，2016.

［98］周莉敏. 高中化学迷思概念教学策略的研究［D］. 武汉：华中师范大学，2016.

［99］薛钰康．运用情境支架教学促进学生物理概念的学习进阶［J］．中学物理，2021（2）．

［100］王阿姣．高中生生物学"细胞的生命历程"迷思概念调查研究［D］．汉中：陕西理工大学，2018.

［101］NOVAK J D, GOWIN D B. Learning how to learn［M］. Cambridge and New York：Cambridge University Press，1984.

［102］郭重吉．从认知的观点探讨自然科学的学习［J］．教育学院学报，1988（13）．

［103］邱晓华．关于生态系统及其稳定性的迷思概念及其转变研究［D］．苏州：苏州大学，2017.

［104］NOVAK J D. Concept maps and Vee diagrams：two metacognitive tools for science and mathematics education［J］. Instructional science，1990（19）．

［105］陈淑筠．国内学生自然科学迷思概念研究之后设研究［D］．台东：台东师范学院，2002.

［106］阚艳.J小学9－10岁学生光学迷思概念及其转变策略的研究［D］．南京：南京师范大学，2011.

［107］HALLOUN I. Schematic modeling for meaningful learning of physics［J］. Journal of research in science teaching，1996，33（9）．

［108］PIAGET J. Science of education and the psychology of the child［M］. New York：Viking Press，1972.

［109］GILBERT M A, JONES R K, JONES P N. Evaluating the nutritional characteristics of tropical pasture legumes［J］. Tropical grasslands，1993，26（4）．

［110］VOSNIADOU S, BREWER W F. Mental models of the earth：a study of conceptual change in childhood［J］. Cognitive psychology，1992（24）．

［111］陈坤，唐小为．国外迷思概念研究进展的探析及启示［J］．教育学术月刊，2019（6）．

［112］叶剑强．概念转变研究的内容分析：基于SSCI文献的研究［J］．化学教学，2018（12）．

［113］谢姆西努尔·克由木，迪丽努尔·阿吉．促进高中地理迷思概念区分的训练题设计：以"荒漠化的防治：以我国西北地区为例"教学为例［J］．地理教学，2018（16）．

［114］郭芳侠，赵倩．基于三阶测试诊断高中生机械波迷思概念［J］．物理教师，2018（1）．

［115］伊玉红，王存宽，徐志军．利用四段式测试题诊断高一学生化学键迷思概念［J］．化学教育，2016（11）．

［116］董玉琦，王靖，伊亮亮，等．CTCL：教育技术学研究的新范式（1）：基本构想与初步研究［J］．远程教育杂志，2012（2）．

［117］董玉琦，包正委，刘向永，等．CTCL：教育技术学研究的新范式（2）：从"媒体应用""课程整合"到"学习技术"［J］．远程教育杂志，2013（2）．

［118］董玉琦，高子男，于文浩，等．学习技术（CTCL）范式下的技术促进学习研究进展（1）：基本认识、研究设计与初步成果［J］．中国电化教育，2021（9）．

［119］刘豫钧，鬲淑芳．移动学习：国外研究现状之综述［J］．现代教育技术，2004（3）．

［120］王靖，陈卫东．具身认知视角下的混合式学习本质再审视［J］．远程教育杂志，2016（5）．

［121］王帅国．雨课堂：移动互联网与大数据背景下的智慧教学工具［J］．现代教育技术，2017（5）．

［122］刘畅，曹峰梅．高校MOOC建设中的探索与实践：以"中国大学MOOC"平台为实例［J］．教育探索，2016（5）．